HEYNE<

W0039871

DAS BUCH

Hetzen wir nicht alle durchs Leben, eilen von Termin zu Termin? Und doch bleibt vieles ungetan liegen – oft wächst uns der Alltag schlicht über den Kopf. Dabei gibt es eigentlich keinen Mangel an Zeit, wir haben alle Zeit der Welt! Jede Aufgabe lässt sich ruhig und gelassen meistern, sobald wir zum wirklichen Leben – in unsere innere Mitte – zurückfinden. Mit einfachen und wirksamen Übungen zeigt Lama Surya Das, wie wir aus dem Hamsterrad des Alltagstrubels aussteigen und in den Zustand der »Zeitlosigkeit« eintreten können.

»Unser wahres Wesen ist frei, offen, fließend und voller Freude, dabei aber zugleich klar und konzentriert. Das ist es, was wir in uns wieder wecken und freisetzen möchten, wenn wir uns vornehmen, zur natürlichen Zeit zurückzufinden und im Augenblick zu leben.«   *Lama Surya Das*

DER AUTOR

Lama Surya Das studiert seit über 30 Jahren Zen, Vipassana, Yoga und den tibetischen Buddhismus. Als einer der ersten autorisierten westlichen Lamas zählt Surya Das heute zu den führenden buddhistischen Lehrern. Er leitet Meditations-Retreats und unterrichtet an amerikanischen Universitäten und spirituellen Zentren. Zusammen mit dem Dalai Lama gründete er das *Western Buddhist Teachers Network*.

Lama Surya Das

Du hast alle Zeit der Welt

Achtsam und gelassen leben
wie ein Buddha

Aus dem Englischen übersetzt
von Jochen Lehner

WILHELM HEYNE VERLAG
MÜNCHEN

Die englische Originalausgabe erschien 2011 unter dem Titel
»BUDDHA STANDARD TIME: *Awakening to the Infinite Possibilities of Now*«
im Verlag HarperOne, an imprint of HarperCollins Publishers LLC, New York.

Verlagsgruppe Random House FSC® N001967
Das für dieses Buch verwendete
FSC®-zertifizierte Papier *Holmen Book Cream*
liefert Holmen Paper, Hallstavik, Schweden.

Taschenbucherstausgabe 07/2013

Copyright © 2011 by Lama Surya Das
Copyright © 2011 der deutschsprachigen Ausgabe
by Lotos Verlag, München,
in der Verlagsgruppe Random House GmbH
Copyright © 2013 dieser Ausgabe
by Wilhelm Heyne Verlag, München,
in der Verlagsgruppe Random House GmbH
Alle Rechte sind vorbehalten. Printed in Germany 2013.
Umschlaggestaltung: Guter Punkt, München – Andrea Barth
Umschlagmotiv: © Sandra Caldwell/shutterstock
Satz: Leingärtner, Nabburg
Druck und Bindung: GGP Media GmbH, Pößneck
ISBN 978-3-453-70232-5

www.heyne.de

Ein Augenblick vollkommener Bewusstheit ist ein Augenblick der Freiheit und der Erleuchtung.

MANJUSRI, AUS DEM »GESANG DER WEISHEITSGOTTHEIT«

INHALT

EINLEITUNG:
IN FRIEDEN MIT DER ZEIT

In Eile doch mit Weile sein,
entspannt und doch nicht lax,
und in der Angst und Ratlosigkeit
doch nicht verängstigt und ratlos zu sein –
solches Lernen trägt uns in unseren Naturzustand
zurück und verwandelt das Leben.

Liu Wenmin (frühes 16. Jahrhundert)

Mit dem Begriff der Zeit haben die Menschen schon immer gerungen. Und sie haben auch einiges darüber gesagt, von Sophokles über Benjamin Franklin und Einstein bis hin zu Mick Jagger: Zeit ist der Stoff, aus dem das Leben ist. Zeit ist Geld. Zeit ist alles entscheidend. Die Zeit flieht. Zeit ist relativ. *Time is on my side.* Zeit ist ein unbarmherziger Dieb.

Wir messen die Zeit. Wir verlieren Zeit. Wir schlagen sie tot. Unsere Zeit ist knapp bemessen. Dies Letztere bekomme ich heute am häufigsten zu hören. Mal mehr, mal weniger genervt, sauer oder verzweifelt erzählen mir die Leute ständig: »Ich habe nicht genug Zeit!«

Es kann uns nicht überraschen, dass viele so empfinden. Das Leben hat heute eine viel hektischere Gangart als noch vor einer Generation, und wenn wir an die Welt des Altertums denken, die Zeit eines Moses oder Konfuzius, ist überhaupt kein Vergleich mehr möglich. Wer versucht mit dem heutigen Tempo mitzuhalten, setzt sich hohen Risiken aus. Der Stress findet als Schwächung des Immunsystems, als hoher Blutdruck, als Herz- und Gehirnschlag, als Schlaflosigkeit und Verdauungsstörungen seinen Niederschlag. Stress trägt dazu bei, dass man nicht mehr klar denken oder kompetente Entscheidungen fällen kann, man geht schnell in die Luft oder leistet schlampige Arbeit. Dann kommt es natürlich vermehrt zu Alltagsproblemen: Streit zu Hause und bei der Arbeit, Unfälle durch zu schnelles Fahren und gleichzeitige Handytelefonate, sogar ungelöste Trauer, weil uns keine Zeit mehr bleibt, richtig zu trauern. Stress schädigt außerdem die Fruchtbarkeit, lässt das Haar ergrauen und erschöpft den Körper vorzeitig. Anhaltender Stress schlägt sich in den Nervenbahnen des Gehirns nieder und macht uns auf diesem Wege anfällig für Ängste und Depressionen, für Gewichtszunahme und Substanzabhängigkeiten.

Ich habe die atemberaubende Beschleunigung des Lebens am eigenen Leibe als Schock erfahren, als ich gegen Ende der Achtzigerjahre nach knapp zwei Jahrzehnten aus dem Fernen Osten in die Vereinigten Staaten zurückkehrte. Zwischen zwanzig und dreißig hatte ich überwiegend in Indien und im Himalaja gelebt, meist an Orten ohne Elektrizität, an denen es gemäß den natürlichen Rhythmen sehr langsam zuging. Jenseits der dreißig unterzog ich mich dann langen *Dzogchen*-Meditationsretreats im dicht bewaldeten Tal der Dordogne in Südfrankreich. Als ich dann wieder nach Hause kam, fühlte ich mich wie ein Zeitreisender. Die Welt war inzwischen derart komplex und rasant geworden, dass ich das amerikanische Leben nicht wiedererkannte.

Diese vor nichts Halt machende Kommerzialisierung, die praktisch überall lautstark ihre Produkte anpries, war mir unbekannt. Sogar Meditationszentren und Ashrams waren regelrechte spirituelle Supermärkte geworden, komplett mit Cafés und Boutiquen, in denen importierte Waren verkauft wurden, damit man sich den Status der Gemeinnützigkeit erhalten konnte.

Nun, auch nach all den Jahren der klösterlichen Einfachheit gewöhnte ich mich wieder an den westlichen Lebensstil, aber eines verblüffte mich doch sehr, nämlich dass man einfach von den normalen Verrichtungen des Alltags nichts mehr wissen wollte. Zeitersparnis lautete die Devise, daher jetzt allenthalben Pulverkaffee, Fastfood, Geldautomaten, Mikrowelle, PC – als wäre das Leben besser, wenn man es durchhastet. Und seither ist es eher noch schlimmer geworden. Heute erzählen mir die jungen Leute, sie hätten nicht einmal mehr Zeit für richtige Handygespräche oder E-Mails. Man simst lieber. Und diese Möglichkeit, jederzeit und von überallher zu antworten, hat unsere Zeitwahrnehmung verändert. Wie seltsam, dass die Allermeisten jetzt in dem Gefühl leben, *noch* weniger Zeit zu haben.

Es scheint, dass alle Bemühungen, Zeit zu sparen, nach hinten losgehen und dazu auch noch ungeahnte neue Probleme heraufbeschwören. Der technische Fortschritt macht uns rund um die Uhr erreichbar, sodass die Grenzen zwischen Arbeit und Freizeit verwischen. Kaum haben wir irgendein neues Computerprogramm endlich begriffen, ist es schon wieder veraltet. Am Ende verschwenden wir die gesparte Zeit dann doch noch, wenn wir zum Beispiel mit jemandem am anderen Ende der Welt telefonieren, von dem wir zu erfahren hoffen, wie wir den Computer in unserem Wäschetrockner, Backofen oder Espressoautomaten in den Ausgangszustand zurücksetzen können. Auch nicht ganz ohne Zeitaufwand: Onlinebanking lernen, die Funktionen unseres Smartphones oder Navis ergründen und Bestseller für unseren Tabletcomputer herunterladen. Wenn wir kurz vor dem Termin stundenlang Daten eingegeben haben, und dann stürzt Excel ab, erklimmt unser Blutdruck ungeahnte Höhen. Es gibt sogar technische Lösung für technikbedingten Stress. Wie ich eben erfahre, gibt es ein noch im Experimentalstadium befindliches Google-Tool, das E-Mail-Sucht bekämpfen soll: Es lässt Sie einfach nicht mehr an Ihren Mail-Eingang. Zwangspause für extreme E-Mail-Checker.

Verstehen Sie mich nicht falsch. Wir leben, wie ich finde, in einer erstaunlichen Zeit, so unglaublich, so futuristisch, wie *Star Trek* oder *Die Jetsons* in meiner Jugend waren. Ich weiß es wirklich zu schätzen, an meinem Laptop Auge in Auge mit jemandem auf der anderen Seite des Globus sprechen oder in Minutenschnelle Bücher und Musik herunterladen zu können. Das Problem besteht jedoch für viele darin, wie man sich dann von diesem ganzen Ansturm wieder abkoppeln und ein bisschen Ruhe und Frieden finden kann. Und wie viel unseres durch Zeitknappheit bedingten Stresses mag wohl daher kommen, dass wir jedem, der ein Stück unseres Tages haben will, versuchen entgegenzukommen? Leiden Sie an der Krankheit, es jedem rechtmachen zu wollen? Wir sind hin und her gerissen, zwischen dem Wunsch, uns anderen zu widmen, und der Notwendigkeit, mit unseren Kräften zu haushalten. Sicher, eine Twitter-Nachricht von 140 Zeichen hat man schnell gelesen, aber die Ablenkung geht ja weit darüber hinaus. Je mehr wir in Angriff nehmen, desto mehr schlittern wir nur noch auf der

Oberfläche unseres Lebens herum und gehen nirgendwo in die Tiefe. Und da man uns eigentlich jederzeit überall aufspüren kann, scheint es kein Entkommen zu geben.

In diesem Buch werde ich Ihnen zeigen, wie wir uns von Zeit und Kräfte zehrenden Süchten befreien und allen Kleinkram, alles Ablenkende ausräumen können. Das geht wie bei diesen Schneekugeln: Sobald Sie sie nicht mehr schütteln, setzen sich die Flocken und alles wird ruhig und klar. Sie werden sehen, dass wir zum Beispiel am Schreibtisch oder im Stau mit ganzer Aufmerksamkeit, und sei es auch kurz, bei diesem gegenwärtigen Augenblick sein und darin Frieden finden können.

Ich möchte Ihnen so etwas wie ein friedliches Zusammenleben mit dem unaufhaltsamen Voranschreiten der Zeit nahebringen. Als Buddhist habe ich mich sehr lange mit der Frage befasst, wie ich authentisch und froh im gegenwärtigen Augenblick leben und bei allem, was jeweils verlangt wird, achtsam und im Einklang bleiben kann.

In gewisser Weise ist der Buddhismus eine profunde Einführung in das Phänomen der Zeit und in das, was wir heute gern Zeit-Management nennen, denn je sinnvoller wir mit unserem Verstand und Geist umgehen, desto weniger kann uns die Zeit in Bedrängnis bringen. Dann kann jeder Augenblick frei von Bedingungen gelebt werden, und folglich bietet jeder Augenblick unerschöpfliche Möglichkeiten, einen neuen Ansatz zu finden. Jeder Augenblick dieser gesteigerten Bewusstheit ist unbezahlbar, denn Bewusstsein ist nun einmal die »Währung« des menschlichen Daseins. Buddhismus ist für mich die Antwort auf die Frage, wie ein erfülltes und authentisches Leben möglich sein kann, und zwar nicht in der Erd-Zeit, die wir gewohnt sind, sondern in einer Zeitzone, die ich Buddha-Normalzeit nenne, und das ist die Dimension der zeitlosen Zeit oder des Jetzt.

In den vergangenen Jahren haben mich so viele Menschen um Hilfe gebeten, die in ihrem aus dem Ruder gelaufenen Leben ein spirituelles Zentrum finden wollten, dass ich ihr Anliegen zum Gegenstand dieses Buchs machen möchte. Ich möchte zeigen, wie wir zu einem ruhigeren und doch lebendigeren und befriedigenden Leben finden können. Wir können Meister werden, wo wir bisher vielleicht Opfer allzu voller Zeitpläne und ständiger Veränderungen waren; wir können in jeder Situation gelassen bleiben, sodass wir nichts übereilen und uns nicht überfordert fühlen, sondern in jedem Augenblick Frieden haben. Wir bestimmen *unser* Tempo, das heißt, das Tempo, das zu uns und den Erfordernissen unseres Lebenswegs passt.

Meist erfahren wir Zeit eher linear, und das ist ein großes Hindernis, um mit der Zeit unseren Frieden zu schließen. Linear bedeutet hier, dass wir uns immer vorwärts bewegen, immer etwas tun und erreichen, aber selten einfach *sind*. Doch das lineare Leben auf der Zeitachse kommt uns teuer zu stehen. Wir verlieren uns selbst aus den Augen, das, was wir im Inneren wahrhaft sind. Wir stellen uns auf das zunehmende Tempo ein, in dem wir immer alle Hände voll zu tun haben – aber selten das Gefühl, etwas geschafft zu haben. Wir stolpern weiter und immer weiter in unserer Tretmühle, und das Ganze verselbständigt sich, bis wir nicht mehr wissen, wie wir überhaupt noch anhalten sollen. Anpassung, darauf verstehen wir uns. Aber die Vielschichtigkeit und Schnelligkeit dieser Welt verlangt etwas anderes als bloß entsprechende Beschleunigung.

Wenn wir Klarheit, Distanz und Gelassenheit lernen können, werden wir in der Masse unserer Aufgaben und Vorhaben trotzdem Ruhe bewahren. Wir werden uns von nichts mehr die Zeit nehmen lassen, die wir benötigen, um wieder auf den Boden zu kommen und Anschluss an die Natur, an uns selbst und andere zu finden. Die Zeit nimmt ihren Lauf, ob wir durchs Leben hetzen oder es genießen. Und die großen Veränderungen entgehen unserem Alltagsbewusstsein vielfach, bis uns dann irgendetwas hochschrecken lässt: der einsetzende Stimmbruch unseres Sohns vielleicht, das im Spiegel entdeckte erste graue Haar oder die erstaunte Frage, wie es denn »so plötzlich« Winter geworden ist.

Auch unsere Naturverbundenheit scheint schon soweit in Vergessenheit geraten zu sein, dass es vielen von uns eigentlich egal ist, ob es gerade Tag oder Nacht ist, ob warm oder kalt, Sommer oder Winter. Wir regeln das Klima, wenn nicht zu Hause, dann im Wagen, im Büro, im Einkaufszentrum. Wir sehen uns nachts im Flutlicht Fußballspiele an. Bei dem, was wir essen, achten wir auch nicht groß auf die Jahreszeit oder vielleicht auf den Ursprung. All dies Künstliche hält die Rhythmen und Zyklen der Natur von uns fern und damit auch die Zeichen der verstreichenden Zeit. Wir brauchen die natürlichen Vorräte der Erde auf, und dann hören wir von Ozonlöchern, abschmelzenden Gletschern und Artensterben – und irgendwie macht das den Eindruck, als wäre die Erde selbst vom Strudel der Vergänglichkeit erfasst worden, ein Opfer der Zeit wie wir alle.

Jeder erlebt Zeit auf seine ganz eigene Art. Als ich nach einigen Jahren in Indien einmal in meiner Heimat Long Island zu Besuch war, erlebte ich einen Kulturschock – es kam zu einer

Kollision von Zeitvorstellungen. Meine Mutter wollte nicht, dass ich meditierte. Es war für sie völlig in Ordnung, wenn ich am Nachmittag ein Schläfchen hielt, aber Meditation sah sie als Zeitverschwendung – vielmehr als Zeit, die ich ihr und meinem Vater entzog.

Und irgendwie war es ja auch so. Sie hatte ihren ältesten Sohn Jahre nicht gesehen, und wenn ich mich zur Meditation in mein Zimmer zurückzog oder im Garten auf und ab ging, konnten wir natürlich in dieser Zeit nichts Gemeinsames tun. Ich dagegen hatte eine andere Realität kennengelernt, eine andere Daseinsweise. Ich wusste, dass Meditationspraxis und ein spirituell ausgerichtetes Leben eine Weitung der Zeit bewirken, die sich in jedem mit meinen Eltern verbrachten Augenblick zeigen würde. Zeit, das wusste ich inzwischen, hat nichts von Entweder-oder, und es steht uns immer frei, aus der linearen Zeit auszubrechen und in eine tiefere Zeitdimension einzutauchen. Wenn ich nach ein, zwei Stunden Zeitlosigkeit wieder zu meinen Eltern ging, war ich gelöster, präsenter, verständnisvoller, bewusster und engagierter.

Bei Ihnen ist es vielleicht noch so, dass Sie Zeit als linear erleben und sich darin sehr beschränkt fühlen. Dann sagen Sie manchmal: »Ich kann nicht zwei Sachen auf einmal machen.«, oder »Der Tag hat nun mal nur vierundzwanzig Stunden.« Spirituelle Sucher kennen das gut. Wo sollen sie die Zeit zum Meditieren, Studieren, Rezitieren und Beten hernehmen? Das Leben ist so schon voll genug, der Terminkalender zeigt es ja. Irgendwo, scheint es, müssen wir wohl Abstriche machen, wenn wir eine spirituelle Entwicklung anstreben, die uns aus der Linearität auszubrechen erlaubt. Nein, das ist nicht zwingend.

Wir brauchen uns keine kleinen Extravorräte an Zeit zuzulegen, sondern können die Weiträumigkeit unserer Spiritualität in jede Minute unseres Tages einfließen lassen und damit gleichsam unser Zeitkontingent völlig neu gestalten.

Würden wir die tatsächlichen Schwierigkeiten und Nöte des Lebens unmittelbar wahrnehmen, so der Buddha vor zweieinhalb Jahrtausenden, wir würden uns um Erleuchtung bemühen, »als stünde uns das Haar in Flammen«. Eine ganz einfache Definition von Erleuchtung wäre: ein plötzliches tiefes Aufflackern des Wissens, dass wir weitaus mehr sind als ein durch Zeit und Raum begrenztes körperliches Wesen in einer stofflichen Welt. Manche Leute kommen ganz ohne Mühe zur Erleuchtung, aber die meisten von uns können sich nicht von der zwanghaften Beschäftigung mit Vergangenheit und Zukunft lösen und schieben ihre Gedankengänge den ganzen Tag lang auf immer denselben Gleisen hin und her. Wir sehen uns selbst als beschränkt und unsere Fähigkeiten als begrenzt, und solange wir diesen Zug nicht anhalten, wird sich auch nichts ändern.

Glücklicherweise – oder *Emaho*, wie die Tibeter sagen – lässt sich der Zug anhalten. Nach der buddhistischen Lehre marschieren die Minuten und Stunden des Tages nicht einfach aus der Zukunft durch die Gegenwart in die Vergangenheit, sie türmen sich nicht endlos vor uns auf, um uns dann kurz zu umgeben und schließlich hinter sich zu lassen. Vielmehr ist jeder Augenblick ein Schnittpunkt, in dem sich die lineare Zeit und eine unendliche Weite und Zeitlosigkeit kreuzen, die im Tibetischen *Shicha* genannt wird, das immerwährende Jetzt oder Nun. Es ist die Dimension, die ich »Buddha-Normalzeit« nenne, wach, kostbar und in jedem Augenblick zugänglich.

»Lass ab vom Vergangenen«, sagte der Buddha, »lass ab vom Künftigen und lass ab von allem dazwischen, geh über das Zeitliche hinaus. Wo der Geist in allen Richtungen frei ist, kehrst du nicht mehr zum Geborenwerden und Altern zurück.« Wenn wir ganz bei diesem gegenwärtigen Augenblick bleiben, nur bei dem, was jetzt *ist* – kein Bedauern, keine Ängste, keine Erwartungen –, besitzt die Zeit keine Macht mehr über unser Leben. Das ist nicht neu, es ist uraltes Wissen. So sind schon vom Pharao Echnaton (14. vorchristliches Jahrhundert) diese Worte überliefert: »Wer den gegenwärtigen Augenblick nicht achtet, wirft seinen gesamten Besitz fort.«

Das sollten wir uns alle Tage klarmachen, es ist wirklich etwas, womit wir uns keine Zeit lassen können. »Jetzt oder nie, wie immer«, sage ich gern. Sei in diesem Augenblick präsent, als wäre es der einzige. Bei diesem Atemzug, als wäre es der einzige. So meditieren wir, so führen wir ein achtsames, gesammeltes Leben und bleiben im Jetzt. Und so leiten wir auch den Friedensschluss mit der Zeit und mit uns selbst ein.

In der Buddha-Normalzeit gibt es kein zwanghaftes Herumdenken an einer verstandesmäßig zurechtgelegten Welt. Sie ist ein Hort des Seins, nicht des Tuns, eine andere Dimension als die, in welcher sich die meisten normalerweise aufhalten. Ich werde Ihnen zeigen, wie sie dem Wahnwitz dieser Zeitzone jederzeit und bei jeder Beschäftigung entkommen können, um in die Zeitlosigkeit einzutauchen, wo Sie ausgeglichen, klar und voller Freude sind und nichts Sie daran hindert, Ihr Bestes zu geben.

Wenn Sie gelernt haben, in der Buddha-Normalzeit zu leben und Jetzt-Gewahrsein in Ihren Alltag einzuführen, werden Sie bei allen Begegnungen des Tages präsenter sein. Sie werden schwierige Situationen besser meistern und spüren, wo Sie sich durchsetzen müssen oder sich besser zurückhalten. Vor allem werden Sie nicht mehr befürchten, das Leben könnte an Ihnen und den Menschen, die Ihnen lieb sind, vorbeigehen; Sie werden erkennen, dass wir alle unsere eigene Gangart und unseren eigenen Zeitpunkt der Blüte haben. Sie werden die Gewissheit haben, dass Sie Glück und Erfüllung finden können. Jetzt-Gewahrsein ist das Geheimnis der Erleuchtung und Selbstverwirklichung, der Buddha im Innern.

In Buddha-Normalzeit zu leben verträgt sich durchaus mit dem modernen Leben, es ermöglicht Ihnen, in diesem Leben Vernunft zu wahren und Freude zu finden. Vorausschauende Planung und Erinnerungen an die Vergangenheit müssen die Klarheit Ihrer bewussten Präsenz keineswegs trüben. Der Buddha würde sagen: Wenn du planen willst, plane einfach. Wenn du Erinnerungen nachgehst, erinnere einfach. Wir können voraus- und zurückblicken, ohne das unnötig ernst zu nehmen oder unsere Freiheit im Jetzt durch Zukunftssorgen beschneiden zu lassen. Schließlich ist es ja so, dass Zukunfts- und Vergangenheitsgedanken vom gegenwärtigen Bewusstsein kommen.

Wir haben immer die Wahl – wie wir reagieren, was wir tun, wie wir leben. Die Zeit reicht immer aus, um durchzuatmen und mit frischem Mut, wach und bewusst neu anzusetzen. Wenn wir unser wahres, zeitloses Wesen erfasst haben und wieder mit ihm verbunden sind, werden wir ganz von selbst langsamer. Sobald wir selbst langsamer werden, verliert auch die Zeit an Tempo, und das wird als ein Mehr an Zeit erlebt. Je bewusster wir sind, desto schneller verarbeitet unser Geist die Dinge, was dafür sorgt, dass sie nicht mehr so wahnwitzig schnell daherzukommen scheinen – ungefähr so, wie die Zeit an einem ersten prachtvollen Herbstmorgen langsam zu werden scheint, wenn unsere gebündelte Aufmerksamkeit den Farben und dem Wind eine gesteigerte Lebendigkeit verleiht.

Diese höhere Bewusstheit können wir auch im Alltag haben. Da bleibt uns mehr Freiraum für Entscheidungen, Überlegungen, Zuwendung und gezielte Reaktionen, und so können wir das Beste aus unserer Zeit machen, aus den Chancen, die uns dieses wundervolle Leben zukommen lässt. Selbst unter Druck erledigen wir die Dinge dann besonnen der Reihe nach und lassen das hektische innere Plappern nicht zu, das uns immer einreden will, wir müssten alles auf einmal tun.

Uns wird dann bewusst, welche Dinge uns ganz besonders unter Stress setzen und was für unproduktive Gewohnheiten wir im Zusammenhang mit der Zeiteinteilung entwickelt haben, und so können wir uns immer mehr aus diesen Schlingen befreien. Geschickter Umgang mit dem Lauf und Tempo des Lebens auf dieser Erde lässt jede Entscheidung, jede Aktion und jeden Atemzug ganz und vollständig sein, und darin können wir intensiv präsent sein. Das ist das Geheimnis, und es ist keineswegs verborgen, wenn wir nur unsere Augen aufmachen.

Ob Sie Buddhist sind oder nicht, dieses Buch wird Sie mit Anleitungen und Mitteln versehen, mit denen Sie den Stress in Ihrem Leben reduzieren, eine gezielte Ausrichtung, mehr Erfüllung, Kreativität und Weisheit finden können. Ich werde Ihnen zeigen, wie Sie kleine Stressvertreiber – simple meditative Pausen – an praktisch jeder Stelle in Ihren Alltag einbauen und ihn mit echter Wachheit anreichern können. Es gibt keine

Regel, die besagt, dass Meditation mit überkreuzten Beinen auf einem Kissen zu geschehen hat. Meditation kann bei einem Spaziergang oder auch beim Geschirrspülen stattfinden. Zunächst werden *Sie* lernen, wie Sie die Bewusstheitspraxis aufnehmen und dann überall bei sich tragen können; später wird die stabil gewordene Achtsamkeit Sie dann ganz behutsam tragen und Ihre Kräfte beflügeln. Das ist der Segen eines echten spirituellen Weges.

In jedem Kapitel finden Sie eine Übung, die ich »Achtsame Augenblicke« genannt habe, und eine »Auszeit«-Meditation. Unter der ersten Überschrift gebe ich Ihnen Ratschläge und beschreibe Übungen, die Sie in Ihren Tag einbauen können, um nach und nach eine neue Beziehung zur Zeit aufzubauen. Die Meditationen werden einfach kleine besinnliche Pausen sein, in denen Sie Ruhe finden können. Ich werde Ihnen dabei auch Praktiken anderer spiritueller Traditionen ans Herz legen – etwa den Sabbat oder eine Pilgerreise nach dem Vorbild der Mekka-Pilgerschaft –, die Sie ebenfalls anhalten, langsamer zu werden, präsent und für die unerschöpflichen Möglichkeiten der Zeit offen zu sein.

Nach einer Weile werden Sie sehen, dass sich der Zeitaufwand für die Meditation lohnt und sogar Zeit spart, weil Sie mehr schaffen. Sie werden mehr Energie haben, Sie werden wacher und ausdauernder sein – ungefähr wie ein Sportler, der jeden Tag seine Gymnastik macht, um optimal in Form zu bleiben, seine Leistung zu steigern und für alle Anforderungen gerüstet zu sein. Mein Angebot von Meditationstechniken und des Lebens im Jetzt schöpft aus mancherlei Quellen, aus dem tibetischen Buddhismus ebenso wie aus anderen großen Weisheitstraditionen, aber auch aus der neurowissenschaftlichen Forschung und ganzheitlichen Ansätzen der Geist-Körper-Integration.

Buddhas alte Anleitung zu einem erleuchteten Leben ist insofern wissenschaftlich, als sie – wie ein wissenschaftliches Experiment – überall nachvollzogen werden kann. Jeder, der sich an die Prinzipien der Achtsamkeit hält, findet zu einem harmonischen Leben im Einklang mit der Natur und wird das in ihm angelegte spirituelle Wesen verwirklichen, das in keiner Weise zeitgebunden ist. Das ist das Ur-Versprechen des Erwachten, des Buddha, das für Millionen schon in Erfüllung gegangen ist.

Die Kapitel dieses Buchs vermitteln die Grundzutaten, um mit der Zeit Frieden zu schließen, für ein Leben im Augenblick und für die Verwirklichung von allem, was in uns angelegt ist. Sie werden lernen, wie Sie sich mit Geist und Körper bis hinunter in die Zellen, das Gewebe und die Nervenbahnen auf die Rhythmen und Zyklen der Natur einstimmen können. Sie werden lernen, das Leben zu entschleunigen, erfüllte Beziehungen zu unterhalten, Ihr Arbeitsleben produktiver zu gestalten und Stress weitgehend abzubauen. Letztlich werden Sie das Ufer des Grenzenlosen, Universalen und Immerwährenden erreichen und dann wissen, dass es schon immer da war und jeden Schritt auf Ihrem Weg begleitet hat.

Immer wenn Sie eine Auszeit-Meditation machen, werden Sie davon tiefer in den Augenblick eingeführt, und bei jeder Übung zum achtsamen Augenblick lernen Sie etwas Neues. Es ist wohl nicht zu vermeiden, dass Sie eine Meditation oder Übung beim ersten Lesen zu allgemein und beim zweiten Lesen zu speziell auffassen, aber beim dritten Lesen werden Sie es genau treffen. Im Buddhismus wird das als der mittlere Weg bezeichnet – eine maßvolle, ausgeglichene und flexible Art, durchs Leben zu gehen.

Jetzt ein kurzer Überblick über die Inhalte der einzelnen Kapitel:

DIE WIEDERBEGEGNUNG MIT DER NATÜRLICHEN ZEIT. Im ersten Kapitel erfahren Sie, wie man aufwachen und sich aus der Tyrannei der künstlichen modernen Zeit befreien kann. Wir sehen uns die Zyklen des Wachstums, Wandels und Zerfalls in der Natur an, und Sie lernen eine Minimeditation oder »Atempause«, mit der Sie sich erfrischen, Ihre Aufmerksamkeit steigern und im Laufe des Tages immer wieder Anschluss an das finden können, was Sie wirklich wollen.

ZEIT FÜR DAS HÖHERE IN UNS. Im zweiten Kapitel lernen Sie, sich für Ihr wahres Wesen Zeit zu nehmen und weniger davon dem kleinen, abgespaltenen Ich zu überlassen, das einfach nur aus seinen ständig wechselnden Stimmungen besteht. So verringern Sie Zeitdruck und Ablenkungen, und dann ist die Zeit nicht mehr Feind oder Quälgeist, sondern wird zunehmend zum Verbündeten und Freund.

SYNCHRONISATION AUF ALLEN EBENEN. Im dritten Kapitel lassen Sie sich tiefer auf den Lauf des Lebens ein und bringen die lineare »Vater-Zeit« mit der zyklischen »Mutter-Zeit« (die sich beispielsweise als Linkshirn-Denken und Rechtshirn-Denken manifestieren) miteinander in Einklang. Sie stimmen sich auf den natürlichen 24-Stunden-Rhythmus Ihres Körpers ein, schließen Bekanntschaft mit den Meridianen und Chakren (den natürlichen Energiezentren) und geben Ihrem innersten Herzschlag eine Stimme, der verlässlichsten Uhr, die Sie haben.

DIE KRÄFTE UNSERER WAHRNEHMUNG. In diesem Kapitel betrachten wir die Zeit als mentales Phänomen und sehen uns an, was die Wahrnehmung alles leistet – für uns selbst und andere. Sie werden erfahren, wie achtsame Bewusstheit unsere phänomenalen Wahrnehmungs- und Kontaktfähigkeiten erst wirklich ins Spiel bringt. Da kann es um Bodhisattvas oder Engel gehen, die alles, was wir brauchen, genau dann bereitstellen, wenn wir es brauchen; es geht auch um mediale Fähigkeiten, um Mitgefühl, um Herzensgüte.

VOM KLUGEN UMGANG MIT DER ZEIT. Im fünften Kapitel führe ich Sie in die kontemplativen Künste der Achtsamkeit und Präsenz ein, in das, was wir Meditation in Aktion nennen. Sie werden lernen, sich tiefer auf den Augenblick einzulassen, um ihn in seiner ganzen subtilen Fülle zu erfahren.

DEHNBARE ZEIT. Jetzt wird es Ihnen allmählich geläufig, im Augenblick zu leben. Sie lernen, wie Sie die Zeit nach Ihren Bedürfnissen und Wünschen dehnen und stauchen, also das Tempo ändern können.

LEBEN IN HEILIGER ZEIT UND HEILIGEM RAUM. In diesem Kapitel lernen Sie, sich räumliche und zeitliche Rückzugsgebiete zu schaffen, von denen aus Sie Ihr Bestes geben können, um all das zu verwirklichen, was Sie Ihrer Anlage nach sind. Sie werden sich besser auf andere einlassen und mit ihnen abstimmen können; Sie werden Betätigungsfelder für Ihre Fähigkeiten, Begabungen und kreativen Energien finden.

DAS RAD DER ZEIT. Im achten Kapitel schließlich lernen Sie, Krankheit, Verlust, Tod und überhaupt den Zahn der Zeit als natürliche und deshalb gefasst als zu bejahende Erscheinungen des Lebens zu sehen – nicht als zur Unzeit eintretende Unterbrechungen, Bedrohungen und Feinde. Sie werden die Zeit in ihrem Gesamtzusammenhang begreifen. Und schließlich werden Sie alle Aspekte der Zeit zu einem Ausgleich bringen, der Sie in die Buddha-Normalzeit eintreten lässt, wo Sie mit dem strahlenden, zeitlosen Grund Ihres Seins verschmelzen.

Im Laufe der Lektüre werden Ihnen Veränderungen an Ihrem Zeitbegriff und an der Vorstellung von sich selbst auffallen. Ihre Entwicklung führt von der Dunkelheit zum Licht, von Ratlosigkeit zu Weisheit, von Selbstbezogenheit zu Selbstlosigkeit, von einem getrennt existierenden Ich zu Ihrer göttlichen Buddha-Natur. Das ist das Versprechen und der Ausgangspunkt des spirituellen Weges – das Wunder des wahren Erwachens.

In der Buddha-Normalzeit werden Sie erfahren, dass Sie in aller Hektik des Alltags doch mehr Zeit haben, als Sie glauben. Sie haben sogar alle Zeit der Welt.

DIE WIEDERBEGEGNUNG MIT
DER NATÜRLICHEN ZEIT

Rosalinde: Sagt mir doch, was ist die Glocke?
*Orlando: Ihr solltet mich fragen, was ist's an der Zeit;
es gibt keine Glocke im Walde.*

William Shakespeare, *Wie es euch gefällt* (III, 2)
(Übersetzung: August Wilhelm von Schlegel)

Aus der Schweiz, jenem schönen Land der Berge, kristallklaren Seen und reizenden Handwerksprodukte, kommt diese absonderliche Geschichte:

Gestern hat der Uhrmachermeister A. P. Simmerling sein Geschäft samt allen Uhren zerstört. Es entstand Sachschaden in Höhe von mehreren Hunderttausend Franken. Wie aus Simmerlings Umgebung verlautete, war er ein Perfektionist und ständig bemüht, sämtliche Uhren in seinem Laden zu synchronisieren. Die Einführung der Sommerzeit machte es notwendig, sämtliche Uhren zweimal im Jahr umzustellen, was sich als eine zu hohe Anforderung erwies. So wusste sich Herr Simmerling denn keinen anderen Rat mehr, als das gesamte Inventar seines Geschäfts mit dem Vorkriegsmodell einer Schwarzwälder Kuckucksuhr zu zerschmettern. Der Kuckuck selbst überlebte das Massaker wie durch ein Wunder. Auch eine friesische Standuhr gab noch eine Stunde über das Gemetzel hinaus letzte Lebenszeichen. Da traf es sich gut, dass es gleich in der Nähe eine Nervenheilanstalt gab, in der außer den Patienten auch sämtliche Uhren nicht richtig tickten. Als alle Uhren zum Schweigen und ihr Mann in sicheren Gewahrsam gebracht worden waren, vertraute Frau Simmerling den örtlichen Behörden ihre tiefe Erleichterung an.

Wenn wir Ordnung und Zeit allzu wichtig nehmen, kann uns das in den Wahnsinn treiben. Uhren haben wie die moderne Gesellschaft etwas Unpersönliches und Mechanisches, sodass wir manchmal gegen sie aufbegehren möchten. Sicher, im Allgemeinen zerschlagen wir dann nicht unsere Uhren wie der arme Herr Simmerling, aber der erste Schritt zu einem Leben in Buddha-Normalzeit besteht darin, dass wir uns aus der Tyrannei der künstlichen Zeit befreien. Wenn wir in den Einklang mit der Natur und dem rhythmischen Fluss der natürlichen Zeit zurückkehren, werden wir die Zyklen von Wachstum, Wandel, Verfall und Erneuerung in der Welt wiederentdecken und in unseren so geschäftigen Tagen mehr Bewusstheit und Verbundenheit finden.

Seit die Menschen durch Himmelsbeobachtungen die Tage, Monate und Jahre festzulegen gelernt haben, prägen wir dem Strom der Zeit unsere Ordnung auf. Kalender, Tierkreise und andere Neuerungen verhalfen uns zur Berechnung der Auf- und Untergangszeiten von Sonne und Mond und einem System der Verbindung von Himmelserscheinungen mit unserem irdischen Schicksal. Die Ägypter erfanden die Sonnen- und die Wasseruhr, mit der sie geordnete Abläufe in dieser frühen Gesellschaft sicherstellten. Den Chinesen verdanken wir den Sextanten, der Zeit- und Positionsbestimmung zu nautischen Zwecken anhand der Sternenbewegungen erlaubt. Die Inder entwickelten die Vorstellung des *Kalpa*, einer unvorstellbar langen Zeitspanne, verdeutlicht durch das Bild eines Vogels mit einem Seidentuch im Schnabel, der einmal im Jahr mit diesem Seidentuch über den Berg Sumeru streicht: Wenn der Berg abgetragen ist, wird damit das Ende des Kalpa erreicht sein. Und die größten Zeitmesser der alten Zeit, die Maya, hinterließen siebzehn Kalender, deren längster im Jahr 2012 abläuft. Die Inka dokumentierten die verstreichende Zeit in Form von hochkompliziert angelegten Knotenschnüren, von denen sich einige bis in unsere Zeit erhalten haben. Die Römer steuerten den Julianischen Kalender und das Schaltjahr bei. Die Briten schufen die Zeitzonen und die mittlere Greenwich-Zeit, und schließlich haben wir die besagte Kuckucksuhr, dann aus der Schweiz die juwelenbesetzte Armbanduhr und schließlich aus Amerika die Atomuhr und den Urknall, mit dem alles angefangen haben soll.

Bis zur Renaissance sind die Menschen alles in allem mit der natürlichen Zeit gegangen, sie haben sich an Tageslicht und Dunkelheit, an die Jahreszeiten und Gezeiten und die übrigen Zyklen auf der Erde und am Himmel gehalten. In der wohl größten Umbruchsphase unseres Zeitempfindens, während der industriellen Revolution, trat nicht nur die handwerkliche Fertigung vieler Güter hinter die maschinelle Produktion zurück, sondern die Zeit wurde als solche zu einem Rohstoff, und zwar zu einem rasch knapper und daher wertvoller werdenden Rohstoff. Die Welt schrumpft seitdem und dreht sich immer schneller, weil jeder schneller arbeitet, um immer mehr in immer weniger Zeit zu produzieren.

Das Kettencafé Starbucks hat jüngst noch einmal acht Sekunden von der durchschnittlichen Wartezeit an der Theke abgezwackt, einfach durch den Verzicht auf Unterschriften bei Kreditkartenzahlungen von unter fünfundzwanzig Dollar. Weitere vierzehn Sekunden sprangen durch den Wechsel zu größeren Eisportionierern heraus; jetzt müssen die Baristas für den großen Frappuccino nur noch einmal in den Eiskübel langen. Wenn Sie da für den morgendlichen Anschubser in der Schlange warten, wie es mir schon passiert ist, sind Sie für jede gesparte Minute dankbar. Aber wir müssen dieses halsbrecherische Vorgehen ja mit einem gewaltigen Faktor multiplizieren, und dann wird klar, dass der rasante Lebensstil, den wir uns da antrainieren, uns alle zwangsläufig unter Stress setzt.

Vom Morgen bis in die Nacht, von der Vorschule bis zum Ruhestand hetzen wir durchs Leben, um Zeit herauszuschlagen, schließlich sind wir ja verantwortungsbewusste Bürger. Aber wie wäre es, wenn wir nicht von der Zeit beherrscht würden? Wenn wir uns in dem Gefühl wiegen könnten, dass unsere Zeit und unser Leben uns gehören? Wenn wir sie zurückhaben wollen, müssen wir uns zuerst einmal wieder für die natürliche Zeit sensibilisieren, wir müssen zu den Rhythmen zurückfinden, nach denen Menschen hierzulande bis vor ein paar Jahrhunderten gelebt haben und nach denen viele Menschen in Entwicklungsländern heute noch leben. Solche sesshaften oder nomadisierenden Sippen und Stämme mögen ebenfalls auf Modernisierung, auf materiellen und technischen Fortschritt aus sein, aber sie haben sich ihre Achtung vor den uranfänglichen, ja zeitlosen Rhythmen der natürlichen Zeit noch bewahrt, und wir können viel von ihnen lernen.

ZEITEINTEILUNG AUF BUDDHISTISCHE ART

Ich glaube, ich beschäftige mich schon mein ganzes Leben lang mit der Zeit, aber rückblickend fällt mir auf, dass ich nicht immer mit der natürlichen Zeit verbunden war. Als Kind auf Long Island mit seinem Vorstadtcharakter war ich umtriebig und auf Wettkampfsport erpicht, das heißt, ich verlor die Uhr oder Stoppuhr nie aus den Augen. Mit zwanzig allerdings befand ich mich Tausende Kilometer entfernt von dort im staubigen, windgepeitschten indischen Rajasthan, wo ich zehn Tage lang schweigend in einer buddhistischen Tempelhalle meditierte. Ich war schon immer einer gewesen, der alles fest in der Hand haben musste, jede Stunde, jede Minute, ja jede Sekunde, und jetzt hatte ich mich auf einmal der Tatsache zu fügen, dass der Tag einfach aus zwölf bis fünfzehn Stunden Meditation bestand, lediglich unterteilt von den Tempelglocken. Während den Meditationszeiten herrschte vollkommenes Schweigen, außer wenn rezitiert wurde oder der Meditationsmeister am Abend einen fünfzigminütigen buddhistischen Vortrag hielt. Anfangs kam ich nicht gut damit zurecht, dass es nach der Mittagsmahlzeit nichts mehr zu essen gab. Zum Widerkäuen blieb allerdings bis zum nächsten Frühstück reichlich Zeit. Hier jedenfalls hörte und erfuhr ich am eigenen Leib, was der Buddha sagte: Um sich guter Gesundheit zu erfreuen, wahres Glück zu erfahren und allen Menschen Frieden zu bringen, musst du erst einmal den eigenen Geist disziplinieren und kultivieren.

Turbulenzen in der Heimat hatten mich hergeführt. Die Sechzigerjahre hatten die Welt auf den Kopf gestellt. Bomben fielen auf Reisbauern in Vietnam, und friedliche Mönche setzten sich auf offener Straße in Brand – meine ersten Bilder vom Buddhismus überhaupt. Ich wusste einfach nicht mehr, wie ich mein Leben fortsetzen sollte. Nach dem College kratzte ich alles zusammen, was ich an Geldgeschenken zum Examen bekommen oder von meinen Studentenjobs gespart hatte, ich verkaufte meine Gitarre, meine Schreibmaschine, meine Lehrbücher und bestieg ein Flugzeug nach Indien. Lauter Fragen schwirrten mir im Kopf herum. In dieser wahrhaft verkehrten Welt, in der letzte Antworten zu den Fragen der Liebe, des Friedens und des Lebenssinns von vier jungen Rockern aus Liverpool zu kommen schienen, war es nicht gerade einfach, Antworten einer tieferen Art zu bekommen. Mir war nicht bewusst, dass ich auf den Spuren der Beatles nach Indien kam, um mich Zeit, Raum und Ewigkeit zu stellen.

Ich legte nicht nur eine sehr weite Strecke auf der Erdoberfläche zurück, sondern tauchte, so schien es mir, in einem früheren Jahrhundert wieder auf, in einer vergessenen Zeit. Es begann in Indien und führte mich in die Berge des Himalajas, in die Welt des tibetischen Buddhismus, die etwas geradezu Mittelalterliches hatte. Die Ashrams und Klöster, in denen ich in den nächsten fünfundzwanzig Jahren meiner buddhistischen Schulung nachging, wurden noch gänzlich gemäß der Jahrhunderte alten Tradition des tibetischen Buddhismus geführt –

ohne Zeitungen, Telefon, Zentralheizung, manche sogar ohne Strom und jegliche sanitäre Installationen. Aber wir alle, die wir da in fröhlichem Miteinander lebten und den großen Weg des Erwachens studierten und praktizierten, empfanden dankbar diese heitere Gelassenheit, den ganzen Reichtum im Innern. Wir sahen dieses einfache Leben auch nicht als etwas Temporäres und nur der Vorbereitung Dienendes, sondern als in sich selbst ganz und genügend.

Anfangs schienen mir die einstündigen Meditationen, die ganze Nachmittage dauernden Vorträge und schließlich die Rezitationen überhaupt nicht enden zu wollen. Nach einiger Zeit hörte ich jedoch auf, den Lauf des Tages noch anhand der Stunden, Minuten und sogar Sekunden auf meiner Armbanduhr zu verfolgen. Je mehr ich innerlich zu Konzentration und Ruhe fand, desto weniger nahm ich noch das Vorbeiziehen einer Stunde oder eines Nachmittags wahr. Es kam soweit, dass etliche Tage einfach spurlos verschwanden. Ich achtete auf meinen Atem, einatmen, ausatmen, und auf nichts anderes. Ich ließ alles andere kommen und gehen, wie es wollte, und so blieb ich in der Unmittelbarkeit und Frische des Jetzt. Man atmet ein und aus und achtet einfach nur darauf. Man betrachtet den Atem … man wird der Atem … man ist der Atem. Keine Zeit, kein Raum, kein Ort. Nichts muss getan werden. Niemand zielt auf irgendetwas ab. Dieser Frieden, diese Harmonie, diese Seligkeit.

Ich übte also, und meine Meditation wurde immer besser, bis sich irgendwann das Gefühl einstellte, *außerhalb der Zeit* zu sein. Alles war vollkommen in Ruhe und in vollkommener Harmonie, einfach so, wie es war. Nach diesem kurzzeitigen, aber unvergesslichen Durchbruch wurde das Meditieren etwas leichter für mich, aber es sollte noch lange dauern, bis die Prägungen und Verwicklungen meines alten Ich aufgelöst waren. Schließlich lernte ich einfach dazusitzen, zu atmen und zu sein – präsent, klar und bewusst, für mich selbst durchsichtig geworden. Mein Motto wurde: Buddha sehen, Buddha sein. Still sitzen, langsam werden, nur atmen und meine Umgebung wahrnehmen – Meditation also – wurde das, was mich zur natürlichen Zeit zurückführte.

Nach unzähligen Stunden der Meditation offenbarte sich mir ein Geheimnis: Je mehr Konzentration und Bewusstheit ich aufbrachte, desto mehr trat die Zeit in den Hintergrund. In unserem gehetzten Leben mangelt es uns nicht an Zeit, sondern an klarer Ausrichtung. Wir brauchen nur unsere schwirrenden und um sich selbst kreisenden Gedanken zu verlangsamen und durch eine achtsame Bewusstheit zu ersetzen, schon sind wir bessere Zuhörer und Freunde, bessere Partner und Arbeitskollegen und finden Klarheit und Gelassenheit in uns, eine nie gekannte Unmittelbarkeit der Erfahrung. Wir haben Zeit, die Dinge einzuschätzen und intelligent statt blind und reflexartig zu reagieren. Wichtige Abzweigungen auf unserem Weg sind deutlich zu erkennen. Die vermehrte Bewusstheit macht uns wacher und baut uns auf, und jetzt zeigt sich, dass wir das Leben einfach bejahen können, anstatt uns wie bisher von ihm überfordert zu fühlen.

Über all die Jahre wurden mir die Segnungen der buddhistischen Achtsamkeitsmeditation bei unzähligen Retreats und in der regelmäßigen täglichen Praxis zuteil, und schließlich fasste ich einen gewaltigen Entschluss. Ich würde in Südfrankreich an einem langen, sehr langen Retreat in vollkommener Abgeschiedenheit teilnehmen, um meine Ausbildung abzuschließen. Danach würde ich ein Lama in der Tradition des tibetischen Buddhismus sein, das heißt ein buddhistischer Lehrer, Meditationsmeister und spiritueller Ratgeber. Nach der tibetischen Tradition hat solch eine Meditationsklausur drei Jahre, drei Monate und drei Tage zu dauern. Während dieser annähernd zwölfhundert Tage wird das gesamte Energiesystem – die Chakren, die inneren Energien und das spirituelle Bewusstsein – von Grund auf erneuert.

Ich fand die Aussicht durchaus beängstigend, doch wie sich dann zeigte, lief das Ganze ungefähr so, wie ich es aus der indischen Wüste kannte. Das erste Jahr zog sich ein wenig hin, das zweite ging schon schneller, und im dritten fragte ich nicht mehr, welcher Tag, welcher Monat, wie lange. Die Begriffe Vergangenheit und Zukunft stellten kein Problem mehr dar. Endlich hatte ich zu intensiver Präsenz in jedem Augenblick gefunden. Die weiteren acht Jahre, die ich noch im Waldkloster verbrachte, vergingen in ruhigem Fluss und waren so schnell vorbei.

All das hat mich verändert und mir gezeigt, dass sich Zeit vor allem im Denken abspielt. Wenn wir den Denkapparat auch nur für einen Augenblick anhalten, halten wir das ganze Universum an: keine Zeit, kein Raum, keine Prägungen, keine Zwänge. Im Zen wird dieser »Geschmack« der Erleuchtung, ein kurzzeitiger und doch zeitloser Durchbruch, *Satori* genannt. Für einen Moment ist alles Licht, plötzlich geht über dem Horizont oder in unserem Herzen ein Stern auf, der für den Rest unserer Tage ein Leitstern sein wird. Folgen Sie den Anleitungen in diesem Buch, zuerst indem wir zurück zur natürlichen Zeit gehen, und auch Sie werden hoffentlich Satori erleben.

Der Legende zufolge wollte König Suddhodana, der Vater des Prinzen Siddhartha, aus seinem Sohn einen großen Krieger machen und hatte ihn zu seinem Nachfolger als Herrscher des im heutigen Nepal gelegenen mächtigen Reichs bestimmt. Um den Prinzen vor allzu tiefen Gedanken zu bewahren, die ihn womöglich zum spirituellen Leben bewegen mochten, hielt der König ihm alle Sorgen und Kümmernisse vom Leib und sorgte dafür, dass er nie etwas von gesellschaftlichen Missständen, von Niedertracht und der alles vernichtenden Zeit erfuhr. Siddhartha musste im Palast bleiben, bekam dafür alle Annehmlichkeiten geboten, die man sich nur denken kann.

Schließlich wollte der junge Prinz unbedingt die Welt außerhalb des Palasts kennenlernen, und obgleich alle nur erdenklichen Vorkehrungen getroffen wurden, damit er nur ja nichts sah, was sein Bild einer heilen Welt beschädigen konnte, begegnete ihm ein zahnloser und blinder alter Mann. So etwas hatte Siddhartha noch nie gesehen, aber jetzt wurde ihm urplötzlich schmerzhaft bewusst, dass er bei all seinem Reichtum, seiner Macht und seinem Wissen doch eines Tages altern und leiden würde. Dann begegnete er einem in Fieberqualen daliegenden Kranken, einem Trauerzug – und zuletzt einem in heiterer Gelassenheit lächelnden Mönch in gelben Gewändern und mit rasiertem Kopf.

Zuerst noch ganz benommen und bedrückt, bemächtigte sich doch eine zunehmend freudige Erregung seiner, da er jetzt Alter, Krankheit, Tod und das spirituelle Leben entdeckt hatte. Er kehrte in den Palast und dieses hohle Schauspiel von ewigem

Glanz und ewiger Schönheit zurück, wo man ihm sagte, dass seine junge Frau gerade einen Sohn geboren hatte. So schön das auch war, Siddhartha dachte mit Entsetzen an all das, was auch seinem Sohn bevorstehen würde. Keiner würde je dem nagenden Zahn der Zeit entgehen. Er war fest entschlossen, seinen Platz als Hausherr nicht einzunehmen, seine kriegerische Ausbildung nicht fortzusetzen und auch nicht das Zepter dieses Reichs aufzunehmen. Stattdessen stahl er sich in der Nacht aus dem Palast, um den Weg des friedvollen Mönchs zu gehen, um die unsterbliche Wahrheit und ewige Erfüllung zu finden – »die sichere Befreiung des Herzens«, wie er es nannte.

Er hatte viele Prüfungen und Entbehrungen zu bestehen, manchmal dem Tod nahe, bis er endlich Frieden mit diesem mal herrlichen, mal schrecklichen, immer jedoch vergänglichen Ding namens Leben schloss. Nach seiner Erleuchtung söhnte er sich mit der Familie aus und führte seine Mutter, seinen Sohn und unzählige andere in die Geheimnisse des zeitlosen Lebens ein.

Siddharthas Begegnungen mit Krankheit, Alter, Tod und dem spirituellen Leben werden als die »vier Anblicke« bezeichnet. Sie kennzeichnen zugleich die wichtigsten Aspekte des spirituellen Lebens: die Vergänglichkeit aller Dinge erkennen, sich damit abfinden und das Leiden und seine Ursachen überwinden. Die buddhistische Lehre erfreut sich wegen ihrer Ethik und bewusstseinsverändernden Techniken allgemeiner Hochachtung, aber ihr Kernstück besteht eigentlich im tiefen Erfassen der Zeit und den daraus abgeleiteten Lehren, wie man ihrer Herr wird.

Siddhartha wurde nach seiner Erleuchtung Buddha genannt, »der Erwachte«. Fünfundvierzig Jahre lang lehrte er unermüdlich in Nordindien und zeigte den Menschen, wie sie das ursprünglich Gute und Weise in sich selbst wiederentdecken konnten, ihr freies, unbegrenztes, durch nichts zu verderbendes wahres Selbst, das später Buddha-Natur genannt wurde. Er lehrte die Menschen, wie all die Leiden und all das Fehlverhalten zu beenden sind, die aus unersättlichem Begehren und den Schwierigkeiten des Umgangs mit der Zeit im Allgemeinen und mit Veränderungen im Besonderen erwachsen. Wir leiden, wie er sagte, weil wir uns dem Strom der Zeit widersetzen und uns an Illusionen des Festen und Sicheren klammern.

RÜCKBESINNUNG AUF DIE RHYTHMEN DER NATUR

Wir tun uns schwer, von bestimmten Vorstellungen zu lassen. Wir müssten aus der Zeit heraustreten können, um ihrer Herr zu werden. Aber es ist nicht zu übersehen, dass sich alles ständig wandelt. In der milden Wärme des Frühlings wachsen Gräser und Blumen, und in der Hitze des Sommers hat sich alles Laub voll entfaltet. Dann fallen in der Herbstkühle die Blätter, und unter der Schneefracht des Winters zieht sich das Leben für eine Weile in sich selbst zurück. Schließlich schmilzt der Schnee, der Boden erwärmt sich, und alles beginnt von Neuem.

In den verschiedensten Tages-, Jahres- und Lebenszyklen erleben wir Wachstum, Wandel und Verfall. Während wir aufwachsen und uns entwickeln, erleben wir Veränderungen unseres Bewusstseins, und immer wieder ändern sich unsere Gedanken, Gefühle und Meinungen, von Jahr zu Jahr und oft sogar von

Augenblick zu Augenblick. Wir wissen, dass der Sand am Meer zermahlenes Gestein ist, wir sehen Bäume, die sich dem stetigen Wind nach geformt haben. Und selbst die großen Steine der Megalithkulturen, die Pyramide von Giseh und unsere stahlarmierten Wolkenkratzer unterliegen dem Wandel, sind vergänglich wie alles andere.

Sie haben vielleicht schon gehört, dass Zeit letztlich eine Illusion ist, aber auf der biologischen Ebene wirkt sie ganz real, da altert und stirbt der Körper nämlich. Sie schreitet voran, sei es in der Form einer Abfolge von Bewusstseinsereignissen oder als äußere Uhrzeit. Wir haben nur einfach den natürlichen Bezug zur Zeit verloren.

Ein von den Ojibwa stammendes indianisches Gebet geht so: »Großvater, du Heiliger, lehre uns Liebe, Mitgefühl und Achtung, dass wir die Erde heilen können und einander.« Umgang mit den Geistern der Natur ist eine der ältesten religiösen Ausdrucksformen überhaupt, und das nach den Worten des amerikanischen Naturforschers John Muir mit gutem Grund: »Wenn man an irgendeinem Einzelding in der Natur zupft, stellt sich heraus, dass es mit allem anderen in der Welt zusammenhängt.«

In meinen Vorträgen gebe ich den Zuhörern immer den Rat, jeden Tag ein wenig Zeit im Freien zu verbringen, das kann notfalls einfach ein tiefes Durchatmen am offenen Fenster oder am Abend ein Blick in den Sternenhimmel vor der Haustür sein. Wer es tut, wird bald bemerken, wie die Rhythmen der Natur mehr und mehr auf ihn übergehen. Man findet im Laufe eines Jahres immer wieder Gelegenheit, den Impulsen der Natur nachzugeben und einmal anzuhalten, um sich zu vergegenwärtigen, dass das Leben nicht nur aus dem Verdienen des Lebensunterhalts bestehen kann. Die meisten Menschen fühlen sich im Frühling beflügelt, wenn die Säfte steigen und die Tage länger werden. Und im Herbst, wenn sich das Laub färbt und das Licht abnimmt, trauern wir vielleicht dem Sommer ein wenig nach, aber die Kräfte richten sich jetzt auch mehr nach innen: Die Natur lädt uns ein, mehr in die Tiefe zu blicken.

Wann haben Sie das letzte Mal die unterstützende, bejahende Lebenskraft von Mutter Erde gespürt? Als Kind vielleicht, als Sie in einer Wiese lagen und in den Himmel blickten? Am Strand mit dem Donnern der Brandung im Hintergrund? Barfuß im Garten, vielleicht mit dem kribbelnden Gefühl der aus dem Boden aufsteigenden Wärme?

Die Klinikdesignerin Barbara Huelat kommt aufgrund ihrer Arbeit zu dem Schluss, dass Naturerlebnisse für die Stressreduzierung so wirksam sind wie Yoga, Bewegung und geeignete Medikamente. Aus einer Studie mit Patienten, die sich in einer großen Klinik von Operationen erholten, geht hervor, dass die Genesung schneller vor sich ging und mit weniger Schmerzen verbunden war, wenn die Patienten aus dem Fenster blicken und Blumen, Bäume oder den Himmel sehen konnten; als Vergleich dienten Patienten, denen ein solcher Ausblick nicht vergönnt war.

Die Natur ist für alle Menschen überall die ursprüngliche Quelle der Erkenntnis, der Schönheit, des Nährenden und der Inspiration. Sie gehört niemandem und jedem. Wir können lernen, sie – die uns ja hält und umfängt – zu lieben, wie unsere Vorfahren es taten. Im tibetischen Buddhismus bezeichnen wir die in allen Dingen liegende Magie – dieses Jenseitige, das doch jeden Augenblick zugänglich ist – als *Drala*. Wir können Drala als Verbündeten anrufen, wenn Verwirrung und Stress uns zu sehr zusetzen und wir Schutz vor den Stürmen des Alltags brauchen. Es ist eine Art Zugang zum Unsichtbaren, zum Formlosen, zur energetischen Dimension der Wirklichkeit.

Drala kann uns auch einfach so begegnen, wenn irgendetwas uns wie zufällig von uns selbst abzieht und mit dem ganz anderen verbindet, das aber zugleich auch innen ist, in jedem von uns. Als Kinder haben wir im Gras gelegen und den Wolken nachgeschaut, selbstvergessen, selbstverloren. Wir wurden weit wie der Himmel, eins mit ihm, ob es uns bewusst war oder nicht. Als Erwachsene sehen wir am Meer den Wellen zu, lauschen einem Wasserfall, blicken in eine Kerzenflamme oder ein Feuer. Die natürliche Energie des Wassers oder Feuers trägt uns weit über uns selbst hinaus.

Das meine ich mit dem Leben in natürlicher Zeit. Es ist uns nicht fremd. Es sind die einfachen Grundzüge der Naturmystik. Wiedervereinigung mit dem Naturzustand, das ist auch der Inhalt des Wortes »Yoga«, das wörtlich »Joch« und im übertragenen Sinne »Wiedervereinigung mit dem Göttlichen« bedeutet.

Wie also finden wir zu diesem Zustand zurück, der uns als Kindern vertraut war, den wir aber jetzt nur noch selten erleben? Vielen gelingt es durch Gebet oder Kontemplation in der Kirche, im Tempel, in der Moschee oder an Wallfahrtsorten, aus der gewöhnlichen Zeit herauszutreten und eine glanzvolle höhere Realität zu erleben. Aber welche Kathedrale könnte erhabener und bewegender sein als der Wald oder ein gewaltiger Gebirgszug? Welches Heiligtum könnte die Seele mehr erheben als der Anblick der Wüste oder ein stiller Waldsee im Sommer oder ein Sonnenuntergang über dem Meer?

Wenn Sie sich an die schönsten Augenblick Ihres Lebens erinnern, sind dann nicht viele Szenen solcher Naturerlebnisse darunter? Versuchen Sie, die Bilder vor dem inneren Auge entstehen zu lassen und dazu die Gefühle, sei es auch nur für ein paar Sekunden. Und bei der nächsten sich bietenden Gelegenheit suchen Sie sich draußen in der Natur einen schönen Platz, um diesen Augenblick der Gnade zu erleben. Sie müssen nicht stets und ständig mit dem Handy in der Hand herumlaufen. Stöpseln Sie sich immer wieder einmal von allen Errungenschaften der Technik ab, um sich zu erinnern, dass die Wunder der Natur immer da sind und immer Trost spenden.

Kalender im heutigen Sinne gibt es erst seit relativ kurzer Zeit, davor war der Himmel unser einziger Kalender. Es liegt in unserem Wesen, dass wir uns in der Natur zu Hause fühlen. Wir lieben es, auf der Erde zu gehen und dabei unsere geistigen und körperlichen Muskeln zu betätigen; ein Blick auf die Sonne sagt uns die ungefähre Tageszeit. Wir sind mit den Gezeiten der Natur so vertraut wie mit unseren eigenen inneren Rhythmen. Wir nehmen das Auf und Ab der Energie bei den Menschen, die uns lieb sind, so deutlich wahr wie an uns selbst; wir sind auf die Zyklen des Mondes eingestellt, auf die Sonnenwenden und Tagundnachtgleichen, die Erntezeit, die jährlichen Feste und Feiern. Wir sind darauf eingestellt, alles zu seiner Zeit zu lassen, nicht zu spät und nicht zu früh. Wenn Sie im Laufe der weiteren Kapitel immer mehr in die Buddha-Normalzeit hineinwachsen, werden Sie sich zunehmend im Einklang mit der Natur und all den Zyklen ringsum fühlen.

DEN HIMMEL WIEDERENTDECKEN

Als Kinder haben wir beim Blick in den Himmel Drala erlebt, wir sahen Gestalten in den Wolken oder bestaunten den Sternenhimmel und lernten vielleicht die Namen einiger Sternbilder. Wenn Sie zum Zauber und zur Tiefe der natürlichen Zeit zurückfinden möchten, dann machen Sie es einfach jetzt wieder so wie damals.

Legen Sie sich nachts unter den offenen Sternenhimmel. Atmen Sie ein paar Mal tief durch, während Ihr Blick über die Weite des Himmels schweift. Sie sehen einzelne Sterne, Sternbilder und das ganze Sternenmeer. Sollten noch andere mit von der Partie sein, kündigen Sie vorher an, dass es eine Zeit des Schweigens sein soll, während der man anders als durch Worte verbunden ist. Richten Sie den Blick und Ihr Bewusstsein auf den unendlichen Himmel aus, atmen Sie in diese Unermesslichkeit hinaus und entspannen Sie sich. Bleiben Sie in gelöster Ruhe, wach und bewusst.

Lassen Sie die Luft, den Wind und den Himmel ein- und ausströmen und Sie mit Licht und Raum anfüllen. Sie sind ruhig und klar, Sie sind zu Hause und geborgen.

Betrachten.
Zulassen. Annehmen.
Bejahen und sich ergeben.
Loslassen heißt kommen lassen und gehen lassen:
sein lassen.
Das ist das Geheimnis wahrer Freiheit und Selbstbestimmung:
die Dinge sein lassen.
Still sein.
Alles ist da –
suchen Sie es nicht anderswo.

Wenn Sie noch nie meditiert haben, dann war das jetzt Ihre erste Meditation. Gut gemacht!

Einmal sprach ich mit meinem Nachbarn Peter, einem viel beschäftigten Anwalt, über meine allmorgendliche Meditation beim steinernen Buddha in meinem Garten. Er schüttelte den Kopf und seufzte: »Wenn ich doch nur die Zeit dafür hätte. Aber mir reicht die Zeit am Morgen kaum zum Zähneputzen, dann muss ich auch schon zum Sechs-Uhr-Zug.« Nach einem schnellen Frühstück in der Kanzlei, erzählte er weiter, sei buchstäblich jede Minute des Tages mit den Rechtsangelegenheiten seiner Mandanten belegt, und an einem normalen Tag kommt er gerade noch rechtzeitig heim, um seinen Kindern gute Nacht zu sagen. »Ich habe jeden Tag unglaublich viel zu tun. Ich werde mir noch ein Magengeschwür holen. Können Sie mir nicht ein Mantra geben, das mich ein bisschen ruhiger macht?«

Sicher, es gibt eine Menge Mantras, die da infrage kommen würden, aber was er eigentlich brauchte, war eine unkomplizierte Meditation, die ihn wieder mit der Natur verbinden würde. Ich sagte, er solle sich jeden Tag wenigsten ein paar Minuten lang den Sonnenaufgang und Sonnenuntergang ansehen und einfach seinen Tagesablauf darauf einstellen. Er sah mich skeptisch an, sagte aber, dass er es ausprobieren würde.

Ich sah Peter einen Monat später wieder, er winkte mir lächelnd von der anderen Straßenseite und kam dann herüber. »Das ist ja wirklich nicht zu fassen, wie wunderbar dieser Sonnenaufgang ist«, brach es aus ihm heraus. »Und erst der Sonnenuntergang! Jeden Abend hat man ein anderes Farbenspiel. Erst dachte ich, das ist einfach noch ein Programmpunkt, den ich in meinem Tagesplan unterbringen muss, aber ich kann Ihnen kaum sagen, wie gut mir das tut. Ich kann mich sogar bei der Arbeit besser konzentrieren, und wissen Sie was? Es kommt mir so vor, als hätte ich *mehr* Zeit, nicht weniger!«

Es ist schon erstaunlich, wie solch eine simple Übung, die kaum mehr als fünf bis zehn Minuten am Morgen und am Abend in Anspruch nehmen dürfte, die Stimmung und die ganze Lebenshaltung eines Menschen verändern kann. Die neue Beziehung zur Natur löste bei Peter einen Teil der Spannung in seinem viel beschäftigten Alltag. Wie wir im Weiteren noch sehen werden, leiten solche Erfahrungen sogar eine Neuprogrammierung unserer Nervenschaltkreise ein. Und selbst wenn wir nur die Übung selbst betrachten, ist das Aufnehmen der Sonnenenergie an sich schon ein Vorgang, bei dem sich Mikrokosmos und Makrokosmos für ein paar kostbare Augenblicke der Zeitlosigkeit vereinen. Eine kleine Änderung im Tagesablauf erwies sich für Peter als äußerst nutzbringend.

Und diese kostbare Erfahrung war auch noch kostenlos (richtig, ich habe kein Honorar verlangt). Ringsum spielt sich ständig ein Schauspiel von Leben, Tod und Wiedergeburt ab, wir müssen nur hinschauen und hinhören. Sobald wir uns einmal von Uhren und Terminplänen freimachen und auf die natürliche Zeit besinnen, werden wir feststellen, dass alles viel glatter läuft.

Probieren Sie es einmal aus, wenn Sie sich gut fühlen. Nehmen Sie die Armbanduhr ab, legen Sie das Handy und überhaupt alle elektronischen Gerätschaften weg und machen Sie einen Spaziergang oder ein Schläfchen. Sie können sich auch in die Badewanne oder Hängematte legen oder schwimmen gehen, wichtig ist nur, dass nichts Ihnen die Zeit in Erinnerung ruft.

Sie entspannen sich und lassen Zeitlosigkeit zu. Nichts muss getan werden, Sie brauchen nirgendwo zu erscheinen, haben keine Termine oder Verabredungen, und es gibt keinen Anlass, sich mit Erinnerungen oder Zukunftsplänen zu befassen. Sie sind einfach nur wach und präsent, Sie praktizieren Jetzt-Bewusstsein.

Legen Sie die Armbanduhr ruhig auch mal während der täglichen Abläufe ab, im Büro, im Supermarkt oder beim Zusammensein mit Freunden beispielsweise. Vielleicht bekommen Sie Gelegenheit, sich zu wundern, wie entspannt und luftig Ihre Beziehung zur Zeit wird, wenn Sie sie nicht ständig im Blick haben.

Sie werden wieder auf den Augenblick aufmerksam, sobald Sie die Uhrzeit einmal unbeachtet lassen. Es ist immer jetzt, nicht früher, nicht später, nicht gestern, nicht morgen – jetzt. Sie sind nicht mehr auf den Terminplan fixiert – wo Sie wann zu sein und was Sie dann zu tun haben –, sondern befinden sich in der Gegenwart. Und recht betrachtet können Sie ja auch nie anderswo als im Augenblick sein. Nur im Augenblick können wir unsere wahre Größe, unser Genie erkennen, und nur der Augenblick bietet all das, was zur Lösung von Problemen erforderlich ist. Den gegenwärtigen Augenblick können wir überall und jederzeit erleben, wir brauchen uns nur auf den Atem zu sammeln oder auf irgendetwas anderes, das ähnlich hautnah und lebendig ist.

Das war meine erste Lektion in Indien, und mit der möchte ich jetzt auch Sie vertraut machen: sich zu sammeln und sich diesem Augenblick so vollkommen aufmerksam zuzuwenden, als wäre es der einzige Augenblick, den Sie haben. In gewisser Weise ist es ja auch so. Auch Erinnerungen an Vergangenes und Zukunftsvorstellungen können nur *jetzt* stattfinden. »Die Zukunft ist jetzt«, haben wir in den Sechzigern gesagt. Wenn es uns zur Gewohnheit wird, gesammelt im Jetzt zu bleiben, verschwindet die Zeit scheinbar und wir erneuern und erfrischen uns von Augenblick zu Augenblick, wir finden neue Energie und sind frei. Wir können uns im Haus befinden oder im Freien, völlig allein irgendwo im Himalaja oder während des Weihnachtsrummels im Einkaufszentrum, wir haben nie etwas anderes als den Augenblick.

ATMEN, LÄCHELN, ENTSPANNEN

Die folgende kleine Aufmerksamkeitsübung können Sie gleich jetzt in Ihren Alltag einbauen. Sie lautet »atmen, lächeln, entspannen«. Seit der Zeit, die Siddhartha meditierend unter dem »Bodhi-Baum« genannten Feigenbaum saß, über ihm der türkisfarbene Himmel, ein murmelnder Bach in der Nähe und Reisfelder, so weit das Auge reichte, ist dies die Praxis gewesen, die in dieser oder jener Form bis heute geübt wird. Im ersten der angekündigten »achtsamen Augenblicke« dieses Buchs geht es um die Wiedererweckung Ihres Bewusstseins für die natürliche Zeit, ihren Puls, ihre Rhythmen.

ACHTSAME AUGENBLICKE

ATEMPAUSE

Setzen Sie sich still irgendwo hin – am besten im Freien, aber es kann auch im Haus sein, wenn Sie mögen.
Sammeln Sie die Aufmerksamkeit ganz auf den Körper, während Sie lang und tief einatmen ...
Dann atmen Sie in einem langen Seufzer aus ...

Wenn Sie wirklich aufmerksam sind, wird Ihr Geist für ganze zehn Sekunden frei von Ablenkungen sein, während Ihr Körper eine Extraportion Sauerstoff bekommt und Ihr Herz ein wenig göttlichen Frieden erfährt. Schon bei diesem einen vollen Atemzug spüren Sie vielleicht einen Anflug von Gelassenheit, die Kiefer lösen sich ein wenig, das Denken wird ein bisschen klarer. So einfach ist ein Ausflug in die natürliche Zeit.

Versuchen Sie es noch einmal. Vielleicht brauchen Sie drei Atemzüge oder mehr, je nach Neigung oder je nach der Beschaffenheit Ihrer Selbstwahrnehmung.

Tief atmen.
Lächeln.
Entspannen ...

Es ist wie ein Anhalten außerhalb der Zeit, ein ekstatischer Augenblick. Ihr Leben wird sich ändern, wenn Sie diese kleinen Atempausen oder Augenblicke der Aufmerksamkeit in Ihren Tagesablauf einbauen. Probieren Sie es aus!

Es geht nicht darum, Ihr Leben in Abschnitte einzuteilen – 99 Prozent Business und ein Prozent spirituelle Nahrungsaufnahme. Lassen Sie sich darauf ein, diese höhere Bewusstheit in jeden Augenblick einfließen zu lassen, so wird das ganze Leben ein Weg der Erleuchtung und Freude.

Dieses Atemgewahrsein im Augenblick ist die grundlegende Meditationsübung und der erste Schritt des Eintritts in die natürliche Zeit. Lassen Sie sich nicht von dem Gedanken verunsichern, dass Sie jetzt zu allem Übrigen *noch* etwas auf sich nehmen müssen. Wagen Sie den Versuch. Es gibt ja auch wirklich Anreize: Sollten Sie an einem ganz gewöhnlichen Tag, in Zeitnot wie immer, darauf aufmerksam werden, wie sich Ihre Gedanken überschlagen, dass das Herz wie wild pocht und der Kopf immer weiter zwischen den Schultern verschwinden will, dann geben Sie sich einen Ruck, diese Zeichen nicht mehr zu ignorieren. Stellen Sie die Klimaanlage ab und öffnen Sie das Wagenfenster. Gehen Sie barfuß über eine Wiese. Hören Sie den Vögeln zu. Atmen Sie Sauerstoff und die anderen Elemente der Luft, die nicht nur alles bisherige Leben von der Amöbe bis zum Mammut ernährt haben, sondern überall im Universum vorkommen.

Haus- und Wildtiere leben in natürlicher Zeit. Es kann vorkommen, dass sie den von der Meditation ausgehenden liebevollen Frieden besonders anziehend finden. Ich erinnere mich besonders gern an eine Jahrzehnte zurückliegende Meditation an einem bewaldeten Hang des Mount Shasta in Kalifornien. Plötzlich spürte ich einen leichten Stups an der Schulter, und als ich hinsah, blickte ich in zwei Augen voller Frieden und ohne Furcht, die Augen einer Hirschkuh. Es war ein kurzer und doch unendlicher Augenblick der Verbundenheit, bevor sie sich abwandte und mit leichten Schritten im Wald verschwand.

Unser wahres Wesen ist frei, offen, fließend und voller Freude, dabei aber zugleich klar und konzentriert. Das ist es, was wir in uns wieder wecken und freisetzen möchten, wenn wir uns vornehmen, zur natürlichen Zeit zurückzufinden und im Augenblick zu leben.

Wissenschaftler und Ärzte sind dabei, den vielfältigen Nutzen der Meditation zu erforschen. In den letzten Jahren sind sie zu diesen Ergebnissen gekommen: Regelmäßiges Meditieren kann den Blutdruck senken, das Herzinfarkt- und Gehirnschlagrisiko verringern, dem Herzversagen vorbeugen, Stresshormone reduzieren und die mit Arteriosklerose einhergehenden Entzündungsprozesse mildern. Offenbar verbessert Meditation auch das Gedächtnis sowie Wahrnehmung, Aufmerksamkeit und andere Funktionen, die für den Umgang mit der Zeit von Bedeutung sind. So berichtet eine kürzlich in der wissenschaftlichen Online-Zeitschrift *PloS Biology* veröffentlichte Studie, dass bei Atemübungen wie der Atempause schon nach drei Monaten eine sehr deutliche Veränderung der Aufmerksamkeitsverteilung durch das Gehirn zu erkennen ist. Und wer hätte keine Probleme in dieser modernen Welt, die unsere Aufmerksamkeit in alle Richtungen gleichzeitig zerrt?

Psychologen wie Michael McGee von der Harvard Medical School haben in Studien zeigen können, dass Meditation die graue Materie des Gehirns vermehrt, das Immunsystem unterstützt, Stress reduziert und bei den teilnehmenden Versuchspersonen Ausgeglichenheit, Klarheit, Gelassenheit und Wohlbefinden fördert.

Früher ging man in der Wissenschaft von einer vorgegebenen und fixierten Aufmerksamkeitsspanne aus. Inzwischen zeigt sich aber, dass die Aufmerksamkeit flexibel und trainierbar ist. Die praktische Wirkung der Meditation besteht darin, dass sie die Zeit verlangsamt, die Aufmerksamkeit ausrichtet und ein waches Jetzt-Gewahrsein erzeugt. Dadurch wird sie zu einem wichtigen Instrument für unser terminüberladenes Leben.

Mir fällt oft auf, dass wir Westler offenbar nur noch Vollgas und Leerlauf kennen. Wir schuften die Woche über wie verrückt, um uns am Wochenende oder im Urlaub nur noch hängen zu lassen. Auf ein maßvolles Tempo umschalten, das man durchhalten kann, das können wir offenbar nicht so gut. Aber wenn wir bewusster werden und den Augenblick besser wahrzunehmen lernen, ruhen wir mehr in uns selbst. Dann können wir ohne Überdrehtheit allen Anforderungen gerecht werden und uns in den Ruhezeiten genüsslich und erholsam entspannen. Wenn wir nur ein paar unserer vielen Vorhaben von der Liste streichen könnten, wäre das schon eine Hilfe.

Vor zehn Jahren saß ich einmal mit meinem alten Freund Joseph Goldstein, einem der ganz frühen westlichen Dharma Lehrer, beim Essen. Wir sprachen über die Arbeit, über gemeinsame

Freunde und unsere spirituelle Großfamilie. Beim Nachtisch erzählte ich ihm, was mein tibetischer Meditationsmeister Nyoshul Khenpo Rinpoche auf seinem Sterbelager in der Dordogne zu mir gesagt hatte. Unter anderem hatte er mir aufgetragen, einhundert Schüler und Dharma-Nachfolger (in der Linie der Übermittlung der buddhistischen Lehre) zu finden. Ich sagte zu Joseph, ich fühle mich einerseits geehrt, dass mein erleuchteter Lehrer mir so etwas zutraute, aber andererseits sehe ich mich vor eine geradezu unerfüllbare Aufgabe gestellt. Joseph ließ mich wissen, was er seinerseits gelernt hatte: Man muss nicht alles sofort schaffen, nicht einmal in diesem Leben.

Das erleichterte mich doch sehr. Seitdem sage ich mir immer, wenn irgendetwas Großes ansteht: »Nicht alles sofort.« Wenn der Druck wieder einmal zu groß wird, versuchen Sie es mit diesen Worten.

SCHWEIGEN

Kein Zweifel, das Meditieren daheim kann Ihnen zu Konzentration und Entspannung verhelfen, aber während der Arbeit mit ihrem Termindruck und Stress, ist es da nicht völlig unmöglich? Wenn ich sage, dass Entspannung bewussten Einsatz verlangt, klingt das vielleicht zunächst widersprüchlich, aber es geht einfach darum, dass Sie bewusst wahrnehmen, wo Sie gerade sind – unter Stress beispielsweise –, um dann in den Blick zu fassen, wo Sie lieber wären. Das bewirkt nämlich etwas. Wenn Sie sich beim Meditieren entspannen möchten, ist es natürlich hilfreich, die Schultern fallen zu lassen, körperliche Spannungen zu lösen, den Mund zu entspannen. Aber es geht nicht nur um den Körper, der Geist muss auch entspannt werden. Entspannen heißt loslassen, sein lassen. Dann lassen wir alles kommen und gehen, wie es will, Gedanken, Gefühle, Sorgen, körperliche Anspannung. Wir betrachten das alles nur, ohne uns daran festzubeißen oder uns damit zu identifizieren. Wir ziehen oder drücken nicht, wir urteilen und bewerten nicht, wir mischen uns nicht ein, wir versuchen nichts zu erreichen.

Sie können sich in jeder noch so anspruchsvollen äußeren Situation entspannen, das lässt sich lernen. Die Anwältin, Aktivistin und Gründerin des Children's Defense Funds Marian Wright Edelman ist eine der besten Sprecherinnen, die ich je gehört habe. Sie ist sehr gefragt und viel unterwegs, aber sie nimmt sich jede Woche einen Tag der Stille. Einmal war sie mit ein paar Freunden von Harvard auf Bergtour in den Alpen. Als ihr Schweigetag kam, gab sie bekannt, sie werde den ganzen Tag nicht sprechen, weder im Verlauf der Bergwanderung noch davor oder danach. Ihr Freund Dick traf sie an diesem Tag auf einem Felsen kurz vor der Passhöhe sitzend an und gesellte sich für eine halbe Stunde zu ihr, um den Ausblick zu genießen, bevor sie sich dann zusammen wieder den anderen anschlossen. Dick erzählte mir später, diese Zeit des Schweigens mit Marion sei der schönste Teil der ganzen Tour gewesen, die ganze Pracht der Alpen habe er nur während dieser halben Stunde wirklich aufnehmen können.

Solche Zeiten des edlen Schweigens, wie man im Buddhismus sagt, können Sie auch einführen. Auch der rasanteste Alltag lässt Zeit für Augenblicke echter Gelassenheit, in denen wir schweigend Kontakt mit etwas aufnehmen können, sei es ein Baum, eine Blume, ein Haustier, sei es Berg oder Tal oder irgendetwas Elementares, das uns die Umwelt, den Augenblick und letztlich eine tiefere Realität wahrnehmen lässt. »Ein Hauch Natur lässt alle Welt Familie sein«, wie Shakespeare sagt.

Kurz, folgen Sie dem natürlichen Strom. Wenn Sie Anschluss an die natürliche Zeit finden, geht die Falle der linearen Zeit auf und gibt Sie frei. Der Stress lässt nach, Klarheit und Frieden breiten sich in Ihrem Leben aus. Ihr Leben in Buddha-Normalzeit rückt einen Schritt näher.

Das zweite Kapitel führt uns noch tiefer in die Geheimnisse der Zeit. Wir werden unserem höheren Ich auf der Spur sein, dem Edelsten und Tiefsten in uns. Und wir werden noch mehr darüber erfahren wie wir mit der Zeit unseren Frieden schließen.

ZEIT FÜR DAS HÖHERE IN UNS

Überlass das Bekannte ein Weilchen sich selbst.
Lass Geist und Körper sich strecken.
Geh in dir in ein anderes Zimmer für diesen Tag.
Alle Sphären des Daseins
liegen am Äquator
deines Herzens.
Heiße dich willkommen
in deinen tausend anderen Formen,
während du von der unsichtbaren Woge
dich heimwärts tragen lässt.
Alle Sphären des Himmels
sitzen um ein Feuer,
plaudernd,
fügen sie sich zum großen Kreis
in dir.

Hafiz

Voriges Jahr habe ich einmal die Tochter eines Freundes zum Flughafen gefahren. Deena musste ans College zurück, und ich fragte sie, was sie studiert und ob sie schon überlegt habe, was sie nach dem Abschluss machen werde.

»Ich habe Biologie und Ökologie im Hauptfach«, erklärte sie, »und ich würde gern ein Jahr im Ausland verbringen, in einem Entwicklungsland. Mir geht es um die Frage, was man tun kann, um gefährdete Arten zu retten.«

Donnerwetter, dachte ich. Diese junge Frau macht sich tiefe Gedanken über ihr Leben und ihren möglichen Beitrag zum Ganzen – mehr als viele Sucher, die seit den Sechzigern Selbstfindung betreiben und immer noch nicht damit fertig sind.

Bei Ihren Bemühungen, zur natürlichen Zeit zurückzufinden und von da aus in die Buddha-Normalzeit aufzubrechen, werden Sie wie Deena lernen, nach Ihrem höheren Ich zu tasten und sich weniger um das kleine Ich und seine ständigen Stimmungsschwankungen zu kümmern. Für ein weises, Erfüllung versprechendes Leben müssen Sie kein taoistischer Weiser, kein hoher Lama, kein Superheld und kein Retter der gefährdeten Arten sein. Aber Sie sollten wissen, wie Sie am besten mit Ihren Energien umgehen und wie Sie sich mit kleinen Maßnahmen tagsüber, aber auch im Laufe der Wochen und des Jahres regenerieren und frisch halten können.

Wir spielen im Leben so manche Rolle: Geschwister, Eltern, Kinder, Ehepartner, Nachbarn, Freunde, Bürger. Aber wir sind mehr als alle diese Rollen zusammen. Und unser wahres Ich ist nichts von alledem. Unser wahres oder höheres Ich steht über allen zeitweiligen Rollen, Identitäten und Masken. Wir können mit ihm in Verbindung treten, es lässt sich lernen.

Unser wahres Ich zu leben, das braucht Zeit und Raum, und darin könnte das Problem liegen. Das Hohe und Edle in uns sucht, betrachtet und hinterfragt, während die Zeit, in der wir leben, drauflosstürmt, dann wieder abbricht und keinen Fluss kennt. Unser höheres Ich zu leben heißt auch herauszufinden, wie wir uns gegenüber der Zeit und vor dem Hintergrund des

Unendlichen erleben. Die vielleicht wichtigste Erkenntnis aus meiner Zeit in Indien und im Himalaja ist die, dass das Göttliche in uns allen ist. Es kennt weder Tod noch Wandel, noch Niedergang. Buddha lebt in uns allen und führt uns zurück in unser wahres Wesen, wenn wir ihn lassen.

GANDHIS UHR

Die buddhistische Lehre besagt, dass es in uns eine Bewusstheit oder Wachheit gibt, die unabhängig von der Zeit wirkt und von Geburt und Tod nicht beeinflusst wird. In unserem tagtäglichen Leben fühlen wir uns vielleicht als allzu flüchtige Ansammlung von Erfahrungen, Einstellungen, Träumen, Hoffnungen, Ängsten und Illusionen, aber wir können trotzdem mit unserem wahren Wesen verbunden sein, auch wenn sich das Leben weiterhin in den Grenzen von Raum und Zeit abspielt.

Gandhi hing sehr an seiner Taschenuhr, die er an einer Schnur, gehalten von einer Sicherheitsnadel, um die Taille trug. Er hasste es, sich zu verspäten, und baute die Uhr oft vor sich auf, um die Zeit im Auge zu behalten.

Von vielen Menschen wurde berichtet, dass Gandhi immer völlig in das versunken zu sein schien, was er gerade tat, wie wichtig oder scheinbar unbedeutend es auch sein mochte. Ob er mit den Briten verhandelte oder Stoffe webte, immer ließ er sich vollkommen darauf ein und blieb ganz konzentriert. Gandhi befand sich an diesem Ort vollkommener Stille, von dem aus er das British Empire und dessen Macht über sein geliebtes

Indien auszuhebeln vermochte. Er sagte gern, er befinde sich immer in Ruhe und ermüde deshalb nicht.

Gandhi und seine Philosophie der Gewaltlosigkeit stehen für den Kern dessen, was im Buddhismus »rechter Lebenserwerb« genannt wird – das erfasst das gesamte Leben, nicht nur den Lebensunterhalt. (Der rechte Lebenserwerb ist eines der »Glieder« des achtfachen Pfades im Buddhismus; davon wird im 5. Kapitel die Rede sein.) Gandhis Leben als Gesellschaftsreformer und Familienvater in der Welt von Raum und Zeit entsprach genau seinen Worten, und zugleich war er mit Herz und Geist auf die Welt des Absoluten und der universalen Freiheit ausgerichtet.

Die Geschichte von Gandhis Verhältnis zur Zeit wird noch durch den Verlauf des tödlichen Anschlags auf ihn unterstrichen. Er fiel auf seine Taschenuhr, die dabei beschädigt wurde und den genauen Todesaugenblick festhielt, 17:17 Uhr. Es heißt, er habe den Todesschützen noch gesegnet. Gandhi starb, wie er gelebt hatte, er vergalt Schlechtes mit Gutem, wie es seinen eigenen Worten entsprach. Seine letzten Worte waren sein Mantra, »Ram, Ram« – der Name Gottes.

Gandhi ist der Inbegriff eines Menschen, der mit beiden Zeiterfahrungen, der des kleinen Ich und der des höheren Ich, souverän umzugehen verstand. Seine Tagesplanung funktionierte perfekt, er wusste, um was es in seiner Zeit auf der Erde ging, und er kannte keine Todesfurcht. Er sah es als seine Aufgabe, in der konfliktreichen Zeit, in der er lebte, heilend zu wirken. Sein Leben und seine Botschaft stimmten genau überein, weil er Augenblick für Augenblick das tat, was er sich vorgenommen hatte. Er lebte immer aus der Mitte seiner Überzeugung heraus, wie sehr ihm die Verhältnisse auch zusetzen mochten. Er widmete sich mit ganzer Kraft den diesseitigen Dingen, um die es ihm ging, dabei jedoch genährt und inspiriert vom Wissen der Vergangenheit. Als einer, der jederzeit seinen Worten entsprechend lebte und dabei mit seinem höheren Ich verbunden war, veränderte er die Welt.

Die meisten von uns kommen für ihre Überzeugungen nicht hinter Gitter oder verweisen Weltreiche in ihre Schranken, wie Gandhi es tat. Aber mit klaren und ehrlichen Intentionen können auch wir etwas ausrichten: jemandem ein Lächeln schenken oder ein Ohr leihen, geistesgegenwärtig (statt geistesabwesend) sein, unseren CO_2-Ausstoß reduzieren, nichts unversucht lassen, um die Macht von Habgier, Hass und Illusion über Herz und Geist zu brechen. Kurzum, wir können uns Gandhi zum Vorbild nehmen und das kleine Ich mit dem Höchsten und Edelsten in uns in Einklang bringen. Wir können uns um Pünktlichkeit bemühen und dabei doch in der immerwährenden Gegenwart des Augenblicks bleiben.

Wenn man das jederzeit im Blick behalten möchte, eignet sich zur Unterstützung der Gebrauch eines Mantras oder auch einer einzigen Silbe, wie wir es bei Gandhi gesehen haben. Ein Mantra wird alle Tage immer wieder gesprochen, mal hörbar, mal nur innerlich, und so nähern wir uns jener höheren Ebene an, die zugleich auch unsere innere Tiefe ist. Mit dem immer wieder geübten Achtgeben auf den Atem – dieser grundlegenden Meditationsform – können Sie das ebenfalls erreichen. Diese einfachen Maßnahmen erheben und »erden« zugleich, sodass Sie zunehmend in der Gegenwart leben und statt des ewigen Zeitmangels eher so etwas wie Zeitlosigkeit erleben. Dieses Leben der Achtsamkeit, eigentlich des Betens, lässt Sie gesammelt und gefestigt bleiben, sodass zunehmend Ihr Herz und weniger der Kopf Ihr Leben leitet und Ihre Verbundenheit mit anderen tiefer wird.

Was ist, wenn man im dichten Verkehr steckt und wohl zu spät kommen wird? Und was, wenn man am Telefon endlos hingehalten wird und das gewünschte Gespräch einfach nicht zustande kommen will? Gegen diese Ärgernisse unserer Zeit ist kein Kraut gewachsen, es gibt keinen Grund, deswegen sauer zu werden. Zu meiner täglichen Praxis gehört es, anderen bei jeder sich bietenden Gelegenheit Gutes zu wünschen. Mensch oder Tier, männlich oder weiblich, alt oder jung – ich wünsche jedem Lebewesen alles Gute. Machen Sie sich das zum Auftrag, und es wird Ihnen Augenblick für Augenblick eine Freude sein.

Empfangen Sie die Welt, wie es Gandhi tat, mit offenen Händen, offenen Armen, offenem Herzen und offenem Geist. Jede Begegnung wird dann gehaltvoll und von einer höheren Art sein und wirklich mit dem Tiefsten und Höchsten, dem Wahren und Edlen in Ihnen zu tun haben.

Versuchen Sie, jede Begegnung mit solchen aufrichtigen und hörbar oder innerlich gesprochenen Wünschen zu begleiten:

Mögest du glücklich und in Frieden, geborgen und zutiefst froh,
zufrieden und erfüllt sein und immer weiter wachsen und leuchten.
Mögest du alles haben, was du brauchst und möchtest.
Mögen deine erhabensten Träume wahr werden.
Mögest du blühen und gedeihen.

Wie können wir jemandem schaden, während wir Sätze wie diese im Sinn haben oder aussprechen? Wie könnten wir auch nur *einen* Menschen manipulieren, ausschließen oder ausbeuten? Wenn Sie Gutes wünschen, werden Sie sich auch kaum noch über Leute aufregen können, die Ihnen die Zeit stehlen oder auf die Nerven gehen. Ihr Ärger verraucht, wenn Sie Gutes wünschen, und übrig bleibt Freundlichkeit. Sie werden staunen, wie viel leichter Ihr eigenes Leben wird, wie viel erfreulicher Ihr Umgang mit anderen.

EIN ICH ODER VIELE?

Der uralte buddhistische Begriff *Anatta*, wörtlich »Nicht-Ich«, ist eine der härtesten Nüsse in der östlichen Philosophie, vor allem für unsere abendländische Kultur mit ihrer Verherrlichung dessen, was wir für unsere Individualität und Einzigartigkeit halten. Dabei ist alles an unserer Individualität – unser Körper, unsere Gedanken und Gefühle, unsere Vorlieben und Absichten – durch und durch konditioniert und programmiert, das heißt durch Vergangenes bedingt; zudem wird es auch noch ständig überarbeitet, verändert, verbessert und unterliegt dem Verfall. Wir sind und bleiben im Prozess, etwas nie Abgeschlossenes. Wir erschaffen uns selbst und einander ständig neu nach Vorstellungen, die besagen, wie wir zu sein haben, und so versichern wir uns gegenseitig unseres Vorhandenseins, um in dieser von Natur aus unsicheren und vergänglichen Welt Sicherheit zu finden.

Anatta ließe sich auch mit »kein Besitzer« übersetzen. So ist leicht zu sehen, dass meine Gedanken oder meine Identität oder mein Körper nicht ohne Weiteres als »mein« zu bezeichnen sind. Ich habe sie nicht hervorgebracht, und sie unterliegen auch nicht in jeder Hinsicht meinem Willen. Eigentlich sind wir ein Gefüge von Kräften und Energien, die von einem Ego und seinem Überlebenswillen zusammengehalten werden, und das alles auf der Basis der Illusion. Wir existierten als etwas Getrenntes und Eigenständiges. Wo das nach und nach immer deutlicher gesehen wird, kann unsere Selbstbezogenheit allmählich nachlassen, während unsere Offenheit und unser Mitgefühl zunehmen.

Unser wahres Selbst oder die Buddha-Natur ist dagegen unwandelbar, es unterliegt nicht der Zeit. Je mehr wir uns diese Buddha-Natur zu eigen machen, desto deutlicher erkennen wir unsere Rolle in dieser gewaltigen und geheimnisvollen Maschinerie von Raum und Zeit. Betrachten Sie sich einmal als Zelle im großen Organismus der Menschheit und aller Wesen überall.

Solange wir diese Verbundenheit mit allen und allem nicht wahrnehmen, gewinnen wir leicht den Eindruck, von allem überrannt zu werden und die Aufgaben eines Tages unmöglich bewältigen zu können. Jederzeit türmen sich unerledigte Dinge vor uns, und immer versuchen wir schnell noch möglichst viel davon abzuarbeiten. Aber wenn wir auf unser Leben zurückblicken, liegt die Befriedigung nicht in dem, was wir erledigen konnten – der Bericht ist fertig, die Wäsche gewaschen, der Rasen gemäht –, sondern in den höheren Errungenschaften unseres wahren Ich: dass wir gehaltvolle Beziehungen knüpfen konnten, unsere Kinder großgezogen haben, es in unserem Beruf oder Gewerbe zu echtem Können gebracht oder uns für eine gute Sache eingesetzt haben.

Das Gesamtbild zu sehen ist nicht leicht, wenn die Tage nur so vorbeifliegen. Dazu kommt, dass viele Menschen sich noch durch ihren Perfektionismus zusätzlichen Stress bereiten. Es fällt ihnen schwer, irgendetwas einfach abzuhaken und für fertig zu erklären. Alles muss noch einmal und dann noch einmal überprüft werden, sodass alles viel länger dauert, obgleich die Zeit eigentlich schon für die zügige Erledigung der Dinge nicht reicht.

Es gibt jedoch einen durchaus erstrebenswerten Perfektionismus. Die höchste Lehre der tibetischen Tradition heißt *Dzogchen*; das Wort setzt sich zusammen aus *dzog* oder »vollkommen« und *chen* oder »groß«, daher die oftmals gewählte Übersetzung »große Vollkommenheit«. Der Ausdruck besagt, dass alle Dinge in sich selbst ganz oder vollständig sind. Wer diese große Vollkommenheit erleben möchte, muss aufhören, seine eigenen Vorstellungen auf die Welt zu projizieren, und sich stattdessen darauf einlassen, einfach nur zu sein.

Das bedeutet, dass Sie sich von Ihren Gedanken und Ängsten lösen und sich nicht mit Vergangenheit und Zukunft beschäftigen, um Ihren Geist in seinem Naturzustand zu erleben. Genau das ist unser Vorhaben, wenn wir meditieren. Und wenn es Ihnen auch außerhalb der eigentlichen Meditation gelingt, wird alles Trennende zwischen Ihnen und anderen verschwinden, und zum Vorschein kommen Einfühlungsvermögen, Liebe, Mitgefühl und Verständnis. In dieser freien und offenen Verfassung werden Sie zu einem Handeln neigen, das Sie glücklich macht.

Dazu müssen Sie sich vergewissern, wo Ihre Aufmerksamkeit jeweils gerade ist. Haben Sie abgeschaltet und starren nur noch dumpf auf den Bildschirm Ihres Fernsehers oder Computers? Erwachen Sie aus dieser Trance, tun Sie irgendetwas mit gesammelter Aufmerksamkeit, tun Sie nur das, tun Sie es ganz und gar, und lassen Sie alles andere solange sein. Räumen Sie die Spülmaschine aus oder stapeln Sie die Zeitungen fürs Altpapier, und lassen Sie dabei vollkommen ungeteilte Aufmerksamkeit walten. Der Zen-Meister Thich Nhat Hanh hat das sehr schön in Worte gefasst: »Geschirrspülen ist dasselbe, wie einen kleinen Buddha zu baden. Das Profane ist das Heilige. Alltagsgeist ist Buddha-Geist.«

Ein meditatives Tun dieser Art bündelt unsere sonst verstreuten Energien und abschweifenden Gedanken und führt sie verlustfrei dieser einen Arbeit zu, die wir gerade tun. Das baut uns auf und macht uns zufrieden. In dieser vollen Aufmerksamkeit machen wir aus jedem Augenblick das Beste, bei der Arbeit ebenso wie zu Hause, beim Spielen mit einem Tier, beim Gespräch mit Freunden, bei der Liebe oder beim Kochen. Wir spüren den Nutzen dieser tiefen und doch aktiven Kontemplation überall, jederzeit und bei jeder Begegnung. Wenn Sie den Bogen einmal heraushaben, wird Ihnen eines der Geheimnisse des Lebens in Buddha-Normalzeit klar sein: *Es fehlt uns nicht an Zeit, sondern an Sammlung.*

Meine Freundin Lynn ist Lebensberaterin, sie kennt eine simple und wirksame Methode der Kontaktaufnahme mit ihrem höheren Ich. Wenn es ihr zu viel wird, erzählt sie, steht sie vom Schreibtisch auf, legt die Hände auf die Stuhllehne oder auch sich selbst auf den Bauch oder über Kreuz auf die Brust und atmet ein paar Mal tief durch. Sie schaut sich um, damit sich ihr Blick normalisieren kann, bevor sie wieder an die Arbeit geht. Sie bleibt also eine Weile stehen, bis sich die Dinge gesetzt und gelöst haben, sie lässt Raum in ihr Bewusstsein einkehren, sie lüftet es gleichsam, bis sich die Flocken in der Schneekugel gesetzt haben und die Szene ganz klar geworden ist. Nach diesen Augenblicken der Ruhe weiß sie, wie es jetzt weitergehen muss, und der ganze Tag verläuft dann harmonischer und produktiver.

Versuchen Sie es einmal, schließen Sie die Tür Ihres Büros. Sie werden sehen, dass Sie weniger Zeit und Energie vergeuden, dass der weitere Tag glatter läuft und Sie Probleme besser in den Griff bekommen, wenn Sie Ihr höheres Ich einbeziehen.

DER WEISE FISCHER

Die Beziehung zwischen dem kleinen Ich und dem höheren Ich ist im Thomas-Evangelium sehr schön umschrieben. Besonders gern mag ich den achten Vers, wo Jesus sagt: »Der Mensch gleicht einem weisen Fischer, der sein Netz ins Meer warf; er zog es aus dem Meer voll von kleinen Fischen; unter ihnen fand er einen großen, schönen Fisch, der weise Fischer. Er warf alle kleinen Fische ins Meer und wählte den großen Fisch ohne Anstrengung. Wer Ohren hat zu hören, der höre!«

Die kleinen Fische sind unsere Wünsche, Vorhaben und Ziele des Augenblicks – Reichtum, Ruhm, Lust, Bequemlichkeit und dergleichen. Nichts davon bleibt, und doch klammern wir uns daran wie an etwas Dauerhaftes. Der große Fisch ist unser immerwährender Traum. So viele Menschen finden den übergeordneten Sinn ihres Lebens nicht. Sie lassen sich alle Tage von ihren kurzlebigen Wünschen und den allseits wirkenden chaotischen Kräften umtreiben. Sie sind völlig der linearen Zeit ausgeliefert, deren Ticktack heute in Klicks, SMS und Tweets besteht.

Wer etwas im Leben findet, das ihn wirklich packt – einen Beruf oder eine Berufung wie etwa das Lehren, ein Anliegen wie die Umwelt oder die Menschenrechte, eine Leidenschaft wie das Golfspiel, eine erfüllende Rolle als Elternteil, Nachbar oder Freund –, dem steht sein höheres Ich zur Seite, und die Stunden und Tage fließen mühelos dahin.

Doch selbst Leidenschaften halten nur eine gewisse Zeit, und das deutet Jesus wohl in seinem Gleichnis an. Träume enden, sogar bewundernswerte und lebenswichtige Träume wie etwa die Elternrolle. Die Kinder werden groß und ziehen aus. Auch ein Traumjob muss irgendwann in den Ruhestand übergehen. Was also ist der große Fisch, die größte aller Leidenschaften und die einzige, die nie endet? Der größte Traum, sagt Jesus hier, ist die Erkenntnis Gottes (Sie können natürlich auch Allah oder Buddha oder Geist oder Moby Dick sagen). Törichte Fischer sind auf kurzlebige Dinge aus, die aber, wenn wir uns an sie klammern, immer auf Verlust und Leid hinauslaufen. Der weise Fischer dagegen behält nur den großen Fisch des reinen Strahlens, der dem Leben Sinn gibt und höchste Freude verspricht.

Leider begreifen die Jünger nicht, was Jesus über das kleine Ich und das höhere Ich lehrt. Sie sehen ihn immer nur als den angekündigten Messias, der sie irgendwie von der Unterdrückung durch die Römer und anderem Ungemach befreien wird.

Als sie ihn fragen: »Wann wird das Reich kommen?«, antwortet er: »Das Reich des Vaters ist über die Erde ausgebreitet und die Menschen sehen es nicht.«

Das verdeutlicht auch sehr schön den Unterschied zwischen linearer Zeit und Buddha-Normalzeit. Befreiung, Erlösung, Erleuchtung – das ist nichts, was mit der Zeit kommt. Es ist immer hier und jetzt präsent, in jedem Augenblick. Wenn ich darauf warte, kann ich lange warten. Jesus sah Zeit und Himmel ganz ähnlich wie Buddha.

Wenn das Ich kontinuierlich erschaffen wird, wie Jesus und Buddha anzudeuten scheinen (und die moderne Psychologie bestätigt), dann ist Ihr höheres Ich in einem Sinne, den Sie sich nicht einmal vorzustellen vermögen, eine zeitlose schöpferische Kraft, machtvoll und göttlich. Wenn Sie Ihrem höheren Ich den Vorzug gegenüber Ihrem kleinen Ich geben, wird sich Ihr Verhältnis zur Zeit ändern. Das kleine Ich lebt in gewöhnlicher linearer Zeit, das höhere Ich in Buddha-Normalzeit. Wenn Sie das in Ihrer eigenen Erfahrung wiederfinden, werden Sie jeden Augenblick als zum großen Ganzen gehörig erleben und alle Vorstellungen von Ihrer Begrenztheit ablegen. Nach dem höheren Ich brauchen Sie nicht zu streben, es ist Ihnen von Anfang an gegeben und gehört zu Ihnen. Sie brauchen sich nur Ihrer Buddha-Natur, Christus-Natur, Allah-Natur zu öffnen. Das kleine Ich, nie von der Herrlichkeit des Ganzen getrennt, erlaubt Ihnen, sich in der Alltagswelt zurechtzufinden und mit Ihrem höheren Ich darüber hinauszugehen.

Es gibt viele Möglichkeiten, Anschluss an das höhere Ich zu suchen, wenn uns das kleine Ich gänzlich in seinen Bann zu schlagen scheint. Mary Pipher, Autorin des Buchs *Reviving Ophe-*

lia (*Pubertätskrisen junger Mädchen*) und anderer Bestseller, nimmt nach ihren eigenen Worten Vögel und deren Gesang als Tempelglocken – immer wieder als Anlass, dreimal tief durchzuatmen und wieder Anschluss an ihre Buddha-Natur und alles Lebendige zu suchen. Auf diese Art nehmen wir Tempo weg, entspannen uns und schaffen transzendente Augenblicke. Experimentieren Sie ein wenig, um Ihren eigenen Zugang zum höheren Ich zu finden. Nehmen Sie jede Gelegenheit wahr, einmal von der Tretmühle zu steigen und sich eine Atempause zu gönnen.

ACHTSAME AUGENBLICKE

WAS KANN WARTEN?

Betrachten Sie alles, was noch zu tun ist, einmal mit etwas Abstand. Für mich ist das sehr wichtig, wenn ich mich nicht ganz auf der Höhe fühle. In einer Kultur, die Erfolg danach bemisst, wie viel man an einem Tag schafft, an wie vielen Orten man was alles erledigt hat, tut es mir sehr gut, einmal mit etwas Abstand nachzudenken. Sehen Sie sich also alles auf Ihrer Liste an, was unbedingt getan werden muss, und dann fragen Sie sich: »Wirklich?«
Wenn es so aussieht, als würde die Zeit nicht für alles reichen, was zu tun ist, dann tun Sie einfach den nächsten Schritt. Wie beim Autofahren im Schneegestöber: Sie schalten herunter und sehen zu, dass Sie langsam und stetig weiterkommen. Wenn Sie sich also ernsthaft überfordert fühlen und nicht wissen, wie es weitergehen soll, dann tun Sie einfach einen weiteren Schritt, das genügt. Sie werden immer irgendwie einen weiteren Schritt tun können. Und dann den nächsten.

Wenn allzu viel in allzu kurzer Zeit zu tun ist, kann es sein, dass wir innerlich zumachen und uns fühlen, als müssten wir alles ganz allein schaffen. Tatsächlich sind Sie aber nie wirklich allein, Sie fühlen sich nur so, wenn Sie in Panik geraten, weil es Ihnen so vorkommt, als würde alles auf Ihren Schultern lasten. Versuchen Sie auch dann noch, Ihre Eingebundenheit in den größeren Zusammenhang zu sehen. Sie gehören immer einem Team an, seien es die Kollegen, die Angehörigen, die Freunde oder einfach der ganze Kosmos der Lebewesen ringsum. Kaum einem ist das, was Sie gerade fühlen, unbekannt. Sagen Sie sich leise: »Wir sitzen alle im gleichen Boot.«

Bei der halsbrecherischen Durchschnittsgeschwindigkeit dieser Gesellschaft bilden wir uns manchmal ein, alles sei furchtbar dringend. Und was soll ich Ihnen sagen? Es stimmt nicht. Machen Sie sich doch einmal klar, dass nicht jede E-Mail sofort beantwortet oder auch nur geöffnet werden muss. Atmen Sie durch und ordnen Sie die Dinge so nach ihrer Wichtigkeit, dass sie in Ruhe getan werden können. Lernen Sie zu sagen: »Das kann warten.«

Und dass Sie mir die heitere Seite des Lebens nicht vergessen! Hier eine kleine Geschichte, die ich ganz besonders mag, weil sie einen weisen spirituellen Lehrer zeigt, dem es nicht liegt, sich allzu ernst zu nehmen. Einmal um die Halloween-Zeit sollte der Dalai Lama an der Yale University sprechen. Seine Gastgeber, lauter äußerst würdevolle Pädagogen, wollten ihn zu einem wichtigen Empfang abholen. Sie klopften im Gästehaus der Universität bei ihm an und staunten nicht schlecht, als ein Mann öffnete, der zwar in seinem braunroten und goldenen Gewand als Lama zu erkennen war, aber eine Groucho-Marx-Maske aufgesetzt hatte. Es was Seine Heiligkeit selbst.

ZEITERSPARNIS KOSTET ZEIT – UND MEHR

Unter allen »Substanzen«, die wir missbrauchen und von denen wir abhängig werden, ist die wichtigste die Zeit. Unser kleines Ich setzt alles daran, ein paar Minuten oder auch nur Sekunden einzusparen, vergeudet dabei aber Tage und Jahre unseres Lebens. Mein Nachbar Fred beispielsweise mag zu dem kleinen Café in einigen Hundert Metern Entfernung nicht zu Fuß gehen oder mit dem Rad fahren, sondern setzt sich lieber ins Auto. Wenn man hier alle direkten und indirekten Kosten zusammenzählt – Benzin, Verschleiß, Versicherungen, Straßenabnutzung, Kohlendioxidausstoß und andere Klimafaktoren –, kommt für Fred eine Rechnung zusammen, die sich auf weitaus mehr als die Kosten für die Zeitung und den Cappuccino beläuft.

Vom Gehen hätte er viel mehr. Es ist gut für die Lunge, die inneren Organe und überhaupt alle Systeme des Körpers. Unser Körper lernt, sich auf wechselnde Umwelt- und Wetterbedingungen einzustellen, sodass wir dann daheim vielleicht den Thermostat ein wenig niedriger einstellen können, was wieder Kosten spart. Das Gehen schärft unsere Sinne, macht uns bewusster, entspannt den Geist, schürt unsere Energien und bringt uns der Natur näher. Selbst auf vertrauten Strecken gibt es immer irgendetwas Neues zu entdecken, oder ein lieber alter Freund – Mensch, Tier oder Wetterphänomen – kreuzt unseren Weg. Kein Gang ist »tote Zeit«, sondern kann eine natürliche Meditation sein, eine kostbare Pause und eine Investition in eine lange, gesunde Zukunft. Der zu Fuß statt mit dem Auto erledigte tägliche Einkauf beugt womöglich sogar einem Herzinfarkt vor.

Unsere Alltagsabhängigkeiten von Kaffee, Limonade, Zigaretten, Alkohol, Schokolade und sogar Medikamenten haben häufig einen Zeitbezug. Wir brauchen am Morgen und auch im Laufe des Tages immer wieder Koffein, um uns wach zu halten, unserer Kreativität auf die Sprünge zu helfen, unser Soll zu erfüllen und überhaupt produktiv zu bleiben, auch wenn uns gar nicht danach ist. Wir rauchen, um uns zu beruhigen, um zu entspannen und uns besser zu konzentrieren, insbesondere in stressreichen Berufen, oder wenn wir etwas sehr Langweiliges zu tun haben, das wir oft unterbrechen müssen, um es irgendwie ertragen zu können. Wir mampfen Schokolade und andere Süßigkeiten, um uns einen Push zu geben oder irgendwelche Seelenschmerzen und den Frust des täglichen Einerlei zu beschwichtigen. Wenn der Blutzuckerspiegel dann steigt, gerät die Vergänglichkeit des Lebens in Vergessenheit und das Unabänderliche macht uns nichts aus – für den Moment zumindest. Wir trinken Alkohol oder nehmen Drogen, um unseren Kummer zu betäuben, Kummer über Dinge, an denen wir gehangen haben und die uns genommen wurden oder die wir nicht richtig genutzt haben. Zugleich dämpfen wir damit auch unsere Zukunftssorgen. Wir entfliehen in eine chemisch erzeugte Fantasiewelt, wo die Zeit uns den Gefallen tut, stehen zu bleiben, wo kurzzeitig Trost und Annehmlichkeit zu holen sind.

Aber die von Sucht gewährte Befriedigung ist nicht nur kurzlebig, sondern verlangt auch immer höhere Dosen. Dann leidet unsere Gesundheit, das Bewusstsein trübt sich und wir geraten immer tiefer in die Abhängigkeit von Substanzen, die unsere zeitliche und räumliche Orientierungsfähigkeit beeinträchtigen. Der buddhistische Weg der Überwindung von

Stress und Unbehagen liegt in der Anwendung »geschickter Mittel« – und das ist in erster Linie das bewusste und gezielte Eingehen auf das, was gerade zu tun ist.

Marianne ist eine junge Frau, die in einem Job mit hoher Stressbelastung arbeitet. »Abends«, erzählte sie mir, »würde ich mich am liebsten mit einer Flasche Wein vor den Fernseher hauen.« So hat sie auch in der Vergangenheit die meisten Abende zugebracht, danach fiel sie ins Bett, und dann fing alles wieder von vorn an. Andere lassen sich mehr oder weniger willenlos durchs Internet treiben. Aber so schöpfen wir natürlich keine Kraft für den nächsten Tag. Ich riet Marianne also, einen schnellen kleinen Spaziergang zu machen, sich etwas richtig Gutes zu kochen, zu meditieren, sich sonstigen körperlichen Übungen oder einer Kampfkunst zu widmen, Musik zu hören, zu malen, Fotos zu machen, ein Gedicht oder einen Blogeintrag zu schreiben – und einfach auszuprobieren, was sie tun könnte, um sich mit ihrem höheren Ich zu verbinden. Und wenn sie das mit voller Aufmerksamkeit tut, wird sie sich erfrischt und belebt fühlen, sie wird bei allem, was sie zu tun hat, über geschickte Mittel verfügen.

Die schlimmsten Süchte unserer Zeit sind vielleicht die elektronischen, unsere beinahe totale Abhängigkeit von technischen Informations- und Unterhaltungsmedien. Jede empfangene E-Mail, jeder iTunes-Download und jede SMS-Unterhaltung mit Freunden macht Spaß und hat etwas Erfreuliches – vermittelt durch eine kurzzeitige Dopaminausschüttung im Lustzentrum des Gehirns. Dieser Neurotransmitter, der auch durch Essen und Sex freigesetzt wird, löst Gefühle von Befriedigung aus. Aber wie unser Verlangen nach Salz und Zucker zu Gesundheitsproblemen und um sich greifender Übergewichtigkeit führten, als Nahrungsmittel mit einem viel zu hohen Salz- oder Zuckeranteil erschwinglich wurden, ist nun auch unser Wunsch nach Verbundenheit und Kommunikation zum Problem geworden, weil unsere Computer, Smartphones, iPods und ähnliche Gerätschaften all unsere Zeit an sich reißen, anstatt uns wie versprochen mehr davon zu lassen.

Ein unlängst in der Zeitschrift *Newsweek* erschienener Artikel zitiert den Psychologen Alan J. Cox mit der Aussage, noch vor einem halben Jahrhundert habe man sich vielleicht nach einigen Stunden Untätigkeit zu langweilen begonnen. Heutzutage wird den jungen Leuten schon langweilig, wenn dreißig Sekunden lang nichts passiert. Es ist völlig normal geworden, dass Kinder so gut wie ständig mit irgendwelchen elektronischen Gerätschaften beschäftigt sind. Da bleibt keine Zeit, über irgendetwas zu staunen, etwas zu erkunden, echten Umgang zu pflegen, einer Sache auf den Grund zu gehen oder über sich selbst nachzudenken. Was das mit unserem Zeitgefühl macht, lässt sich allenfalls erahnen, aber mir scheint, wir verzichten mehr und mehr auf die Reichtümer des höheren Ich – differenzierte Beziehungen zu anderen, die Konzentration auf ein vielleicht lebensveränderndes Buch und überhaupt auf ein Leben, dem wir durch tiefere Betrachtung Sinn verleihen.

Unser Informationskonsum ist nahezu lückenlos geworden, manche legen Wert darauf, sogar auf dem Klo erreichbar zu bleiben. Zu Hause, im Auto, im Büro und auch überall dazwischen gehen wir von Bildschirm zu Bildschirm, wir schneiden die Zeit in immer dünnere Scheiben, bis sie uns einfach durch die Finger rutscht. Pause zu machen ist ein Gedanke, der uns zunehmend fremd wird, sodass wir auch im Urlaub fünfmal am Tag nach E-Mails sehen und immer dafür sorgen, dass eine Aktivität lückenlos in die nächste übergeht. Dabei sagen die Wissenschaftler, dass ohne Ruhezeiten, in denen gar nichts passiert, keine Chance besteht, all die Eindrücke zu Erinnerungen zu verdichten. Die ständige digitale Berieselung macht uns müde und verschlingt jeden Augenblick. Derart totgeschlagene Zeit ist wirklich tot.

Wir haben Besseres verdient. Wie können wir uns von dem fernhalten, was heute schon als so gut wie unvermeidlich gilt, von diesem Adrenalinstoß bei jedem Gerätepiepser? Noch einmal: Dadurch, dass wir uns allem, was gerade ansteht, voll zuwenden. Dieser uneingeschränkte Kontakt, so oft wie möglich gesucht, ist *das* Mittel gegen die Techniksucht, die uns so zersplittert. Legen Sie einmal alles weg und achten Sie auf die grüne Erde ringsum, das von draußen kommende Kinderlachen oder einfach Ihren eigenen Atem.

Eine der interessantesten neuen Entdeckungen auf dem Gebiet der Neurochemie liegt in der Erkenntnis, dass Meditation die Serotoninproduktion im Gehirn steigert. Serotonin ist ein Botenstoff, der stimmungsaufhellend wirkt sowie das Verhalten und das seelische Wohlbefinden positiv beeinflusst. Daraus lässt sich wohl ableiten, dass Meditation eine nebenwirkungsfreie natürliche Methode der Entspannung, Beruhigung und seelischen Stabilisierung ist. Serotoninmangel wird nicht nur mit täglichem Stress und ängstlicher Anspannung in Verbindung gebracht, sondern auch mit etlichen anderen Störungen wie Übergewicht, Schlaflosigkeit, anfallsweisem Schlafzwang, Atemaussetzern im Schlaf, Migräne, prämenstruellem Syndrom und

Fibromyalgie. Würden mehr Menschen meditieren, vielleicht könnte der in den letzten Jahren ins Unermessliche gestiegene Verbrauch von Antidepressiva deutlich reduziert werden. Wenn Sie Mittel gegen Depressionen oder Ängste nehmen, sollten Sie sich überlegen, ob Sie nicht der Meditation einen festen Platz in Ihrem Leben geben können. So verbinden Sie sich regelmäßig mit Ihrem höheren Ich und können dann vielleicht in Absprache mit Ihrem Arzt die Dosis reduzieren oder die Mittel ganz absetzen.

INS GROSSE GANZE EINGEBUNDEN

Der Zellbiologe Bruce Lipton schreibt in seinem Buch *The Biology of Belief* über die wissenschaftliche Basis der Geist-Körper-Verbindung und stellt eine erstaunliche Erkenntnis in den Mittelpunkt: Eine einzelne menschliche Zelle ist das mikrokosmische Abbild des ganzen Menschen. Wenn ich das weiterdenke, würde ich vermuten, dass der ganze Mensch das mikrokosmische Abbild der Menschheit ist.

Und jetzt denken Sie sich jeden von uns als Zelle im Körper des großen Ganzen, des Universums. Wir sind in vollkommener Weise eingebunden in Gemeinschaften und Systeme jeder erdenklichen Art: Familie, Freundes- und Kollegenkreis, unser Land, unsere Kultur, die ganze Erde, das Sonnensystem, die Galaxie und alles darüber. Es bestehen nur sehr kleine genetische Unterschiede zwischen Menschen und Affen; und nur kleine chemische Unterschiede zwischen dem Hämoglobin des Bluts und dem Chlorophyll der Pflanzen. Ist die durchgängige Verbundenheit von allem Sein nicht erstaunlich?

In dieser empirischen, materialistischen und rationalen Informationsgesellschaft ist es nicht ganz einfach, unsere ursprüngliche Eingebundenheit in die große Kette des Seins intuitiv zu spüren. Aber wenn wir die Kraft dieser Verbundenheit dann erleben, stellt sich heraus, dass sie Grenzen aufhebt, dass sie alles kleinkarierte, angstvolle und verschwommene Denken und Fühlen einfach auslöscht. Das Gewebe des Lebens in seiner Vielfalt ruft mir Albert Schweitzers Weltanschauung der Achtung vor allem Leben in Erinnerung. Mitten in Afrika entdeckte dieser große Arzt seine Verwandtschaft mit allem Leben. »Ich bin Leben, das leben will, inmitten von Leben, das leben will.« Fünfzig Jahre lang arbeitete er unermüdlich unter der heißen Sonne Äquatorialafrikas und behandelte alle, die in sein Lazarett strömten, mochten sie an Lepra, Magen-Darm-Infektionen oder anderen Infektionskrankheiten leiden. Schweitzer war ein Freund aller Tiere und hielt sich eine ganze Menagerie in seinem Lazarett, darunter auch einen Pelikan. Es gibt viele an Buddha oder Franz von Assisi erinnernde Berichte von Besuchern, die sich immer wieder verwundert zeigten, wie es die Vögel, Tiere und sogar Insekten zu diesem durch und durch gütigen Mann hinzog.

Schweitzer ist ein schönes Beispiel für einen Menschen, der zwischen dem kleinen und dem höheren Ich zu unterscheiden vermochte. Als junger Mann hatte er sich in Europa einen Namen als Theologe und Organist gemacht. Sein Buch über den historischen Christus fand große Beachtung, und seine Bach-Konzerte suchten damals ihresgleichen. Doch das Leben eines namhaften Theologen und Musikers war nicht das, was ihm vorschwebte. Er ging in sich und erkannte, dass sein wahres Ich nur mit einem mitfühlenden, dienenden Leben zufrieden sein würde. Im Geist des weisen Fischers warf er Ruhm und Reichtum ins Meer zurück. Erstaunlich, dass er sogar noch berühmter wurde, als er die Zivilisation hinter sich ließ und ein neues Leben im afrikanischen Dschungel begann. Er wurde der berühmteste Arzt der Welt, aber dieser Ruf stieg ihm nicht zu Kopf. Das menschliche und ethische Beispiel, das er gab, brachte ihm schließlich den Friedensnobelpreis ein. In der Zeit des Kalten Krieges behaupteten manche Wissenschaftler, radioaktiver Fallout sei nicht gefährlicher als die Leuchtziffern einer Uhr. Ihnen hielt Schweitzer entgegen: »Die Wahrheit hat keine besondere eigene Zeit. Ihre Stunde ist immer jetzt.«

Als der Zeit unterworfene Wesen haben wir allerlei Wachstumsphasen zu durchlaufen, von der kindlichen Abhängigkeit bis zur Eigenständigkeit des Erwachsenen. Erst dann können wir die in uns angelegte Autonomie, die Freiheit unseres höheren Ich, realisieren. So sieht ganz einfach die gesunde psychische Entwicklung aus. C. G. Jung sagte, in der ersten Lebenshälfte würde unser Ich aufgebaut und die zweite diene dann dem Zweck, es zu transzendieren. Ein Kind kann das gewöhnliche Ich noch nicht transzendieren, da es dieses Ich ja gerade erst aufbaut. Es geht auch gar nicht darum, das kleine Ich geringschätzig zu betrachten. Immerhin gehört es ja zu unserem höheren Ich, ungefähr so, wie die Zeit in die Zeitlosigkeit einbegriffen ist. Denken Sie sich Ihr kleines Ich als ein Glitzern im Auge Ihrer Buddha-Natur.

Vorwärts und einwärts sage ich gern. Aufwachsen und nach innen wachsen, um das Ich zu werden, das wir eigentlich sind, kann eine hohe Herausforderung sein. Dazu müssen Sie zuerst die Beschränktheit Ihres kleinen Ich zur Kenntnis nehmen und sich verständnisvoll mit allen Ihren »Warzen« annehmen, denn wenn Sie Ihre Schwächen leugnen oder ignorieren, drücken Sie sich ja nur um die anstehenden Fragen, und das ist meist mit hohen Kosten verbunden. Können Sie sich eben jetzt ohne große Mühe zu all Ihrem Mögen und Nichtmögen bekennen, Ihre Neigungen und Abneigungen, Ihre schlechten Angewohnheiten ebenso wie Ihre vernünftigen Verhaltensweisen, Ihre wunden Punkte, heißen Eisen, blinden Flecken und Vorurteile, ihre größten Erfolge und größten Reinfälle aufzählen? Versuchen Sie es. Die Dinge sehen, wie sie sind – so heißt eine der Grundbedingungen eines erleuchteten Lebens.

Sehen Sie sich am besten nicht als etwas Besonders und schon gar nicht als besser, aber bewahren Sie sich auch stets eine gesunde Selbstachtung – das ist der mittlere Weg. Sich für schlechter als andere halten, auch das ist nur eine Form von übermäßiger Selbstbezogenheit. Eines ist sicher: Keiner von uns ist Gott oder Buddha näher als irgendein anderer, wir alle besitzen die Buddha-Natur. Es ist nicht möglich, unserem höheren Ich näher zu kommen – es ist uns bereits näher als unser Atem, unser Blut.

IN DIE STILLE FALLEN

Hier eine Art Gedankenexperiment für die Suche nach unserem wahren Wesen, nach der Beziehung zwischen dem kleinen und dem großen Ich, zwischen Zeit und Zeitlosigkeit. Es erlaubt Ihnen, mitten in der Flüchtigkeit des Lebens eine tiefere Realität zu erleben und alles hinter sich zu lassen, was Ihr wahres Sein und Ihre Bewusstheit vernebelt – Stress, Hindernisse und Ablenkungen.

Lesen Sie zunächst, um dann in die anschließende Stille hineinzulauschen.

Atmen Sie ein paar Mal tief durch, und lassen Sie sich in die Stille fallen.

Atmen, lächeln, entspannen.

Loslassen.

Sein lassen.

Fragen Sie:

Mein Körper – was bleibt da?

Von dem, was ich denke und fühle und verstehe – was bleibt?

Was ich mag und nicht mag – was bleibt davon?

Was ich will und vorhabe – was bleibt davon?

Von meinem Sehvermögen, Hörvermögen, Geruchsvermögen, Geschmacksvermögen, von allen meinen körperlichen und geistigen Fähigkeiten – was bleibt?

Und wenn ich

den Körper lasse,

Gedanken und Gefühle lasse,

Vorlieben und Abneigungen lasse,

Willenskraft und Intention lasse,

Hören, Sehen, Riechen, Schmecken und überhaupt
alle körperlichen und geistigen Fähigkeiten lasse –
was bleibt?
Jenseits von Körper, Verstand, Persönlichkeit,
Selbstbild und persönlicher Geschichte – was bin ich da?
Wer bleibt bestehen, während ich durch die Stadien und Übergänge
des Lebens gehe – Kindheit, Jugend, Zeit des Heranwachsens, frühes
Erwachsenenalter, die mittleren Jahre, das Alter und weiter?
Womit könnte ich mich
in meinem wahren Ich,
der letzten Essenz, verankern?
Wer und was bin ich eigentlich hinter und unter allem?
Was besteht vielleicht fort, wenn mein Körper vergeht?
Wer oder was bin ich eben jetzt?
Wie spät ist es überhaupt?

Lassen Sie diese Frage in der Stille klingen.

ZEIT ZU LEBEN

Ich hoffe, diese Betrachtung zur Vergänglichkeit des kleinen Ich hat Ihnen klargemacht, wie wichtig es ist, Anschluss an Ihr höheres Ich zu finden. Sonst breitet sich das Leben einfach als ein Wust vor uns aus, und wir verpassen das Beste daran, das Abenteuer auf dem fliegenden Teppich, der uns in das Land der Selbstentdeckung und Selbsterkenntnis trägt, in die Verbundenheit mit allen Lebewesen.

Vergessen wir also in der Eile unseres geschäftigen Lebens nicht, uns immer wieder an unser höheres Ich zu erinnern. Hier ein buddhistischer Vers, den ich mir selbst vorspreche, wenn mir der Stress allzu vieler Aufgaben und Anforderungen über den Kopf wächst:

Ich will keine Zeit mehr an unsinnige Wünsche verschwenden.
Ich gelobe das Verlangen nach Erfahrung zu überwinden.
Und wenn ich ein Aufwallen von Energie, von weiter
Aufmerksamkeit und Klarheit spüre,
sind die Einsicht da und die Zeit, das zu tun, was zu geschehen hat.

Wenn wir uns von dem immer maßloser werdenden Konsum- und Konkurrenzzwang unserer Gesellschaft einmal abwenden, sind in selbstbestimmter Freiheit Befriedigungen aller Art zu finden – eine ganz neue Lebensqualität mit reichlich Zeit, Raum und Energie. Keine Zeit für solch vielfältige Erfahrungen?

Meine Freundin Janet leitet eine christliche Stiftung und ist außerdem Sonntagsschullehrerin und Mutter. Sie sagt, ihre Produktivität und immer gegebene Bereitschaft, beherzt und mit dem nötigen Können zuzupacken, sei zwar in der Regel hilfreich, könne aber auch zum Hindernis werden. Wenn ihr alles zu viel wird, unterbricht sie einfach kurz, atmet tief durch und fragt sich: »Was muss eben jetzt vor allem anderen getan werden?«

Als sie anfing zu meditieren, musste sie am Ende des Tages oft feststellen, dass sie nicht dazu gekommen war. Aber es lag nicht an der fehlenden Zeit, sondern daran, dass sie die Meditation nicht wichtig genug nahm. Sie fand dann heraus, dass sich in jedem noch so vollen Tagesplan zwanzig Minuten Meditation unterbringen ließen, Zeit, in der sie einfach dasaß und Anschluss an sich selbst suchte. Sie musste nur entschlossen für diesen Moment sorgen. Und sie stellte fest, dass zwanzig Minuten Meditation alle anderen Minuten des Tages glatter laufen ließen, leichter und klarer.

»Anstatt wie bisher vom Weckerklingeln an auf Automatik zu laufen«, erzählt sie, »habe ich angefangen, mich tagsüber immer wieder mal zu besinnen und zu vergewissern, wo sich meine Aufmerksamkeit gerade befindet. Ich wurde bewusster und nahm mit einiger Erschütterung wahr, dass meine Aufmerksamkeit nicht im Hier und Jetzt war. Aber ich achtete zunehmend darauf, und das gab mir immer mehr Bodenhaftung, es hat meinem Leben eine andere Richtung gegeben. Als meine Tochter am College die große Krise hatte, war ich auch sehr aufgewühlt und fragte mich ständig, wie ich ihr am besten Rückhalt bieten konnte. Mit Achtsamkeit, Gebet und Meditation war schließlich alles zu bewältigen.«

Achtsamkeitsmeditation wirkt unglaublich beruhigend, sie verstärkt die Aktivität im präfrontalen Kortex und wirkt dämpfend auf die Aktivität der Amygdala – und beides ist wichtig für die Verarbeitung von emotionalen Reaktionen. Durch regelmäßige Praxis kam Janet dazu, dass sie sogar bei hoher Stressbelastung klug reagieren und entscheiden konnte.

Hier eine Übung, die Ihnen die Kontaktaufnahme zu Ihrem wahren Ich erleichtert. Es geht darum zu sehen, dass Sie so, wie Sie jetzt sind, vollkommen sind: kein Streben und Ringen ist notwendig, keine innere Spannung, keine Konflikte.

EINFACH SEIN

Nehmen Sie eine bequeme Sitzhaltung ein.

Sie können die Augen schließen oder den Blick senken.

Atmen Sie ein-, zweimal tief durch, entspannen Sie sich.

Jetzt atmen Sie langsam ein und wieder aus.

Lösen Sie Spannungen, lassen Sie noch etwas mehr los.

Beenden Sie alles Tun,

lassen Sie sich darauf ein, nur zu sein.

Lassen Sie zu, dass sich alles setzt, ohne Ihr Zutun, ohne jegliches Eingreifen.

Lassen Sie los. Im Moment darf alles einmal stehen und liegen, wie es gerade steht und liegt.

Seien Sie offen für die Weisheit des Zulassens und uneingeschränkten Annehmens.

Schließen Sie Freundschaft mit sich, machen Sie sich mit der Grundtatsache Ihres bloßen Vorhandenseins vertraut.

Lassen Sie Ihr Bewusstsein einmal unbeeinflusst von Techniken und Vorstellungen.

Sollten Sie sich irgendwo verlieren oder ablenken lassen oder müde werden oder wegtreten, suchen Sie einfach wieder Anschluss an Ihren Atem. Beobachten Sie ihn: das Einatmen, das Ausatmen, mühelos. Spüren Sie, wie der Atem ein- und ausströmt und Sie im Augenblick hält, während Sie erneut alles loslassen – keine Beurteilung, keine Einschätzung, keine Einmischung.

Sie kommen allmählich in die Mühelosigkeit der reinen Präsenz und wenden die Aufmerksamkeit nach innen.

Alles, was wir suchen, ist innen zu finden. Dies ist die Praxis und der Prozess der inneren Befreiung.
Buddha sein. Sie selbst sein.
Alles sein.

Die Meditationsforschung fördert in letzter Zeit verblüffende Tatsachen über die Natur des Ich zutage, vor allem was seine Beziehung zu Raum und Zeit angeht. So berichtet der Mediziner Andrew Newberg, er habe bei Meditierenden mittels eines SPECT (Single Photon Emission Computed Tomography – Einzelphotonen-Emissions-Tomografie) genannten Verfahrens den Blutfluss in bestimmten Gehirnregionen darstellen können. Ergebnis: Die für konzentrierte Aufmerksamkeit zuständigen Frontallappen des Gehirns sind während der Meditation deutlich aktiver. Dagegen war die Aktivität in den Gehirnarealen, die für raum-zeitliche Orientierung sorgen, geringer.

Wenn sich der Meditierende nach innen konzentriert, so Newberg, gehen die über die Sinne empfangenen Eindrücke und mit ihnen das Ich-Gefühl zurück, es besteht »keine Grenze mehr zwischen dem Ich und der Welt«. Die Wahrnehmung des Ich »als eins mit der Welt« ist nach diesen Forschungen beileibe kein psychischer oder spiritueller Zustand, sondern hat neurologische Grundlagen und wird als »vollkommen real« erlebt.

Was für eine wunderbare Konvergenz von Naturwissenschaft und Spiritualität. Das Verschwinden der Grenze zwischen dem Ich und dem Kosmos lässt sich neurowissenschaftlich nachweisen!

TOTEMPFAHL VON OBEN

Wo sind Sie? Irgendwo in Ihren Erinnerungen, Tagebüchern, Korrespondenzen, auf den Fotos, Zelluloidfilmen und Videos der verschiedenen Phasen Ihres Lebens? Im Spiegel, wo alles zweidimensional und seitenverkehrt ist? Ihr wahres Ich lässt sich nicht einfangen und festhalten. Den meisten Menschen ist nicht ganz wohl dabei, Fotos von sich selbst oder die eigene Stimme vom Band zu hören. »So sehe ich doch gar nicht aus. Die Stimme kommt mir ganz fremd vor.« Alles, was wir jeweils tun, ist die Manifestation eines Augenblicks, ständig wechselnd. Nach einem Fototermin haben wir vielleicht dreißig Bilder, und gerade mal eines erscheint uns einigermaßen treffend. Bin ich das alles oder bin ich nichts davon?

Bei den Indianern der nordwestlichen Pazifikregion war der Totempfahl das Ausdrucksmittel für solche Fragen. Es gibt viele verschiedene Totems – etwa von Ahnen, Helden und mythischen Gestalten –, aber vielfach werden einfach die Stadien der Ich-Entwicklung dargestellt. Das beginnt unten mit unserem kleinen oder Alltags-Ich, während an der Spitze des Pfahls unsere höchste Entwicklungsstufe gestaltet ist. Gleich unter diesem obersten Gesicht ist vielfach ein Flügelpaar zu sehen. Es steht für die Seele, die sich in das Reich jenseits von Raum und Zeit aufschwingt. Zusammen symbolisieren die vielen Gesichter eines Totems die Ganzheit des Seins und den aufwärts führenden Weg des Erwachens und Reifens bis zur höchsten Entfaltung des in uns Angelegten.

Um den Überblick zu haben, muss man den ganzen Totempfahl von einer höheren Warte aus betrachten. Für uns bedeutet das, die Ablenkungen auszuschalten, die uns keinen Zugang zu unserem höheren Ich erlauben. Und das erreichen wir dadurch, dass wir uns vollkommen auf die jeweilige Situation einlassen und im Augenblick die Ewigkeit finden. Wer in Buddha-Normalzeit leben möchte, muss die täglich gebotenen Augenblicke nutzen, in denen er sich über sein kleines Ich erheben kann. So ist in jeder noch so kleinen Handlung unsere ganze Höhe und Tiefe enthalten.

Im nächsten Kapitel werden Sie lernen, die lineare und die zyklische Zeit miteinander in Einklang zu bringen, sich auf die Tagesrhythmen des Körpers einzustimmen und auf Ihren innersten Puls zu achten – Ihre einzig wirklich verlässliche Uhr.

SYNCHRONISATION AUF
ALLEN EBENEN

Um die Welt in einem Sandkorn
und den Himmel in einer Wildblume zu sehen,
halte die Unendlichkeit in deiner Hand
und die Ewigkeit in einer Stunde.

William Blake

Eines der besten Bücher über das Rätsel der Zeit ist *Mit einem Schlag: wie eine Hirnforscherin durch ihren Schlaganfall neue Dimensionen des Bewusstseins entdeckt,* verfasst von der Neurowissenschaftlerin Jill Bolte Taylor, die mit siebenunddreißig Jahren einen schweren Gehirnschlag erlitt. Die Ärzte fanden einen golfballgroßen Blutklumpen, der ihre linke Gehirnhemisphäre vollkommen blockierte.

Taylor musste buchstäblich mit ansehen, wie die Funktionen ihres Gehirns innerhalb weniger Stunden nach und nach ausfielen, bis sie nicht mehr laufen, sprechen, lesen, schreiben und sich erinnern konnte. Während jedoch die linke Hemisphäre – zuständig für unser rationales und realistisches Agieren, für Detail- und Zeitbezug – zunehmend ausfiel, blieb die assoziative und kreative Hemisphäre voll funktionsfähig und vermittelte während der gesamten Erfahrung ein Gefühl von Frieden und Wohlbefinden. Zwischen diesen beiden Zuständen, dem Ausfall der analytischen linken Gehirnhälfte und der rechten, die den Verlauf des Gehirnschlags verfolgte, schwankte sie hin und her. Zum Glück war sie noch in der Lage, rechtzeitig Hilfe zu suchen.

Als sie nach ihrer Genesung zu beschreiben versuchte, wie das ist, wenn man ganz in seiner rechten Gehirnhälfte lebt, griff sie auf ein sehr simples Gleichnis zurück: »Man sagt ja, dass der blaue Himmel eigentlich immer da ist, und deshalb sehe ich die rechte Hemisphäre als den blauen Himmel. Ihr Zustand ist immer präsent, sie unterbricht das, was sie tut, keinen Augenblick. Sie ist eine Konstante. Die linke Hemisphäre ist wie die Wolken, und die Wolken stehen hier für das ständige innere Plappern. Wolken ziehen auf, Gedanken ziehen auf, und der Blick auf den klaren blauen Himmel ist versperrt, obwohl er trotzdem immer da ist.« Vielleicht fällt Ihnen auf, dass diese Darstellung der beiden Hemisphären dem entspricht, was wir als die Beziehung zwischen dem kleinen Ich und dem höheren Ich besprochen haben.

In der ersten Genesungsphase ging Taylor ganz in diesem weiten blauen Himmel auf und musste, um sich im Alltag zurechtzufinden, die Wolken regelrecht herziehen. Ihr ging es wie manchen Menschen, die Nahtoderfahrungen machen und aus einer strahlend lichtvollen Welt zurückkehren mussten – sie holte sich mit bewusster Willensanstrengung in die normale Welt zurück. Als die logische Gehirnhälfte nach und nach ihre Arbeit wieder aufnahm, lernte Taylor, zwischen den beiden Hemisphären hin und her zu schalten. Sie setzte Visualisationen ein, um die Verschaltungen in ihrem Gehirn optimal aufzubauen. Es kostete sie viel Anstrengung und Disziplin, denn das Schweben im weiten blauen Himmel war gar zu friedlich.

Die acht Jahre ihrer Krankheit und Genesung betrachtet sie nicht als verlorene Zeit, sondern als Geschenk. Sie erkannte, dass die beiden Gehirnhemisphären für ein erfülltes Leben synchronisiert sein müssen. Seither empfindet sie ihr eigenes Leben als weitaus befriedigender.

Die linke Seite brauchen wir, um die Dinge zu analysieren und einzuschätzen, um Entscheidungen zu treffen, um Strategien zu entwerfen und auszuführen. Die rechte Seite gibt uns Träume und Fantasie, sie lässt uns Muster erkennen und unsere Gefühle äußern, sie ermöglicht uns Freude. Niemand kann ausschließlich von einer der beiden Hemisphären bestimmt sein, jedenfalls nicht lange. »Es ist Zeit«, schreibt Taylor, »die Einseitigkeit abzulegen und zu sehen, dass wir ein *ganzes* Gehirn haben – und wie schön das ist.«

Ein ganz wichtiger Unterschied zwischen den beiden Seiten liegt in der Zeiterfahrung. Im linksseitigen Modus fühlte sich Taylor ständig unter Stress und Druck. Stand die rechte Seite im Vordergrund, gab es überhaupt kein Zeitmaß und sie konnte ohne jede Dringlichkeit kreativ sein, träumen oder sich einfach an allem freuen.

Zum Glück gibt es eine natürliche Brücke zwischen den beiden Hemisphären, ein Nervenstrang namens Corpus callosum. Diese Brücke, könnte man sagen, vereinigt Kopf und Herz, Verstand und Gefühl.

Zur Beschreibung ihrer außergewöhnlichen Erlebnisse greift Taylor immer wieder auf Ausdrücke wie »Zeitlosigkeit«, »Verbundenheit«, »im Augenblick«, »Gesamtbild«, »glückselig« und »Frieden« zurück – Wörter, die man sonst eher in der mystischen Literatur findet. Die einst so leistungsorientierte, an der

Harvard University ausgebildete Intellektuelle musste feststellen, dass es für ihre Erfahrungen kein wissenschaftliches Vokabular gab. Sie musste sich aus dem allgemeinen Wortschatz bedienen. Und ihre Bemühungen, das alles irgendwie einzuordnen, brachten sie schließlich mit den überlieferten spirituellen Lehren in Berührung, vor allem mit dem Buddhismus.

Am Schluss ihres Buchs gibt sie einen Überblick über den Stand der medizinischen Forschung mit Meditierenden der tibetischen Tradition und Nonnen eines christlichen Ordens. Interessanterweise zeigen die neuesten neurologischen Forschungen, dass Fröhlichkeit, Begeisterung und das Gefühl, voller Energie zu sein, von der linken Gehirnhälfte gesteuert werden, während ängstliche Anspannung, Ärger und Depression ihren Sitz rechts haben. Das ist das Gegenteil von dem, was wir erwarten würden, aber es hat auch etwas von den Punkten im Yin-Yang-Symbol. Jedenfalls zeigen die Studien, dass Meditation die Nervenfasern des Corpus callosum stärkt und so für mehr Kommunikation zwischen den beiden Hemisphären sorgt.

Wenn Taylor die Freiheit vom Druck der Zeit als strahlend blauen Himmel beschreibt, den manchmal dunkle Wolken aus Gedanken und Ängsten verdecken, so ist das weder spezifisch buddhistisch noch irgendeiner anderen Religion zuzuordnen und auch nicht wissenschaftlich oder psychologisch begründet. Aber die uralte tibetische Tradition der Meditation und vergleichbare kontemplative Praktiken bei den Maya, Kelten, Hopi und anderen indigenen Völkern belegen die Gültigkeit ihrer Erfahrung und zeigen auf, dass Ost und West, Wissenschaft und traditionelle Erkenntnis, die lichte und die dunkle Seite unserer Psyche im Tieferen eins sind.

VATER ZEIT UND MUTTER ERDE

Nachdem wir uns in den ersten beiden Kapiteln der natürlichen Zeit genähert und die Verbindung zu unserem höheren Ich gesucht haben, gehen wir jetzt der Frage der bestmöglichen Einstellung auf die lineare und die zyklische Zeit ein. Das ist eine wichtige Station auf dem Weg zu Ausgeglichenheit und Ganzheit – zur Verwirklichung all dessen, was wir sind. Wir sehen uns die Beziehung zwischen Vater Zeit und Mutter Erde in uns selbst an und zeigen auf, wie die Weisheitslehren des Buddhismus uns helfen können, Frieden mit der Zeit zu schließen und in unsere Mitte, unser Gleichgewicht zurückzufinden. Wir werden erörtern, wie linksseitiges und rechtsseitiges Denken und Verhalten in Einklang zu bringen sind, wie wir unsere Chakren ausrichten können und welche Tageszeiten sich am besten für bestimmte Aktivitäten eignen.

Was Jill Bolte Taylor hochdramatisch als die Unterschiedlichkeit der beiden Hirnhemisphären erlebte, gilt in ähnlicher Weise für Zeit und Natur, die schon immer als Dualität gesehen worden sind. In der abendländischen Mythologie ist Vater Zeit ein bärtiger alter Mann, in der einen Hand die Sense, in der anderen ein Stundenglas, in dem der Sand der Zeit rieselt. Ihm gegenüber steht Mutter Erde oder Mutter Natur, die archetypische Göttin, die sich in unserem Leben als das Nährende manifestiert. Sie ist es, die uns versorgt und sich um uns kümmert, der Grund unseres Daseins, der Schoß des Schöpferischen. Wir gehen aus ihr hervor und kehren in sie zurück.

Das heilige Weibliche und die weibliche Lebensenergie spielen in den höheren buddhistischen Lehren eine bedeutende Rolle, denn hier geht es um den Ausgleich zwischen dem Männlichen und dem Weiblichen, zwischen dem solaren und lunaren Prinzip. Das Weibliche ist Inbegriff und Verkörperung der höchsten Weisheit, *Prajna Paramita*, der weiten Leere und grenzenlosen Offenheit, *Shunyata* – warm, alles umfangend und barmherzig, allem Raum bietend. In der buddhistischen Literatur wird die höchste Weisheit sogar »ehrwürdige Mutter« und »Schoß der Erleuchtung« genannt, denn sie ist das große Mysterium, unser ursprüngliches wahres Wesen.

Denken Sie nur, wie viel Kraft das Nährende Ihnen gibt, ob es Ihnen zugute kommt oder von Ihnen ausgeht. Im Geben bekommen wir; und um wahrhaft lebendig zu sein und uns wohlzufühlen müssen wir alle Tage lachen und weinen, denken und fühlen. Es ist nicht schwer zu sehen, dass uns Liebe und Dankbarkeit frischen Schwung geben können, wenn wir erschöpft sind. Wie viele Süchte in unserer Gesellschaft – Sex, Fernsehen, Internet und all die Zapfstellen, die Neues und Unterhaltsames versprechen – mögen wohl durch Vereinsamung bedingt sein, durch das Fehlen der kraftvoll aktiven, aufmerksamen und bewussten Weisheitsenergie der göttlichen Mutter? Der Dalai Lama ruft uns in Erinnerung: »Überall ist ständig vom Frieden für die Menschheit die Rede. Der kommt aber nicht vom Beten, nicht von der Technik, nicht vom Geld, nicht von der Religion, sondern von der Mutter.« Frieden für die Erde und Stille für die Seele kommen aus der Essenz des Mütterlichen, aus mitfühlender, nährender Liebe.

Vater Zeit ist lineare Zeit, der Sand, der Körnchen für Körnchen in endlosem Strom verrinnt. Im Buddhismus wird das »relative Zeit« genannt. Es ist die Geschichte oder der Film, den wir Jahr für Jahr abspulen: Wir haben unseren Tagesablauf, wir planen vorausschauend, wir lernen aus der Vergangenheit und machen Fortschritte. Vater Zeit steht für das unermüdliche und erfinderische Streben nach Verbesserungen, nach dem Neuen, nach Leistung. Das heilige Männliche, die Yang-Energie, ist der Inbegriff des *Tuns*.

Mutter Natur dagegen repräsentiert die zyklische Erdenzeit, den Reigen der Jahreszeiten, die Phasen des Mondes, die Rhythmen von Tag und Nacht, den Lebenslauf von der Geburt bis zum Tod und alle sich unaufhörlich wiederholenden Abläufe mit Anfang und Ende. Sie ist die aus Erfahrung, Wiederholung und Übung gewonnene Weisheit und Erkenntnis, die Weisheit des Erprobten und Bewährten. Kurzum, sie ist die Verkörperung des *Seins*. Aber als Göttin, als der formlose Ursprung von allem, ist sie auch absolute Zeit, große Zeit, anfangs- und endlose Zeit. Aber was keinen Anfang und kein Ende hat, kann das überhaupt Zeit sein? Wo sind die Grenzen dieser Zeit, was ist außerhalb dieser Zeit? Zeit ist grenzenlos und grundlos und darin wie Raum – von dem sie auch, wie uns die Naturwissenschaft sagt, nicht zu trennen ist.

Zeit ist. Und sie ist nicht. Wie kann das sein? Die Antwort liegt in einem »sowohl als auch«. Darin erwartet uns der Geschmack der Ganzheit. Dies ist unser Balanceakt. Vielleicht hilft eine Anmerkung der Romanautorin Maxine Hong Kingston weiter: »Ich habe gelernt, meinen Geist groß zu machen, groß wie das Universum, damit genügend Platz für Widersprüche ist.«

KLEINER GEIST, GROSSER GEIST

Durch Meditation können wir das ruhende Zentrum unseres wahren Seins finden, wo Vater Zeit und Mutter Erde im Einklang sind. Die im Buddhismus gebräuchlichen Ausdrücke »Bewusstheit«, »Sammlung« und »Achtsamkeit« deuten auf höhere Formen der Erkenntnis hin, höher als die reine Instinkt- und Reaktionsebene. Wir erreichen hier die Ebene des bewussten Lebens. Hier nehmen wir unser Leben selbst auf intelligente und angemessene Weise in die Hand, sensibel und im Einklang mit den Dingen.

Ablenkung ist, wie wir bereits gesehen haben, ein Hauptgrund für Stress und Burnout in einem Leben, das nur so an uns vorbeidröhnt. Wenn die Gedanken in alle Richtungen flitzen, kann man kaum gänzlich im Augenblick leben. Aber wenn Sie sich Augenblick für Augenblick auf das konzentrieren, was Sie gerade empfinden oder tun, werden Ihre Aktionen, aber auch Ihre Bestrebungen, Intentionen und Gebete durchschlagend und anhaltend wirksam sein. Es gibt praktische Techniken, die Sie anwenden können, wenn Sie fix und fertig sind und es notwendig wird, sich neu auszurichten.

Versuchen Sie einmal, etwas völlig anderes zu tun als das, womit Sie gerade beschäftigt sind, etwas, das die andere Gehirnhälfte fordert. Sie wissen ja, es ist gut, beide Hemisphären in Bewegung zu halten. Wenn Sie also bei Arbeit oder Studium ihre linke analytische Gehirnhälfte stark beansprucht haben, dann schöpfen Sie jetzt neue Kraft aus einer Beschäftigung für die andere Seite. Hören Sie Musik oder lassen Sie den Blick auf etwas Schönem ruhen oder rufen Sie eine Freundin an, die ein bisschen moralischen Rückhalt gibt. Wenn Sie zu den Menschen gehören, die einen großen Teil des Tages am Computer sitzen, dann machen Sie ein paar Dehnübungen oder gehen in die Hocke, um geistig wieder frisch zu werden und Energie zu tanken. Die Fachleute sagen ja, Computerarbeit solle man immer wieder mal durch einen Blick in die Ferne oder ein paar Schritte kompensieren, und genauso wichtig ist es, beiden Gehirnhemisphären immer wieder Anreize zu bieten. So bleiben die Yin- und Yang-Energien in harmonischem Gleichgewicht, und Sie bleiben im Einklang mit dem natürlichen Fluss der Energie und der Zeit.

Denken Sie auch an die Möglichkeit, dass Sie manchmal einfach zu viel Druck hinter die Dinge setzen. Wenn ich mich beeile, um noch etwas zur Post zu bringen, bevor sie schließt, kommt es vor, dass ich mich besinne und mir sage, dass es morgen auch noch früh genug ist. Fragen Sie sich also, ob es wirklich schlimm ist, wenn das, was Sie gerade tun, etwas später oder erst morgen fertig wird. Wenn es passt, stellen Sie einfach einen neuen Zeitplan auf, aber wenn Sie sich unbedingt jetzt durchbeißen müssen, dann sorgen Sie wenigstens für Unterbrechungen – ein bisschen Bewegung, eine kurze Meditation, bewusstes Atmen oder ein Telefonat. Dergleichen hält Sie nicht von der Arbeit ab, sondern befähigt Sie, dann wieder zügig voranzukommen.

Hier ein paar weitere Tipps, die Ihnen zu einem freundschaftlichen Umgang mit der Zeit verhelfen können.

- Unterbinden Sie beim Aufwachen den Gedanken: »Was habe ich heute alles zu tun?« Damit laden Sie sich nur die ganze Last auf einmal auf. Ruhen Sie lieber noch einen Moment, wach und bewusst. Nehmen Sie einen tiefen, erfrischenden Atemzug. Und dann tun Sie das, was Ihren Tag einleitet.

- Hören Sie auf Ihre innere Stimme. Wenn sie ruft: »Du musst das fertig bekommen!«, dann schauen Sie, ob Sie das einfach so nehmen können, ohne sich gehetzt oder überfordert zu fühlen. Sorgen Sie immer für Pausen, in denen Sie *nicht* denken, dass Sie eigentlich weitermachen sollten. Es ist eine Kunst, für einen Augenblick und in aller Gemütsruhe alles treiben zu lassen, im Auge des Sturms Ruhe zu finden.

- Wenn das Telefon klingelt, heben Sie nicht gleich ab. Lassen Sie es ein-, zweimal länger klingeln und nutzen Sie diese Gelegenheit, um ins Jetzt-Bewusstsein zurückzufinden. Thich Nhat Hanh empfiehlt diesen Moment oder auch das Klingeln der Türglocke als kleines Achtsamkeitssignal zu nutzen, das uns daran erinnert, Tempo wegzunehmen, ruhig und klar zu werden, zu atmen, uns zu entspannen und zu lächeln.

FEUER ATMEN

Erleichternd und lösend wirkt der yogische Feueratem. Es wird schnell und tief in den Bauch hinunter eingeatmet, und man achtet dann ganz besonders auf das Ausatmen. Das wird dreimal, siebenmal, einundzwanzig Mal oder sogar öfter wiederholt.

Atmen Sie tief ein, und halten Sie den Atem.
Jetzt atmen Sie mit einem tiefen Seufzer der Erleichterung aus.
Wiederholen Sie diesen Feueratem dreimal,
um sich dann ganz zu entspannen und einfach zu sein.

In Buddhas überall anwendbarem Rezept für ein Leben der erleuchteten Wachheit ist Achtsamkeit die Hauptzutat. Achtsamkeit fokussiert den Geist, um ihm dann Leichtigkeit zu geben, bis er schließlich seine eigene lichtvolle Natur und strahlende Klarheit erkennt. Shantideva, der Friedensmeister des alten Indien, sagte: »Binde den wilden Elefanten des Geistes mit dem Seil der Achtsamkeit an gute Gedanken, und alle Gefahren verschwinden, alle Tugenden liegen in deiner Hand.«

Es gibt drei Grundformen der Meditation, mit denen wir unser beschränktes Bewusstsein in ein ganzheitliches Bewusstsein der Weisheit und Klarheit, des Friedens und der Freude überführen können.

DIE ERSTE PRAXIS: KONZENTRATION

Wir werden mit der Fähigkeit geboren, uns der ringsum vor sich gehenden Dinge bewusst zu sein. Aber alles würde chaotisch, unscharf und undifferenziert bleiben, hätten wir nicht außerdem die angeborene Fähigkeit, die Dinge auseinanderzuhalten und sogar feine Unterschiede zu erkennen. Nur so können wir Entscheidungen treffen, etwas lernen und Verbindungen ziehen, um Muster und Prinzipien zu erkennen. Wenn wir uns auf Details konzentrieren, handelt es sich meist um das lineare, rationale Denken der linken Gehirnhälfte; aber es kommt auch vor, dass wir größere Zusammenhänge intuitiv auf einmal erfassen, und das ist typisch für die rechte Hemisphäre. Bewusstes Üben schärft und verfeinert unser Vermögen, uns viele verschiedene Bewusstseinsebenen zu erschließen – den Geist zu wecken und dabei zugleich das Herz zu öffnen.

Diesem Zweck dient die konzentrative Meditation. Wir üben, uns auf einen einzigen Gegenstand zu konzentrieren. Das verbessert unsere Aufmerksamkeit und zugleich unsere Aufmerksamkeitsspanne, sodass wir Ablenkungen immer leichter ausblenden können, um ganz beim Gegenstand unseres Interesses zu bleiben. Wenn wir fähig werden, uns völlig auf eine Sache zu konzentrieren, wirkt das gleichsam in unsere Umgebung hinein, sodass wir bei allem, was wir tun, bessere Ergebnisse erzielen.

Die simple Übung der Konzentration auf den Atem bündelt unsere Aufmerksamkeit wie ein Brennglas, mit dem sich dürres Laub entflammen lässt. Stellen Sie sich Ihre Konzentration als eine Linse vor, die das Licht des Bewusstseins zu einem laserartigen Strahl bündelt. Mag sein, dass Sie damit kein richtiges Feuer entfachen können, aber Sie schärfen und verfeinern damit Ihre geistigen Kräfte und Fähigkeiten.

DIE ZWEITE PRAXIS: ACHTSAMKEIT

Der zweite Zugang zum Jetzt-Gewahrsein besteht darin, dass Sie bewusst entscheiden, worauf Sie achten wollen. Das macht Sie achtsamer und objektiver, Sie beobachten gezielter und besser. Interessieren Sie sich für die Details Ihres Lebens, Ihrer Augenblickserfahrung, aber ohne an ihnen zu haften. Lernen Sie alles mit weiter, offener Bewusstheit zu erfassen, die alle Dinge sieht, wie sie sind, das jedoch aus einer Art Weitwinkelperspektive. Konzentration sammelt Ihre Aufmerksamkeit auf einen Punkt, während Achtsamkeit Ihnen die Beschaffenheit der zeitlichen Realität tiefer erschließt.

Durch Achtsamkeitsmeditation lernen wir Selbstbeherrschung und geistige Disziplin; unsere Haltung ändert sich, wir werden ansprechbarer, nachdenklicher, zielgerichteter und bewusster. Ich könnte es auch so sagen: Nach vierzig Jahren täglicher Meditation habe ich eher etwas von einem zugewandten, liebevollen Opa als von einem stets zum Eingreifen bereiten Papa, der den Kindern beim Spielen zusieht.

DIE DRITTE PRAXIS: EINSICHT

Mit wachsender Fähigkeit, uns zu konzentrieren und achtsam zu bleiben, können wir immer besser aus dem Strom der intuitiven Einsicht schöpfen. Das ist die dritte Praxis, durch die unser Bewusstsein immer subtiler wird und wir erkennen, wer wir wirklich sind und wo unser Platz ist. Diese Einsicht wird noch weiter ausgebaut durch einen in die Tiefe dringenden Blick und die Meditation der Selbsterforschung. Bei der Einsichtsmeditation betrachten wir auch unsere Umgebung und den meditierenden Geist. Das lässt sich noch ausbauen und vertiefen, beispielsweise durch das, was ich gern *reine Präsenz* nenne; das ist eine gesteigerte, sehr unmittelbare Form des Jetzt-Gewahrseins, die wir im 5. Kapitel näher betrachten werden.

Selbsterkenntnis ist reine Kraft und entscheidend für ein Leben im Einklang. Je besser wir uns kennen, desto weniger treibt uns der Gedanke um, dass unsere Tage gezählt sind. Oder wie Oliver Wendell Holmes uns in Erinnerung ruft: »Ein durch neue Erfahrung geweiteter Geist kann nicht auf sein altes Maß zurückschrumpfen.«

EIN LEBEN IM EINKLANG

Einklang bedeutet, dass zwei verschiedene Klänge harmonisch zusammenklingen. Meditation eignet sich wunderbar, um die von Vater Zeit beherrschte linke Hemisphäre mit Mutter Erdes Domäne, der rechten Hemisphäre, in einen perfekten Zusammenklang des Tuns und Seins zu bringen. Konzentrative Meditation ist auf lineares linksseitiges Denken ausgerichtet. Achtsamkeitsmeditation konzentriert den Geist sogar noch stärker und erhöht die elektromagnetische Ladung der rationalen linken Hemisphäre, bezieht aber zugleich die ganzheitliche und intuitive rechte Gehirnhälfte ein. Regelmäßig geübte Achtsamkeitsmeditation mobilisiert ungeahnte Fähigkeiten des Verstehens und der Selbstverwirklichung. Einsichtsmeditation bringt die assoziative rechte Gehirnhälfte ins Spiel, und die tiefe Konzentration kann dazu führen, dass Festgehaltenes sich spontan und urplötzlich löst und weitet. Es entsteht so etwas wie eine Spirale der Einsicht, wodurch der rechten Hemisphäre immer mehr Energie zufließt, sodass es zu Durchbrüchen der Erkenntnis und intuitiven Entdeckungen kommen kann. Es herrscht Einklang, eine Synthese von linearem und zyklischem Denken, ein Gleichgewicht von Kontraktion und Expansion, Logik und Intuition – und das ist die perfekte Harmonie von Yang und Yin. Es wird licht in uns.

Etwas vereinfachend könnten wir sagen, die linke Hemisphäre sei unser Kopf-Verstand und die rechte unser Herz-Verstand. Beide besitzen ihre ganz eigene Logik.

Angenommen, wir wollten die Abläufe in unserem Sonnensystem oder im Kosmos insgesamt erforschen. Der linksseitige Ansatz besteht darin, dass wir erst einmal feststellen, was für Himmelskörper es gibt, dann beschreiben wir die einzelnen Arten näher, wir analysieren, quantifizieren und formulieren Theorien über das Entstehen der Himmelskörper. Beim rechtsseitigen Vorgehen sehen wir uns vielleicht Himmelskarten an, basteln ein Poster, Mobile oder Diorama – oder wir gehen einfach in der Nacht ins Freie und bestaunen den weiten, stillen Sternenhimmel. Allmählicher Fortschritt bei irgendeiner Fähigkeit stellt sich beim regelmäßigen Üben ein, und das gilt auch für die Schulung der Aufmerksamkeit und der Wahrnehmung. Einsicht dagegen kommt eher als plötzlich auftauchende neue Ganzheit, und das entspricht dem intuitiven Lernstil der rechten Gehirnhälfte. Beide Formen sind notwendig.

Durch regelmäßige Meditationspraxis kommt es zu spirituellen Offenbarungen und Gipfelerfahrungen. Disziplin und Einsatz machen es möglich, dass durch irgendeinen Anstoß auf einmal Bewusstheit und Erkenntnis ausgelöst werden. Wir bündeln unsere Aufmerksamkeit gleichsam auf einen Punkt, aber aus dieser punktförmigen Zuspitzung kann sich eine unerwartete Weitung ergeben. Es ist wirklich erstaunlich: Das Allerkleinste schlägt urplötzlich in Unendlichkeit um, in Freude und Weisheit. Das kann Meditation für uns bewirken. Von J. Krishnamurti, dem großen spirituellen Lehrer, haben wir diese Worte: »Meditation ist das Aufhören des Denkens. Erst dann offenbart sich eine andere Dimension, jenseits der Zeit.«

DEN TAGESRHYTHMEN AUF DER SPUR

Sonnenuhr, Stundenglas, Armbanduhr, Wecker und alle anderen Zeitmesser sind relativ junge Erfindungen, aber wir Menschen besitzen auch biologische »Uhren«, und das seit dem Beginn unserer Evolution. Und wie wir unterliegen alle Lebewesen – Pflanzen, Säugetiere, Vögel, Reptilien, Bakterien –

einem 24-Stunden-Zyklus, der auch als »zirkadianer Rhythmus« bezeichnet wird.

Solche an den Tageslauf gebundenen Zyklen oder Rhythmen regeln den Blutdruck, die Körpertemperatur, die Wach- und Schlafzeiten sowie das Stoffwechselgeschehen. Die zentrale biologische Uhr liegt in der Hypothalamus genannten Hirnregion und besteht aus einem kleinen Zellhaufen, dem suprachiasmatischen Nukleus (SCN). Es gibt aber auch unabhängige zirkadiane Rhythmen in vielen Organen und Zelltypen, etwa in Leber, Lunge, Bauchspeicheldrüse, Milz, Haut und Thymusdrüse. Der amerikanische Monarchfalter besitzt wie die Honigbiene und alle Zugvögel eine innere Uhr. Sie sitzt bei ihm in den Fühlern, und zwar als eine Art Sonnenkompass. Bei seiner alljährlichen Herbstwanderung von der Ostküste und dem Mittleren Westen der Vereinigten Staaten zu den Winterquartieren in Zentralmexiko kann der Schmetterling auf diese Weise seine Flugbahn nach dem Sonnenlauf ausrichten und korrigieren, und das trotz des wechselnden Lichteinfalls beim Durchqueren mehrerer Zeitzonen.

Die Rhythmen der »Master Clock« im SCN liegen etwas unter oder über dem normalen Tageslauf von 24 Stunden. Wissenschaftliche Versuche mit Menschen, die monatelang in dunklen Höhlen lebten, haben ergeben, dass die Tagesrhythmen unseres Körpers unabhängig von Licht, Dunkelheit, Temperatur, Nahrung, Wasser und anderen äußeren Einflüssen sind. Unter normalen Umständen ist es aber so, dass der SCN jeden Tag ein »Reset« erfährt und auf den durch die Erdrotation bedingten 24-Stunden-Tagesrhythmus eingestellt wird. In der Netzhaut unserer Augen, sagen die Wissenschaftler, sitzen Rezeptoren, die die Länge des Tages und der Nacht registrieren und an die Zirbeldrüse melden, die das Hormon Melatonin produziert. Melatonin wird vorwiegend in der Nacht ausgeschüttet und regelt den Schlaf-Wach-Rhythmus.

Langstreckenflüge bringen den Melatoninhaushalt durcheinander, weil wir dabei unter umständen mehrere Zeitzonen in kurzer Zeit durchfliegen. Das ändert die erfahrene Länge von Tag und Nacht, und wir erleben das dann als Jetlag. Manche Leute nehmen bei solchen Flügen Melatoninpräparate ein, um diesen Effekt abzumildern. Merkwürdigerweise tun sich Linkshirn-Typen leichter mit Flügen, die von Osten nach Westen gehen. Bei eher von der rechten Gehirnhälfte bestimmten Menschen ist es umgekehrt.

Tagesrhythmen fallen generell mit der natürlichen Zeit zusammen. Die Körpertemperatur hat gegen halb fünf am Morgen ihren niedrigsten Stand, wenn wir im Allgemeinen fest schlafen. Beim Aufwachen kommt es zu einem deutlichen Anstieg des Blutdrucks, und die Melatoninausschüttung geht bei Sonnenaufgang zurück. Das ist auch die Zeit der größten Wahrscheinlichkeit für eine Darmentleerung. Im Laufe des Vormittags erreicht der Testosteronpegel seinen Höhepunkt, und unser Körper ist besonders aktiv, sei es zu Hause, in der Schule oder bei der Arbeit. Am späten Vormittag und um die Mittagszeit haben wir einen besonders wachen Verstand und unsere Koordinationsfähigkeit erreicht ihren Höhepunkt. Nach dem Essen, zur traditionellen Siestazeit, setzt eine natürliche Phase der Trägheit ein. Am späteren Nachmittag fühlen wir uns dann erfrischt und spüren neuen Tatendrang. Unser Reaktionsvermögen ist jetzt besonders gut, Kreislauf und Muskelkraft erreichen ihr Optimum, aber auch Blutdruck und Körpertemperatur erreichen ihren Tageshöhepunkt. Am späten Abend und in der Nacht geht die Darmtätigkeit zurück, die Melatoninproduktion fährt hoch, und gegen zwei Uhr am Morgen ist der Schlaf am tiefsten.

Im östlichen Denken und vor allem in der traditionellen chinesischen Medizin werdende diese natürlichen Rhythmen zusätzlich mit dem Strom der *Chi* genannten Lebensenergie in ihren Leitbahnen, den Meridianen, verknüpft. Die folgende kleine Tabelle verzeichnet die besonders aktiven Zeiten der großen Energiebahnen.

MERIDIANUHR

Uhrzeit	Funktionskreis
1 bis 3	Leber
3 bis 5	Lunge
5 bis 7	Dickdarm
7 bis 9	Magen
9 bis 11	Milz
11 bis 13	Herz
13 bis 15	Dünndarm
15 bis 17	Harnblase
17 bis 19	Nieren
19 bis 21	Herzbeutel/Herz-Lenker
21 bis 23	Dreifacher Erwärmer (die drei mittleren Chakren)
23 bis 1	Gallenblase

Wenn wir diese Zyklen kennen, lassen sich unsere inneren Rhythmen besser nutzen. Atemübungen beispielsweise macht man am besten zwischen drei und fünf Uhr in der Früh, wenn die Lungenenergie ihren höchsten Stand erreicht. Zugegeben, das ist ganz schön früh, aber traditionell machen viele Yogis ihre *Pranayama*-Atemübungen um diese Zeit. Um die Mittagszeit von elf bis eins ist der Herzmeridian besonders aktiv, und das gilt auch für die mit ihm verbundenen körperlichen oder feinstofflichen Systeme, das Herz, den Kreislauf und das Herz-Chakra. Das ist die beste Zeit für Austausch und Kommunikation, sei es bei Besprechungen, beim Essen oder am Telefon. Zwischen ein und drei Uhr am Nachmittag, wenn der Dünndarm besonders aktiv ist und die Mittagsmahlzeit (die immer die Hauptmahlzeit sein sollte) verdaut wird, ist die Zeit günstig für eher ruhige, bedächtige Aktivitäten; man studiert oder ruht sich aus. Wenn ich um diese Zeit nach dem Mittagessen einen Vortrag zu halten habe, weiß ich vorher schon, dass ein paar meiner Zuhörer einnicken werden. Ich nehme das nicht mehr persönlich – zumal ich manchmal selber Mühe habe, wach zu bleiben. Die eher aktiven Vorhaben – Unterricht, Geschäftsbesprechungen oder Sport – verschiebt man besser auf einen früheren oder späteren Teil des Tages.

Zwischen 15 und 17 Uhr erreicht die Nieren- und Blasen-Energie ihren Höhepunkt, und das ist die Zeit für große Leistungen. Traditionell wird diesen beiden Meridianen (die mit den Zeugungsorganen korrespondieren), die Steuerung des Willens und der Regeneration zugeschrieben. So werden die meisten sportlichen Rekorde in dieser Zeit des Tages gebrochen;

die Sportler sind dann nicht nur in Bestform, sondern ihr Siegeswille ist auch besonders stark.

Es gibt außer dem Jetlag noch andere Zustände, die auf Störungen des Tagesrhythmus zurückzuführen sind. Bekannt sind zum Beispiel jahreszeitlich bedingte Gemütsstörungen, insbesondere während der kalten und lichtarmen Wintermonate, das sogenannte verzögerte Schlafphasensyndrom und die Frühjahrsmigräne (von der manche annehmen, sie hänge mit der Steuererklärung zusammen).

Die neue Wissenschaft der Chronotherapie untersucht und nutzt den Zusammenhang zwischen biologischen Rhythmen, Wohlbefinden, Heilung und medizinischer Behandlung. So hat man festgestellt, dass Muttermilch nicht gleich Muttermilch ist. Sie ist je nach Tageszeit unterschiedlich zusammengesetzt. Morgenmilch enthält Nährstoffe, die den Säugling wach halten, und die abendliche Muttermilch erhöht die Schlafbereitschaft. Wenn man am Abend abgepumpte Milch am Morgen verabreicht, kann es sein, dass das Kind schläfrig wird und der natürliche Schlaf-Wach-Zyklus durcheinanderkommt. Lichteinwirkung während der Nacht wird als Erhöhung des Brustkrebsrisikos gesehen. Bei entzündungsbedingter Arthrose sind die Schmerzen am Abend schlimmer als im weiteren Verlauf der Nacht, während es bei der rheumatischen Arthritis (oder chronischen Polyarthritis) genau umgekehrt ist. Wenn man das in den Behandlungsplänen berücksichtigt, erzielt man bessere Ergebnisse. Wenn man nachts isst, übergeht man die natürliche Ruhephase von Nieren und Blase, was Übergewicht nach sich ziehen kann, weil der Stoffwechsel in dieser Zeit verlangsamt ist. Das dürfte ein Grund dafür sein, dass Menschen, die in Spät- und Nachtschichten arbeiten, deutlich mehr zu Übergewicht neigen als andere. Hier wird einfach der natürliche Rhythmus des Körpers übergangen. Das ist freilich keine neue Erkenntnis. Heiler und Pflanzenheilkundige wissen seit Jahrhunderten, dass es für Geschmack, Energie und Heilkraft einer Pflanze durchaus wichtig ist, zu welcher Tageszeit (und bei welcher Mondphase) man sie erntet.

Auch die sogenannten ultradianen Rhythmen finden in unserer Zeit viel Beachtung. Es handelt sich um Zyklen, die kürzer sind als ein Tag, von Sekundenbruchteilen bis zu mehreren Stunden, wobei offenbar häufig eine Zykluslänge von eineinhalb Stunden festzustellen ist. Ernest Lawrence Rossi hat als einer der Ersten Studien auf diesem Gebiet durchgeführt und empfiehlt, bei Arbeit, Studium und Spiel immer nach einendhalb Stunden ungefähr zwanzig Minuten Pause zu machen – das fördert Gesundheit, Konzentration und Zufriedenheit. Während der Ruhephase schalten wir von linksseitiger auf rechtsseitige Gehirnaktivität um und sind in dieser Zeit assoziativer, spontaner und kreativer. Viele Menschen halten es so, sie machen kleine Kaffee- oder Naschpausen, ein Nickerchen, einen Spaziergang, vielleicht auch Yoga oder Dehnübungen, oder sie beschäftigen sich mit Kreuzworträtseln und sonstigen Kopfnüssen. Anschließend fühlt man sich ausgeruht und erfrischt und geht mit neuem Schwung an die Aufgaben, bei denen die Konzentration und Logik der linken Hemisphäre wichtig sind.

Wenn wir im Laufe des Tages nicht genügend Pausen einlegen, bauen sich Stress und Spannung auf, und es kommt zu dem, was Rossi »Ultradianes Stress-Syndrom« (USS) nennt. Das kann Müdigkeit, diverse Schmerzen, Vergesslichkeit und mangelnde Geistesgegenwart nach sich ziehen und damit die Unfall- und Erkrankungsgefahr erhöhen. Denken Sie daran, wenn Sie Stunde um Stunde am Computer sitzen!

Häufige Pausen fördern Kreativität und Leistung. Von Leonardo bis Edison – die großen Künstler, Wissenschaftler und Erfinder haben immer wieder festgestellt, dass in einer Pause nach konzentrierten Anstrengungen und vielleicht Fehlschlägen ein plötzlicher intuitiver Durchbruch eintreten kann. Neue Ideen kommen manchmal wie von selbst. Ein kurzer Schlaf kann genügen, um uns von einem Traum die Richtung zu einem Heureka-Augenblick zeigen zu lassen. Kurze Pausen verringern auch unsere Neigung zu Flüchtigkeitsfehlern, lockern das zwanghafte Vorwärtsdrängen, das etwas von Sucht haben kann, und verbessern unsere Beziehungen zu Angehörigen, Freunden und Kollegen.

Die Natur ist ein Geflecht aus unzähligen Zeit- und Energiemustern. Die Meridianzyklen der traditionellen chinesischen Medizin, die zirkadianen und ultradianen Rhythmen sowie die moderne chronotherapeutische Forschung sind im Wesentlichen miteinander vereinbar, ja ergänzen sich gegenseitig. Die Heilkunst der Zukunft wird zunehmend vom harmonischen Auf und Ab der Zeit und von unseren inneren Uhren bestimmt sein.

TAG UND NACHT

Viele Faktoren tragen dazu bei, dass unsere biologische Uhr nie ganz ungestört ticken kann und unsere zirkadianen Rhythmen unterbrochen werden: der ständige Wechsel klimatischer Einflüsse und Umweltbedingungen, Licht und Dunkelheit, Ernährung, gesellschaftliche und kulturelle Einflüsse, um nur einige Größen zu nennen. Zum Glück gibt es Übungen und Techniken, mit deren Hilfe wir unsere biologische Uhr wieder mit den zirkadianen Rhythmen synchronisieren können. In der Regel nutzen wir dabei Licht, Geräusche (wie das Vogelzwitschern) und andere natürliche Energien und Schwingungen.

Sie können zum Beispiel mit der Sonne aufwachen, wenn Sie Ihren Schlafplatz so ausrichten, dass die Sonne ihn von Tag zu Tag aus einem etwas anderen Winkel trifft. Vielleicht verlegen Sie den Schlafplatz dafür sogar in andere Zimmer. Das durchbricht nicht nur Ihre Gewohnheitsmuster, sondern bringt etwas vom Lebensgefühl der Nomaden zurück, unserer Vorfahren, die dem Jahreslauf folgend ihren Lebensraum verlegten.

Sie können sich auch vor dem Einschlafen darauf programmieren, dass Sie ohne Wecker wach werden. Sagen Sie sich: »Es ist jetzt [beispielsweise] elf Uhr abends. Ich werde tief, entspannend und erfrischend schlafen und um [beispielsweise] viertel nach sieben aufwachen.« Machen Sie das ein paar Tage lang, und Sie werden sehen, dass es bald wie ein … Uhrwerk funktioniert.

Wenn Sie richtig ehrgeizig sind, dann stehen Sie wie mein Nachbar Peter, der Anwalt, vor Sonnenaufgang auf. Die ersten Strahlen der Morgensonne in sich aufzunehmen ist eine altehrwürdige Meditation. Wenden Sie sich nach Osten, der jetzt noch bestehenden Dunkelheit und Stille zu. Atmen Sie tief nach der im 1. Kapitel vorgestellten Übung »atmen, lächeln, entspannen«. Dann überlassen Sie sich dem Erlebnis der Morgendämmerung und nehmen die Energie der aufgehenden Sonne in sich auf. Japan wird mit gutem Grund das Land der aufgehenden Sonne genannt. Es liegt dem Pazifischen Ozean zugewandt, dessen Weite und Tiefe diese Energie noch verstärkt. Shinto, Zen und andere spirituelle Traditionen Japans empfehlen das morgendliche Sonnenritual und sagen, man sei dann den ganzen Tag energiegeladener.

Die tiefste Nacht gilt traditionell als die beste Zeit für Meditationen über die Natur des Universums, über die Mysterien von Leben und Tod, über die Rätsel der Erleuchtung und alle großen Fragen des Lebens. Gegen zwei Uhr in der Nacht wandelt sich die Energie des Tages von Yang zu Yin, und so kann es in den folgenden Stunden zu einer plötzlichen Weitung des Bewusstseins kommen. Das entspricht der Zeit um zwei Uhr nachmittags, wenn das aufsteigende Yin in absteigendes Yang übergeht, wodurch es zu einer Art Bewusstseinsknick kommt, der die Leute im Vortragssaal einnicken lässt.

Die Nacht ist, wie der alte Schlager sagt, nicht allein zum Schlafen da, sondern kann auch anderen Dingen dienen, heiligen und profanen. Ob Schlaf oder Beischlaf, Traum oder Meditation, die Nacht ist Königin. Zu vielen großen Entdeckungen und Erfindungen kam es in den frühen Morgenstunden, im Wachen wie im Schlafzustand. Friedrich August Kekulé ging die Ringstruktur des Benzolmoleküls blitzartig auf, als er aus einem Traum von Schlangen erwachte, die sich in den eigenen

Schwanz bissen. Elias Howe sah die Nähmaschine im Traum vor sich, und Paul McCartney kam die Melodie von »Yesterday« im Schlaf. Thomas Edison, Erfinder der Glühbirne, des Phonographen und des Lichtfilms, war ein Nachtarbeiter, der sich mit kleinen Nickerchen am Tag frisch hielt.

In den meisten traditionellen Gesellschaften orientierte sich der Kalender nicht an der Sonne, sondern am Mond. Ein solcher »Mond« war den unterscheidbaren Mondphasen nach in vier Teile eingeteilt. Der Neumond stand am Beginn des ungefähr vierwöchentlichen Energiezyklus, der Vollmond bildete seinen Höhepunkt. Das erste Viertel galt als beste Zeit zum Säen und Pflanzen; hier legte man die Fundamente von Gebäuden oder trat eine Reise an. Es war die Zeit der Spontaneität und des Abenteuers. Das zweite Viertel war die besonders aktive Zeit, in der man Aufgaben in Angriff nahm und sie in Richtung auf das Ziel vorantrieb. Zu Vollmond erreichte die aktive Phase ihren Höhepunkt, es war die Zeit der Feste und Gelage, der öffentlichen Anerkennung und der spirituellen Erleuchtung. Im dritten Viertel, der Erntezeit, wurden die Dinge zum Abschluss gebracht, nicht mehr Benötigtes gerodet und gejätet, alte Gedanken und Gewohnheiten abgelegt. Das letzte Viertel war auch das stillste, die Zeit des Gebets, der Meditation, des Fastens und der Zukunftsplanung.

In den Mythologien der Welt besitzt die Mondgöttin oder Königin der Nacht viele Namen und erscheint in mancherlei Gestalten. Sich dem fruchtbaren Dunkel des Unbekannten und Geheimnisvollen anzunähern ist ebenso eine Kunst wie der Umgang mit dem Licht und durchaus nicht weniger produktiv. Schatten sind ihre ganz eigene Art von Licht. Zu einem ausgewogenen, abgerundeten Leben gehört, dass wir das Lichte und das Dunkle, das Erleuchtete und das Umnachtete und alles dazwischen annehmen und integrieren. Und natürlich müssen wir den individuellen Verlauf unserer Energiekurve im Tageslauf kennen, respektieren und berücksichtigen.

OPTIMALE LEISTUNGSFÄHIGKEIT

Nur wenige von uns sind echte Nachteulen, und Morgenmenschen, die ganz in der Frühe ihren energetischen Höhepunkt haben, gibt es noch weniger. Wir sind eher Lebewesen, die nur allmählich auftauen und erst im Laufe des Tages in ihre Aufgaben hineinwachsen. Wir sind im Grunde tagaktive Wesen. Unsere Augen sehen im Dunklen nicht viel, das unterscheidet uns von den Katzen. Erinnern wir uns auch, dass Leute, die in Spät- und Nachtschichten arbeiten, schneller Gewichtsprobleme bekommen. Sie mögen wohl wach und aktiv sein, aber ihre zirkadianen Rhythmen wissen es besser, weil sie nach »eingebauten« Anweisungen dafür sorgen, dass die körperlichen Prozesse in der Nacht heruntergefahren werden.

Trotz dieser Veranlagung haben wir jedoch alle unsere Vorlieben, was die beste Zeit zum Essen, für Arbeit, Sport, Sex, Meditation, Tagebuchschreiben und so ziemlich alles andere angeht. Diesen Vorlieben kann nicht immer entsprochen werden (sonst würde die Schule für unsere halbwüchsigen Kinder frühestens mittags beginnen), und sie können sich von Abschnitt zu Abschnitt unseres Lebens ändern, aber es geht uns besser, wenn wir unsere natürlichen Rhythmen kennen und berücksichtigen. Schließlich spielen sie ja für alles eine Rolle – unsere Stimmung, die höchste und niedrigste Körpertemperatur, die Pulsfrequenz, die produktivsten Zeiten und den erholsamsten Schlaf.

Wenn Sie sich darin ein wenig umtrainieren möchten, gibt es ein paar einfache Möglichkeiten. Viele ältere Menschen beispielsweise gehen früh schlafen und sind dann mitten in der Nacht hellwach, als wäre es schon Zeit für den neuen Tag. Wenn das auf Sie zutrifft, sollten Sie sich am Nachmittag oder frühen Abend im Freien aufhalten. Das kann den Stand Ihrer inneren Uhr wieder normalisieren. Anschließend, anstatt sich vor den Fernseher zu setzen oder zu lesen, sollten Sie lieber Dehnübungen oder einen Spaziergang machen oder sich mit Freunden treffen. Dann bleiben Sie eher wach und sind nicht um halb neun schon bettschwer. Im Frühjahr und Sommer können Verdunkelungsvorhänge hilfreich sein; dann kann die Tageshelligkeit Sie nicht zu einem Frühstart verleiten.

Und wenn Sie morgens schwer aus dem Bett kommen, tun Sie das Gegenteil: Lassen Sie nachts die Vorhänge auf, damit das Tageslicht sie auf natürliche Weise wecken kann – das ist so viel angenehmer als ein lärmender Wecker, der sofort die Pulsfrequenz hochtreibt (zur Sicherheit stellen Sie ihn besser trotzdem). Wenn Sie bald nach dem Aufwachen draußen ein paar Schritte tun, oder sich wenigstens für einige Minuten an ein sonniges Fenster setzen, kommen Sie am Morgen besser in Gang. Für natürliche Spätaufsteher dürfte die schwierigste Übung darin bestehen, auch am Wochenende so früh aufzustehen wie an Werktagen, aber auf diese Art gewöhnt sich der Körper natürlich am besten daran, dies als seinen natürlichen Rhythmus zu sehen. In der Zeit vor dem Zubettgehen sollte man lesen, lockere Gespräche führen, meditieren oder Musik hören, aber der Krimi im Fernsehen und überhaupt alles Aufregende schaden eher. Gönnen Sie sich dazu eine gesunde kleine Leckerei oder ein Glas Apfelsaft, und der Körper wird das bald als Signal für die Schlafenszeit erkennen.

DIE CHAKREN HARMONISIEREN

Schon vor der Lebenszeit des Buddha gab es in Indien die yogische Lehre von den sieben großen Energiezentren oder Chakren (das Sanskritwort *Chakra* bedeutet »Rad«) im menschlichen Körper. Sie sind vertikal entlang der Wirbelsäulke angeordnet, vom Kronen- oder Scheitel-Chakra auf dem Kopf bis zum Wurzel-Chakra am unteren Ende der Wirbelsäule, und sie sind in ihrer Rangordnung in etwa mit dem besprochenen Aufbau eines Totempfahls vergleichbar. Die übrigen fünf sind das dritte Auge (zwischen den Augenbrauen), das Kehl-Chakra, das Herz-Chakra, das Nabel-Chakra (etwas unterhalb des Nabels) und das Genital-Chakra.

Die Chakren sind Spiralen oder Strudel von Chi, der feinstofflichen natürlichen Lebensenergie. Sie sind die sieben primären energetischen Uhren des Körpers und zusammen so etwas wie ein Getriebe, das unsere inneren Rhythmen und Zyklen steuert. Für diese Energien gibt es die Meridiane, durch die sich das Chi im ganzen Körper und in alle Organe, Gewebe und Zellen ausbreitet. Vom Fluss des Chi in unserem Körper hängt alles Weitere ab, sei es körperlicher, geistiger, seelischer oder spiritueller Natur. Dieser Strom des Chi wird durch unsere Umwelt, unsere Nahrung, unsere Gedanken, Intentionen und Gefühle genährt oder gehemmt. Deshalb können achtsames Atmen, Kampfkünste, Sport, Meditation, Gebet, Visualisation, Tanz, Gesang, Musikgenuss und kontemplative Aktivitäten jeder Art von so tiefgreifendem Einfluss auf unser Wohlbefinden sein.

Die in den Chakren und Meridianen strömende Energie kann kontinuierlich fließen, schneller oder langsamer werden oder auch gestaut sein. Gesundheit wurde in den Ländern des Fernen Ostens schon immer als ausgewogener Strom des Chi definiert. (Das japanische Wort für Gesundheit, *Genki*, setzt sich aus *gen* oder »gut« und *ki*, der japanischen Entsprechung des chinesischen *chi* zusammen.) Gesundheit ist Ausgeglichenheit und Harmonie, der natürliche Zustand des ursprünglichen Seins; Krankheit entspricht Unausgewogenheit und Dissonanz und stellt eine Abweichung dar, die ausgeglichen werden muss.

Chi- oder Ki-Energie, wie sie in der Akupunktur und anderen Heilkünsten zur Anwendung kommt, wird von der westlichen Wissenschaft nicht generell anerkannt, ist aber leicht zu demonstrieren. Halten Sie ein Pendel (oder auch einen Kristall oder einfach einen Nagelknipser) an einem etwa fünfzehn Zentimeter langen Faden so, dass es einige Zentimeter über dem Kopf einer anderen Person hängt, am besten da, wo sich der Haarwirbel befindet. Halten Sie den Faden mit der einen Hand, während die andere das Pendel in die Ruhelage bringt. Dann nehmen Sie die zweite Hand weg und beobachten, was passiert.

Das Pendel wird zunächst nur ganz leicht schwingen und

dann allmählich weiter werdende Kreisbahnen ziehen. Bei einem Mann wird das in aller Regel eine Bewegung entgegen dem Uhrzeigersinn sein, bei einer Frau dreht sich das Pendel meist im Uhrzeigersinn. Das ist ein Ausdruck der Polarität zwischen den beiden Geschlechtern. Männer sind etwas mehr Yang als Frauen und unterliegen mehr den abwärts und einwärts gerichteten zentripetalen Kräften des Himmels. Frauen sind mehr Yin und unterliegen mehr den aufwärts und auswärts gerichteten zentrifugalen Kräften der Erde. Das erklärt eine ganze Reihe von Dingen, etwa weshalb Frauen alles in allem mehr als die Männer reden, shoppen und in ihren Gefühlen leben (dergleichen wird von der assoziativen rechten Gehirnhälfte gesteuert), während Männer in der Regel weniger Worte machen, gleich auf das zugehen, was Sie brauchen (anstatt erst lange im Laden zu stöbern), und ihre Gefühle eher für sich behalten (darin sind sie von der zielgerichteten linken Hemisphäre gesteuert).

Wenn Sie für Ihr Experiment ein männliches und ein weibliches Wesen zur Verfügung haben, lassen Sie die beiden nebeneinander stehen. Führen Sie ihnen zunächst den unterschiedlichen Drehsinn des Pendels vor, wenn es über den einen und dann über den anderen Kopf gehalten wird. Jetzt sollen sich die beiden an den Händen halten, während Sie den Test wiederholen. Und siehe da, das Pendel bleibt stehen. Warum? Weil jetzt Gleichgewicht herrscht, Yin und Yang sind in Harmonie. Mein Glückwunsch, Sie haben die Zeit angehalten. Sie haben uraltes Wissen über Energie und Materie, Geist und Körper bewahrheitet.

Mit diesem simplen »Lowtech«-Instrument können Sie noch weitere Wunder aufspüren. Halten Sie es einmal über die anderen Chakren. Oder über Tiere und Pflanzen. Oder halten Sie es jemandem über den Kopf, der sich dabei alle möglichen Gefühlsregungen vorstellt – alles von Habgier, Ärger und Wut bis zu Liebe, Mitgefühl und Frieden. Wie reagiert das Pendel? Mit einiger Übung können Sie feststellen, aus welchem Chakra bestimmte Gedanken und Gefühle stammen oder wo ihre Energie – und folglich Aufmerksamkeit – festgehalten wird. Was Sie als Liebe sehen, kommt vielleicht gar nicht aus der Herzgegend. Und wenn Sie sich den Kopf als Sitz des Verstandes vorstellen, wird es Sie wohl überraschen, wenn Sie die entsprechenden Schwingungen im Solarplexus antreffen. Es ist faszinierend, diese Körper-Geist-Verbindung in Aktion zu sehen.

Die Chakren bilden Ihre ganz eigene Uhr mit sieben Steinen. Durch sie bleiben Sie immer auf der Höhe der Zeit und im Gleichgewicht. Die Chakren gehen sehr genau, sie sorgen für stabile Temperatur und lassen Sie in jeder Umgebung funktionstüchtig bleiben. Auch an Wartung fällt nicht viel an – saubere Luft, gesunde Nahrung, genügend Bewegung und Ruhe sowie positive, erhebende Gedanken und Gefühle. Es ist ein verlässliches präzises Uhrwerk. Erschließen Sie sich diese Energien, lösen Sie die Verknotungen Ihrer Psyche, machen Sie Ihre Kanäle durchlässig.

Um Ihre Chakren und die feinstofflichen inneren Energien zu harmonisieren, nehmen Sie am besten einen ganz aufrechten Stand ein, natürlich und ungezwungen wie ein Baum. Sie atmen gleichmäßig, lassen die Wellen des Atems sanft steigen und fallen, sich heben und senken, und der Raum Ihres Bewusstseins wird ebenfalls zur Ruhe kommen und seine entspannte, natürliche Verfassung finden. Die Schneeflocken der Gedanken, Gefühle und Vorstellungen setzen sich, und Sie lassen von innen her die Klarheit Ihres natürlichen Geistes hervortreten. Lassen Sie alles seinen eigenen Platz finden, an den es gehört. Atmen Sie vom Hara oder Nabel-Chakra aus.

Auch die alternierende Nasenatmung – Sie atmen abwechselnd durch eine der beiden Nasenöffnungen, die andere wird zugehalten – eignet sich sehr gut, um tiefe Entspannung herbeizuführen und die *Nadis* freizumachen, die Kanäle, durch die feinstoffliche Energie in alle Bereiche des Körpers gelangt. Das Atmen durch den linken Nasengang ist von beruhigender Wirkung, die andere Seite mobilisiert Energie. Sogar in medizinischen Fachzeitschriften wurden Studien über die wohltuende Wirkung der alternierenden Nasenatmung veröffentlicht. Offenbar verbessert sie die Denkleistung, lindert Kopfschmerzen und Ängste, entspannt Körper und Geist und wirkt ausgleichend auf die Gehirnhemisphären. Die für diese Übung erforderliche Aufmerksamkeit ist natürlich ebenfalls von Nutzen.

Wenn wir in unserem viel beschäftigten Leben nicht trotzdem Frieden mit der Zeit schließen, drohen uns Unruhe, Schlafstörungen, Ängste und andere Beschwerden. Bei der folgenden Übung der alternierenden Nasenatmung konnte ein tiefgreifender Einfluss auf das Zentralnervensystem nachgewiesen werden, wenn sie ein, zwei Monate lang dreimal am Tag mindestens zwölf Minuten lang praktiziert wird. Diese ebenso einfach wie wirkungsvolle Technik verhilft einem aus dem Gleichgewicht geratenen Körper zur Entspannung und beruhigt das gehetzte Denken. Sie ist ein »Tuning«, das den Geist klärt, das Herz öffnet und die Energie wieder fließen lässt.

ALTERNIERENDE NASENATMUNG

Setzen Sie sich entspannt hin, und werden Sie sich des Atems bewusst. Sammeln Sie sich auf die Körpermitte, und kommen Sie da zur Ruhe. Atmen Sie tief durch beide Nasenöffnungen in den Bauch hinunter, fühlen Sie es. Heben Sie langsam und aufmerksam die linke Hand, um die linke Nasenöffnung mit dem linken Zeigefinger zuzudrücken. Atmen Sie durch die rechte Nasenöffnung stark und vollständig aus, das entleert den männlichen oder Sonnen-Nadi, die rechte Seite Ihres Körpers.

Jetzt atmen Sie wieder tief und vollständig ein, fühlen Sie es im Bauch, und dann atmen Sie spiegelbildlich bei voller Aufmerksamkeit aus, das heißt, Sie halten mit dem rechten Zeigefinger die rechte Nasenöffnung zu und atmen kraftvoll durch die linke Seite aus. Das entleert den weiblichen oder Mond-Nadi und die linke Körperseite.

Atmen Sie wieder tief ein und dann kraftvoll durch beide Nasenöffnungen aus – zugleich aber auch durch die Finger- und Zehenspitzen und alle Poren Ihres Körpers, wobei Sie mit einem tiefen Seufzer der Erleichterung und Begeisterung vollständig loslassen. Wiederholen Sie das dreimal oder siebenmal, um den Effekt zu verstärken.

HERZENSGÜTE

Während meiner zwanzig Jahre in Indien und im Himalaja habe ich Wunder erlebt. Das größte aller Wunder ist bedingungslose Liebe. Gibt es vielleicht etwas, das uns noch mehr mit anderen verbindet? Spirituelle Praxis kann uns zu dieser bedingungslosen Liebe verhelfen, und dabei entwickeln wir uns auch noch geistig, körperlich und seelisch. Durch Meditation werden wir bessere Zuhörer und außerdem geduldiger, nachsichtiger, einfühlsamer und verzeihender. Das verbessert unsere emotionale und spirituelle Intelligenz und Feinfühligkeit ganz entscheidend, was unseren Beziehungen und überhaupt unserem Umgang mit anderen sehr zustatten kommt. Darüber hinaus entspannt sich unsere Beziehung zur Zeit, weil Widerstände abnehmen und wir nicht mehr so zu kämpfen haben.

Das Herz öffnen – das verlangt zunächst, dass wir Freundschaft mit uns selbst schließen und uns insgesamt um eine mildere, verständnisvolle Haltung bemühen. Die Mitgefühl- oder Herzensgüte-Meditation (im Buddhismus *Metta* genannt) beginnt damit, dass Sie großzügige, wohlwollende Gedanken aufsteigen lassen, aber ohne die Absicht, irgendetwas zu verändern oder zu verbessern. Im ersten Schritt gelten diese Gedanken Ihnen selbst. Seien Sie sich selbst freundlich gesonnen, bringen Sie sich selbst Liebe, Bejahung und Freude entgegen. Danach weiten Sie dieses Gefühl der Herzensgüte auf andere aus, zunächst im näheren Umfeld, dann in immer weiter werdenden Kreisen. Innere Konflikte werden abklingen, Strapazen und Stress für Geist und Körper lassen nach.

Diese Art der geistigen Schulung läst uns aus unseren Schwierigkeiten lernen, anstatt sie einfach nur hinter uns zu bringen und irgendwie weiterzukommen und zu überleben. Was zuvor Stolpersteine waren, können Trittsteine auf dem Weg unserer Bewusstseinsentwicklung werden. Wo wären wir ohne unsere Verletzungen, wo sollten Mitgefühl, Verständnis und Einfühlungsvermögen herkommen? Wir alle erfahren die Wirkungen des Karma, die Folgen unseres Handelns, doch sogar schlechtes Karma macht uns sensibler für die Nöte anderer und bereit, etwas für sie zu tun. Zumindest nehmen wir die Schmerzen und Leiden anderer dadurch besser wahr, es macht uns demütig und hilfsbereit.

Ich habe selbst erlebt, dass besonders schmerzhafte Erfahrungen sehr zur Entwicklung beitragen, sofern man sie tief genug und im Geist der mitfühlenden Offenheit betrachtet. Unter den *Paramitas* oder »Tugenden« beziehungsweise »idealen Eigenschaften« des Buddhismus schätze ich die Tugend der geduldigen Nachsicht oder mutigen Bejahung ganz besonders. Sie hilft mir, mich selbst, aber auch so manches andere im Leben anzunehmen, auch das Unerwünschte und Unangenehme. Wenn ich diese Stärke in mir entwickle, kehren nicht nur Frieden und Harmonie in mein Leben und alle meine Beziehungen ein, sondern es entsteht in mir selbst ein ruhendes Zentrum. Nach den Worten des Buddha ist geduldige Nachsicht *das* Mittel gegen Zorn und Gewalt; er sagte auch, dass wir nur zu ärgern sind, wenn wir die Saat des Ärgers im eigenen Herzen haben. »Genie ist unendliche Geduld«, hat Michelangelo gesagt. Natürlich ist Geduld die Tugend, die es zu üben gilt, wenn Frieden mit der Zeit geschlossen werden soll.

Die übrigen fünf Paramitas oder Tugenden sind Großzügigkeit, Selbstdisziplin, Achtsamkeit, unterscheidende Weisheit und freudige Begeisterung. Sie sind wie ein verlässlicher Kompass in unserer chaotischen Welt, und mit ihrer Hilfe finden wir uns auf den Höhen und in den Niederungen des Lebens zurecht. Sie erlauben uns, mit Enttäuschungen, Kümmernissen und Leiden jeder Art zurechtzukommen, aber sie erschließen uns auch die unerschöpflichen Freuden der Welt. Es kommt nämlich ausschließlich darauf an, wie wir auf all diese Erfahrungen reagieren. Es ist zeitlose Weisheit, dass unser Charakter und Geschick nicht von den Umständen und Ereignissen unseres Lebens abhängen, sondern der Art unseres Umgangs mit ihnen.

In diesem Kapitel haben Sie gelernt, sich wieder mit Ihren inneren Rhythmen zu verbinden, mit den fein abgestimmten biologischen und spirituellen Uhren. Je näher Sie diesen Rhythmen und Zyklen kommen, desto mehr sind Sie in der Lage, in den gegenwärtigen Augenblick einzutauchen und seine Tiefe und Feinheit, sein Versprechen, ganz auszuschöpfen.

Im nächsten Kapitel werden Sie entdecken, dass Zeit im Kopf stattfindet. Zufälle und scheinbare übersinnliche Fähigkeiten sind Manifestationen unseres kostbaren Wahrnehmungsvermögens. Das Altern ist ein geistiges Phänomen und kann durch Meditation verlangsamt werden. Die Zeit wird langsamer und Ihr Bewusstsein weiter – Sie werden staunen, was Ihre gesteigerte Wahrnehmung alles für Sie bereithält.

DIE KRÄFTE UNSERER WAHRNEHMUNG

Das was unten ist, ist wie das, was oben ist,
und das was oben ist, ist wie das, was unten ist,
ein immerwährendes Wunder des Einen.

Von der »Smaragdenen Tafel« des Hermes Trismegistos

Cynthia ist Schriftstellerin und außerdem meine langjährige Schülerin und liebe Freundin. Unlängst war sie in großen Nöten, weil der Abgabetermin für ein Buchmanuskript allzu schnell näher rückte. Noch an dem Tag, an dem das Buch im Lektorat des Verlags vorliegen sollte, arbeitete sie wie besessen an den letzten Seiten. Ihre hohen Qualitätsansprüche blockierten sie jetzt nur, und die schiere Zeitnot tat ein Übriges. Sie erzählte mir später, wie sie über die Tastatur gebeugt dagesessen und wie wahnsinnig getippt hatte, dabei aber ständig auf die Uhr blickte – als es plötzlich an der Tür klopfte.

Als sie öffnete standen zu ihrer Überraschung Justine und Elyse da, die beiden Frauen, die jeden zweiten Donnerstag bei ihr putzen. Es war aber Dienstag, und das brachte Cynthia ganz durcheinander. Hatte sie sich womöglich in ihrem Arbeitsrausch völlig verkalkuliert und den Abgabetermin bereits verpasst?

Mit einem ratlosen, aber auch hoffnungsvollen Lächeln fragte sie: »Heute ist doch wohl nicht Donnerstag, oder?«

125

»Nein, nein«, sagte Justine. »Wir waren nur gerade in der Gegend und wollten Ihnen was vorbeibringen.« Sie gab Cynthia eine kleine Einkaufstasche mit einer Karte.

Als Cynthia den Umschlag öffnete, fiel ihr als erstes das Datum auf der Karte ins Auge – das Datum eben dieses Abgabetages, das seit Monaten dräuend über ihr gehangen hatte.

Erstaunt fragte sie: »Woher um alles in der Welt wisst ihr, dass heute so ein wichtiger Tag für mich ist?«

Justine gab etwas perplex zurück: »Das haben wir nicht gewusst. Haben Sie heute Geburtstag?«

»Nein, es ist nur ein wichtiger Termin. Vielleicht habt ihr ja gemerkt, dass ich den letzten Monat ziemlich gehetzt war.«

»Na ja, wir haben zwar gemerkt, dass Sie gestresster sind als sonst«, sagte Justine, und nach einem Blickwechsel mit Elyse fuhr sie fort: »Aber von dem Termin wussten wir nicht. Da haben wir wohl einfach den richtigen Zeitpunkt erwischt.«

Sie mussten alle drei über diesen Zufall lächeln.

Jetzt las Cynthia die Karte. Da stand: »Cynthia, manchmal fühlen wir uns allein, aber das sind wir nicht … das ist uns versprochen. Sie sind eine mutige und starke Frau, nicht viele würden all das bewältigen, was Sie schaffen. Seien Sie stolz auf sich! Justine und Elyse.«

Cynthia war den Tränen nahe und sagte mit einiger Mühe: »Ihr zwei seid einfach Engel, wie soll ich euch nur danken?«

»Keine Ursache. Wir wollten Sie nur ein bisschen aufmuntern. Viel Glück mit dem Termin.« Und damit gingen sie durch das raschelnde Herbstlaub davon und stiegen in ihren Wagen.

Wieder am Schreibtisch machte Cynthia die Einkaufstasche auf, langte an der schützenden Papierschicht vorbei und zog ein

Buch heraus: *Visions of God: Four Medieval Mystics and Their Writings* von Karen Armstrong. Diese Autorin hatte Cynthia schon immer bewundert, und es war ein Buch über Religion und Mystik – genau das, woran sie auch gerade arbeitete. Wie hatten die beiden das wissen können?

Es ging noch weiter. Als nächstes förderte sie einen kleinen Kürbis zutage. Sie lächelte. Und ganz unten fand sich eine herrliche Bluse, blaugrün, durchscheinend und mit Silberfäden und winzigen, in allen Farben schillernden Perlen verziert. Sie hatte Cynthias Lieblingsfarbe und war so wunderbar gearbeitet, dass sie sie gleich anprobieren musste. Sie saß wie angegossen.

Die Geschenke, der Zeitpunkt, die unerwartete Freundlichkeit, die einfühlsame Art der beiden Frauen – Cynthia war plötzlich so froh, und alles schien sich in ihr zu weiten. Die Ängste und Sorgen fielen von ihr ab. Sie wandte sich wieder dem Computer zu und konzentrierte sich gelassen auf ihre Arbeit, »als hätte ich alle Zeit der Welt«. Am Nachmittag wurde das Manuskript in aller Ruhe und ohne Stress fertig, und sie konnte es noch als E-Mail-Anhang an den Verlag senden. Mit der Lösung der ängstlichen Spannung war es ihr gelungen, in die Buddha-Normalzeit einzutreten und ganz im Augenblick zu bleiben.

DAS GESCHENK DER GEGENWART

Mir gefällt an Cynthias Geschichte unter anderem, wie sie wieder einmal zeigt, dass sich Zeit im Kopf abspielt. Das Geschenk dieser beiden Bodhisattvas – Bodhisattvas sind spirituelle Erwecker und künftige Buddhas – brachte sie in den Augenblick zurück, und so konnte sie ihre Arbeit rechtzeitig abschließen. Es war ein Geschenk der Herzensgüte, wie wir im Buddhismus sagen, an keine Bedingung geknüpft und genau zur rechten Zeit.

Die beiden Bodhisattvas kenne ich nicht, ich weiß nur, dass sie intuitiv spürten, was Cynthia brauchte. Als Schriftstellerin, und zwar als sehr selbstkritische Schriftstellerin, war sie ganz auf sich gestellt. Außerdem hatte sie sich kurz zuvor von ihrem langjährigen Freund getrennt. Ich wusste, dass sie eine schwierige Kindheit gehabt hatte, der Vater war kritisch und übergriffig gewesen, er schenkte ihr keine Liebe, und sie fürchtete ihn. Während ich daran dachte, kam eine Woge von Mitgefühl für alle Väter und Töchter überall.

Cynthia bemühte sich, die Vergangenheit hinter sich zu lassen, sie erzählte mir von der Tiefe, die sie im Jetzt-Gewahrsein fand. Ich rief ihr in Erinnerung, dass es für eine glückliche Kindheit nie zu spät ist. Mehr und mehr erlebte sie jeden Augenblick als eine weitere Gelegenheit zu atmen, als die Aufforderung, erfrischt und erholt neu anzufangen. Mit Justine und Elyse kam an diesem Tag die Chance, sich wieder mit diesem Gefühl zu verbinden und den Stress aufzulösen, der sie womöglich an der Einhaltung des Termins gehindert hätte.

Waren die beiden Freundinnen hellsichtig? Uns Buddhisten ist der Gedanke nicht fremd, dass ernsthafte spirituelle Praxis die Wahrnehmung so weit schärfen kann, dass man an übernatürliche Fähigkeiten denken möchte. Solche Kräfte werden im Buddhismus *Siddhis* genannt, und sie haben einen Bezug zur Zeit. Im Westen würden wir von paranormalen Phänomenen sprechen, zum Beispiel von Präkognition, Synchronizität und simultanem oder parallelem Denken. Aber was uns »übersinnlich« erscheint, ist oft nichts weiter als eine überaus rasante Verarbeitungsgeschwindigkeit des Gehirns, sodass Beobachtung, Analyse und Schlussfolgerung atemberaubend schnell ablaufen wie bei Sherlock Holmes, dem Helden meiner Kindheit. Je achtsamer wir werden, desto präziser nehmen wir wahr und desto schneller ergeben sich die Schlüsse.

Vielleicht also war es die eines Sherlock Holmes würdige Wahrnehmung, die Justine und Elyse beim Staubwischen bewusst oder unbewusst wahrnehmen ließen, was für Bücher Cynthia gern las und welche Farben sie liebte. Fiel ihnen auf, dass die Cynthias Freund gehörende Zahnbürste und seine Hausschlappen nicht mehr da waren? Menschen, die unseren Haushalt versorgen, werden sehr mit allem vertraut, was unser Leben ausmacht. Ihr Auftauchen mit den Geschenken an diesem Tag kann natürlich reiner Zufall gewesen sein, aber vielleicht spricht es auch für eine besondere Form der Wahrnehmung. Vielleicht auch beides. Oder etwas Drittes. Spielt das eine Rolle? Jeder Segen ist willkommen.

Während Sie sich durch Achtsamkeitsmeditation und Jetzt-Gewahrsein langsam in die Buddha-Normalzeit hineinfinden, kann es gut sein, dass Sie eine auffällige Häufung von glücklichen Zufällen und Synchronizitäten bemerken, vielleicht sogar die Fähigkeit, Gedanken zu lesen, Zeichen und Omen in der

Natur und in Träumen zu deuten, zutreffende Vorhersagen für die Zukunft zu machen oder Vergangenes ahnend zu erspüren. Zumindest wird Ihre Beobachtungs- und Wahrnehmungsgabe in ihrem eigenen Leben zunehmen. Vielleicht ist es auch einfach so, dass es sich bei all diesen Dingen um angeborene Gaben handelt, die Ihnen jetzt durch die Weitung Ihres Bewusstseins mehr auffallen. Es ist nicht wichtig, unseren Fähigkeiten Namen zu geben. Entwickeln wir sie einfach, um sie in jedem Augenblick möglichst klug einzusetzen – für ein gutes und glückliches Leben, in dem wir anderen dienen und helfen.

Am meisten beeindruckte mich an Cynthias Geschichte die mitfühlende Freundlichkeit von Justine und Elyse. Sie erinnern sich vielleicht an einen Engel oder Bodhisattva in Ihrem eigenen Leben. Sie wurden beschützt oder gefördert, und es war nicht die geringste Erwartung damit verbunden – und Sie wussten, wie unendlich viel es Ihnen bedeutete. Und sicher sind Sie auch anderen ein Engel gewesen; sie waren da, als es darauf ankam, Sie hatten ein Ohr für jemanden oder schenkten ihm Ihr Mitgefühl.

Der vietnamesische Zen-Meister Thich Nhat Hanh sagt: »Da zu sein, das ist das größte Geschenk, das wir machen können.« Sie wissen, wie schön es für einen anderen ist, Ihre volle Aufmerksamkeit zu haben; Sie wissen, wie gut es Ihnen tut, wirklich gehört, gesehen, gefühlt und freundlich und aufmerksam behandelt zu werden. In unserem hektischen Alltag gelingt es uns nicht immer, den anderen wirklich wahrzunehmen und seine Bedürfnisse zu spüren. Wir schlittern nur so über die Oberfläche des Lebens und lassen uns selten auf die Tiefe ein. Echte Beziehung und Nähe sind nur im gegenwärtigen Augenblick möglich, weil sie wirkliche Kontaktaufnahme verlangen, die immer nur jetzt möglich ist.

Im gegenwärtigen Augenblick verwurzelt gelingt die Kontaktaufnahme besser und wird spontan. Wir hören besser zu, wie äußern uns klarer – wir antworten mehr, als dass wir reagieren. Das ist der Schritt in eine andere Sphäre: vom bloßen Tun zum Sein, vom Hören zum Zuhören, vom Ungleichgewicht zu harmonischer Ausgewogenheit, von der Zersplitterung zur Ganzheit, von der Trennung zum Einssein.

Wir wandeln uns selbst und damit verändern sich alle unsere Beziehungen. Wir bringen unsere Ganzheit in alles ein, was wir tun, zu Hause, bei der Arbeit, in der Freizeit. Das ist das Wunder der Achtsamkeit.

Mitgefühl gehört neben Achtsamkeit und Jetzt-Gewahrsein zu den wichtigsten Voraussetzungen für einen sinnvollen Umgang mit der Zeit. Freundlichkeit und Wertschätzung sind das »Schmiermittel« für das Räderwerk der Gemeinschaft. Je weniger Reibungswiderstand wir bieten, das sagt schon die Physik, desto leichter nehmen wir Fahrt auf. Ohne Konflikte kommen wir schneller ans Ziel und die Reise verläuft viel angenehmer.

Je weniger Ballast wir mitschleppen, desto besser kommen wir voran. Mitgefühl mit uns selbst verhilft uns dazu, diese überflüssigen Lasten alter Gewohnheit und psychischer Komplikationen abzulegen. Wir können wirklich in jedem Augenblick und mit dem nächsten Atemzug neu anfangen. Die wissenschaftlich erforschte sogenannte Neuroplastizität beinhaltet, dass jede Erfahrung neue Gehirnzellen und neue Verschaltungen dieser Zellen entstehen lässt. Und dieser Wandel der Gehirnschaltkreise entspricht der Umgestaltung unserer selbst und unseres Lebens.

Es gibt neurowissenschaftliche Forschungen, die erkennen lassen, dass die Ausbildung von Mitgefühl, Freundlichkeit und Altruismus durch Meditation die Gehirnregion verändert, die für die Steuerung des Einfühlungsvermögens verantwortlich ist. Diese und andere positive Züge sind offenbar lernbar wie eine Sportart oder das Spielen eines Instruments.

Mitgefühl, das liegt nahe, macht uns geduldiger und verständnisvoller. Von Platon hören wir: »Sei freundlich, denn ein jeder, dem du begegnest, kämpft einen schweren Kampf.« Wenn uns jemand auf die Nerven geht oder Zeit stiehlt, wissen wir oft nicht, wie es um sein Gemüt bestellt ist, wie seine derzeitigen Lebensumstände oder seine Vergangenheit aussehen. Sagen wir, Sie werden im Straßenverkehr von jemandem geschnitten. Könnte es nicht sein, dass dieser »rücksichtslose Kerl« gerade von der medizinischen Notsituation eines Freundes oder Verwandten erfahren hat und jetzt verständlicherweise etwas kopflos zum Krankenhaus unterwegs ist? Ärger ist in vielen Fällen einfach Zeit- und Kraftverschwendung. Gar zu leicht läuft die Verärgerung aus dem Ruder und wird zum Flächenbrand. Wir können unsere Gefühle auch einfach zur Kenntnis nehmen und dann loslassen, ohne dass für uns und andere Schaden entsteht. Reagieren wir nicht gedankenlos, leiten wir lieber achtsam die Schritte ein, die zu jedermanns Schutz notwendig sind. Wenn wir Konflikte frühzeitig zurückschrauben oder ganz entschärfen, lässt sich viel Zeit und Aufwand einsparen. Manchmal genügt es schon, einfach kurz innezuhalten und ein Gebet zu sprechen. Ein Freund und gelehrter Rabbiner, Marc Gafni, zitierte mir sein Gebet, an das er sich hält, wenn ihn jemand aufregt: »Herr, schenke mir Geduld – jetzt gleich.«

ACHTSAME MANIEREN

In diesen gehetzten Zeiten ist es ganz besonders wichtig, die anderen im Auge zu behalten, sie in allen Begegnungen des Tages wirklich wahrzunehmen und immer hilfsbereit zu sein. Sagen Sie »Danke« und »Entschuldigung«, bemerken Sie die Menschen, sparen Sie nicht mit Anerkennung und Lob. Es ist für Sie eine Form der Sammlung, der Aufmerksamkeit. Wenn Sie an irgendeiner Theke lange gewartet haben und schließlich bekommen, was Sie möchten, denken Sie immer daran, der Person auf der anderen Seite ein Lächeln zu schenken und sich zu bedanken. Wenn das wirklich von Herzen kommt, ist selbst solch eine Kleinigkeit ein Segen, der etwas mehr Güte in die Welt bringt. Ein achtsamer Mensch richtet seine seelische Energie bewusst so aus, dass sie allen zugute kommt.

Das erinnert mich an ein Erlebnis in den Siebzigerjahren. Ich war mit dem Zug zu einem Sufi-Zentrum im Umland von London unterwegs. Eine ältere Frau mit einer großen Einkaufstasche stieg zu und lächelte mich strahlend an, als ich meinen Rucksack wegstellte und zur Seite rutschte, damit sie neben mir Platz nehmen konnte. »Sie lächeln so nett, junger Mann«, sagte sie. »Danke Ma'am«, erwiderte ich. »Ein Lächeln ist frei«, fuhr sie fort, »kostet nichts, und jeder freut sich daran. Es ist die kürzeste Entfernung zwischen zwei Menschen. Ich verschenke mein Lächeln alle Tage, und es wird nicht weniger, ich bekomme genauso viele zurück.«

Ich war plötzlich hellwach. Mit fielen all die Lehrgeschichten ein, die ich gehört oder gelesen hatte, Geschichten von spirituellen Meistern, die plötzlich vor dem Sucher erscheinen, um ihn auf die Probe zu stellen, zu erinnern, zu lehren. Vielleicht war diese lächelnde Mitreisende mein verstorbener Lehrer Neem Karoli Baba, der für seine unglaublichen Streiche und magischen Auftritte bekannt war.

Die grauhaarige Dame strahlte mich weiter an. Während der weiteren Fahrt wurden kaum noch Worte gewechselt, es war einfach schön, nebeneinander zu sitzen und durch die ebene englische Landschaft zu sausen. Ich habe diese spontane Zen-Lektion in Lächeln nie vergessen. Ich habe es mir zur Gewohnheit gemacht, bei jeder Gelegenheit zu lächeln und keinen Tag auszulassen. Es kommt mir sehr zustatten. Die Kraft des Lächelns liegt in seiner positiven Energie und Zuwendung. Ein Geschenk. Ein Segen.

Es gibt Untersuchungen, die besagen, dass gehetzte Leute wenig Neigung zeigen, anderen zu helfen. (Eine Studie ergab sogar, dass selbst Geistliche, die einen Vortrag über das Gleichnis vom guten Samariter halten wollen, buchstäblich über Menschen in Not hinwegsteigen, wenn sie es auf dem Weg zum Vortragssaal eilig haben.) Einer dieser Studien ist zu entnehmen, dass die Menschen in den besonders quirligen und hektischen nordamerikanischen Städten die geringste Neigung erkennen lassen, auf der Straße anzuhalten, um sich in ganz normaler Weise hilfsbereit zu zeigen. Im Süden und Südwesten mit ihrem eher gemächlichen Tempo sind die Städter offenbar viel hilfsbereiter. Die Theorien gehen dahin, dass Hast die Wahrnehmungsfähigkeit einschränkt und ethisches Verhalten bei steigendem Tempo des öffentlichen Lebens zunehmend zum Luxusgut wird. Da gilt es zu bedenken, was der großer persische Dichter und Mystiker Rumi sagte: »Tritt aus dem Kreis der Zeit und in den Kreis der Liebe.«

Mit der Erweiterung unseres Bewusstseins nehmen wir unsere eigenen Energien und die Energien anderer immer deutlicher wahr. Aufmerksamkeit ist eine Energie. Sie haben vielleicht schon erlebt, dass sich der Fahrer in dem Wagen neben Ihnen zu Ihnen umdreht, wenn er spürt, dass Sie ihn ansehen. Und sicher haben Sie schon die Energielosigkeit bei einem Telefonat gespürt, wenn die Person am anderen Ende gar nicht richtig bei der Sache ist, weil sie nebenher noch etwas anderes tut (was heutzutage bei vielen von uns der Fall ist). Sie spüren, wie die Energie versickert, weil die Aufmerksamkeit abwandert. Es ist ganz deutlich, schon bevor Sie das Klappern der Tastatur hören.

ERLEUCHTETES MULTITASKING

Multitasking ist für mich ein Siddhi, ein übernatürliches Vermögen. Ich bin der Meinung, dass sich nur erleuchtete Meister darin versuchen sollten. Wie der tanzende Shiva mit seinen vielen Händen und Füßen brauchen Sie ein hoch entwickeltes Bewusstsein, wenn es gelingen soll. Aber oft bleibt uns einfach nichts anderes, selbst wenn es schon schwierig genug ist, sich auf eine einzige Sache zu konzentrieren. Wir bilden uns ein, wir sparen Zeit, wenn wir mehrere Dinge parallel in Angriff nehmen, aber wir machen dann alles nur halb, und nichts will so recht gelingen. Wenn wir achtsam und konzentriert bleiben, bewegen wir viel mehr. Sie werden es erleben, wenn die Buddha-Normalzeit Einzug in Ihr Leben gehalten hat.

Der Buddha selbst hat schon vor so langer Zeit gesagt, dass wir nur einen Gedanken auf einmal haben können, und unsere moderne Neurowissenschaft bestätigt das. Wir mögen uns zwar einbilden, dass wir zwei oder mehr Dinge gleichzeitig tun, aber in Wirklichkeit springt unser Bewusstsein nur blitzschnell hin und her, weil es dem Gehirn nicht möglich ist, mehr als eine Sache auf einmal zu machen. Die Aufsplitterung unserer Aufmerksamkeit ist folglich unproduktiv und vergeudet nur unsere Kräfte. Wenn Sie also an etwas arbeiten, dann machen Sie das E-Mail-Programm lieber zu, lassen das Telefon läuten und beachten auch alles andere nicht, was nicht direkt zu Ihrer derzeitigen Arbeit gehört. Andere Aufgaben und Nebentätigkeiten müssen dann einfach warten. Konzentrieren Sie sich in dem klaren Bewusstsein, was Vorrang hat. Sie werden sehen, Sie schaffen deutlich mehr.

Manche Menschen, zum Beispiel Künstler, Wissenschaftler oder Schriftsteller, gehen ganz in ihrer Arbeit auf und wirken irgendwie abwesend, wenn Sie nicht bei der Arbeit sind – einfach weil sie ihr gegenwärtiges Projekt eben doch ständig irgendwo im Hinterkopf haben. Das bringt den sprichwörtlichen zerstreuten Professor hervor, der wohl seine Vision hat, aber ständig seine Brille oder den Autoschlüssel verlegt und sich dann über die zeitraubende Sucherei ärgert. Vielleicht sind diese Menschen so sehr in die Aktivitäten der rechten Gehirnhälfte versponnen, dass sie nur den großen Gesamtzusammenhang sehen, aber die Spezialitäten der linken Hemisphäre – lineare Zeit und die banalen Details des Alltags – nicht mehr recht nutzen können und folglich nicht sehen, was direkt vor ihrer Nase ist. Menschen in dieser Lage tut es gut, sich ganz bewusst auf die

Aktivitäten der linken Gehirnhälfte zu konzentrieren. Das Entsprechende gilt spiegelverkehrt für Menschen, die übermäßig rational vorgehen und zwanghaft alles genau auf den Punkt bringen müssen. Diese beiden Extreme zum Ausgleich zu bringen, ist das, was wir den mittleren Weg nennen.

DIE KRÄFTE DER POLARITÄT

Gehuldigt sei Manjusri, der ewig jungen Verkörperung
der transzendenten Weisheit
und des unterscheidenden Bewusstseins,
dessen flammendes Schwert der Erkenntnis
unser Haften an der Illusion durchtrennt
und uns so erleuchtet.
Gehuldigt sei Tara, dem weiblichen Buddha,
Verkörperung der heiligen weiblichen Kraft in uns.
Mögen wir sie erkennen und verwirklichen.

Im tibetischen Buddhismus spielt die heilige weibliche Energie in ihrer harmonischen Ergänzung der männlichen Energie eine wesentliche Rolle. Viele spirituelle Traditionen – etwa die frühen Alchemisten mit ihren Bemühungen um Ausgleich der Gegensätze oder die Schamanen mit ihrem Bestreben, die diesseitige und die jenseitige Welt zu vereinigen – machen uns deutlich, wie wichtig es ist, Gegensätze in ein harmonisches Verhältnis zu bringen. (Auch Jesus und den ersten Christen ging es darum, aber die ursprüngliche Botschaft wurde verfälscht und vom Patriarchat vereinnahmt – zumindest bis zum Auftauchen des Thomas-, Philip- und Maria-Magdalena-Evangeliums). Die weiblichen Meditationsgottheiten und Archetypen verkörpern Weisheit und Erleuchtung und können auf verschiedene Weisen angerufen werden, etwa durch Mantras und Gebete, durch schöpferische Imagination und Visualisation, durch *Mudras* (Handgesten), Yogastellungen, Atem- und Energiearbeit, durch heilende und lebensverlängernde Übungen für die Chakren, Meridiane und sonstigen Energiekanäle.

Im tibetischen Buddhismus gilt, dass Frauen, die *Bodhichitta* (erwachten Herz-Geist) in sich erzeugt haben, mit solchen Praktiken schneller zur Erleuchtung kommen oder sich schneller entwickeln als Männer.

Die moderne Forschung findet Anhaltspunkte, die offenbar bestätigen, dass Frauen geistig und spirituell wendiger und im Hinblick auf Kommunikation und Beziehungen kompetenter sind. In den achtziger und neunziger Jahren des vorigen Jahrhunderts wurde bekannt, dass Frauen viermal so viele Verbindungen zwischen den Hirnhemisphären besitzen wie Männer. Das Corpus callosum, die Brücke zwischen den beiden Hemisphären (die, wir wie gesehen haben, durch Meditation trainiert werden kann), ist bei Frauen von Natur aus dicker als bei Männern. Nach Aussagen der Wissenschaftler sind Auffassungsgabe und sprachliches Ausdrucksvermögen dadurch bei Frauen generell etwas besser. Und weil sich ihnen das Gesamtbild leichter erschließt, haben sie auch, was die spirituelle Entwicklung angeht, einen gewissen Vorteil. Aus den gleichen Gründen sind sie aber auch anfälliger für Stress und Überforderungsgefühle als Männer, die die Dinge besser auseinanderhalten und Gefühle und Ablenkungen ausblenden können, um sich auf ein bestimmtes Thema oder Ziel zu konzentrieren.

Eine der am tiefsten verehrten Gottheiten des tibetischen Buddhismus ist Manjusri, der Gott oder Archetypus der transzendenten Weisheit. Er verkörpert das zeitlose Prinzip der höchsten Wahrheit und führt die Lebewesen über das Meer der Leiden zur Erlösung und Erleuchtung. Tara ist der weibliche Buddha; sie verkörpert die weibliche Weisheit und das selbstlose Wirken zur Erleuchtung aller Wesen. Weitere im Tibetischen für sie gebräuchliche Namen und Bezeichnungen sind: »Befreierin«, »Die über uns Wachende« und »Die unverzüglich unsere Gebete Erhörende«. Die Siddhis dieser Gottheiten können unsere eigenen werden, indem wir ihnen bei der Meditation und in unserem Handeln in jeder Hinsicht nacheifern.

ACHTSAME AUGENBLICKE

MITGEFÜHL UND GESCHICKTE MITTEL

Anrufung der Tara

Diese Tara-Übung gibt Frauen Kraft und ermöglicht Männern (die überwiegend von der linken Gehirnhälfte bestimmt sind) einen leichteren Zugang zu ihrer rechten Hemisphäre. Sie verbessert das Assoziationsvermögen, lässt Muster und Bezüge hervortreten und regt zu kreativen Stegreiflösungen an. Auch Ihre Bereitschaft, andere zu lieben, zu ermutigen und mit ihnen zu fühlen, wird wachsen.

- Atmen Sie tief, lächeln Sie, entspannen Sie sich.

- Lassen Sie alles los, was Sie als Ihr Ich ansehen – Name, Aussehen, Ich-Vorstellung: alt oder jung, männlich oder weiblich, dick oder dünn, krank oder gesund und was es an Eigenschaften in Raum und Zeit geben mag.

- Visualisieren Sie sich selbst als reine Lichtenergie, die aus der Leere kommt, aus dem Unbestimmten, Unvergänglichen, Durchsichtigen und Ichlosen.

- Sehen Sie sich als grüne oder weiße Tara, strahlend wie ein Wunsch erfüllendes Juwel, ein Smaragd, oder weiß und klar und doch in allen Regenbogenfarben schillernd wie ein Diamant.

- Visualisieren Sie Ihr Herz-Chakra als eine Lotosblüte, die sich im Uhrzeigersinn dreht. Alle Blütenblätter tragen Inschriften, entweder Mantras oder weibliche Eigenschaften wie Schönheit, Sanftmut und Mitgefühl.

- In Ihrer Vorstellung füllt sich jetzt der Raum, den Sie einnehmen, mit Herz-Geist-Energie, die in immer weiter werdenden Kreisen von hier ausstrahlt und schließlich die ganze Erde umfasst.

- Rezitieren Sie einige Minuten lang das Tara-Mantra *Om tare tuttare ture soha*.

- Kehren Sie langsam in Ihr normales Bewusstsein zurück, in dem Sie wieder Ihren Namen haben und alles so ist, wie Sie es gewohnt sind – aber bleiben Sie noch eine Minute in der Ruhe und Stille.

- Gehen Sie in dem Gefühl, eine Verkörperung von zeitloser Weisheit und Mitgefühl zu sein, an ihre normalen Tätigkeiten. Sie führen jetzt selbst das Leben der Buddha-Göttin, ist das nicht einfach großartig? Atmen Sie Tara ein und atmen Sie Tara aus – so überschütten Sie die Welt mit Segnungen und guten Wünschen.

Manjusri anrufen

Diese Übung gibt Männern Bodenhaftung und erleichtert Frauen (die eher von der rechten Gehirnhälfte bestimmt sind) den Kontakt zu ihrer linken Hemisphäre. Sie verbessert das Gedächtnis und die Intelligenz. Man tut sich leichter, wenn es darum geht, Vorträge zu halten und Debatten oder Verkaufsgespräche zu führen. Wer schreibt, Musik macht oder irgendeine Kunst beziehungsweise ein Handwerk beherrschen möchte, wird davon profitieren. Das zugehörige Mantra, sagen die tibetischen Lehren, macht einen tatsächlich intelligenter und beschleunigt die Informationsverarbeitung.

- Atmen Sie tief. Lächeln Sie. Entspannen Sie sich ...

- Löschen Sie wie bei der Tara-Übung das Bild, das Sie normalerweise von sich haben.

- Visualisieren Sie sich als reine Energie, die aus der Leere kommt, aus dem Unbestimmten, Unvergänglichen, Durchsichtigen und Ichlosen.

- Visualisieren Sie sich als Manjusri, dessen Name »Milde Herrlichkeit« bedeutet. Er hält eine Lotosblüte in der linken Hand, sitzt auf einem blauen Löwen und beschützt die ganze Welt.

- Stellen Sie sich Ihr lotosförmiges Kronenchakra vor (am Scheitelpunkt Ihres Kopfes), wie es sich gegen den Uhrzeigersinn dreht. Auf den Blütenblättern visualisieren Sie Mantrasilben und männliche Eigenschaften wie Wahrheitsliebe, Urteilskraft und Stärke.

- In Ihrer Vorstellung füllt sich jetzt der Raum, den Sie einnehmen, mit dieser Energie, die in immer weiter werdenden Kreisen von hier ausstrahlt und schließlich die ganze Erde umfasst.

- Rezitieren Sie einige Minuten lang Manjusris Mantra *Om a ra pa tsa na dhi.*

- Kehren Sie langsam in Ihr normales Bewusstsein zurück, in dem Sie wieder Ihren Namen haben und alles so ist, wie Sie es gewohnt sind – aber bleiben Sie noch eine Minute in der Ruhe und Stille.

* Gehen Sie in dem Gefühl, eine Verkörperung der transzendenten Weisheit zu sein, an ihre normalen Tätigkeiten. Sie führen jetzt selbst das Leben eines Buddha-ähnlichen Gottes, der weise in dieser so vergänglichen Welt agiert.

Es ist segensreich, diese Gottheiten zu visualisieren und sich mit ihnen zu identifizieren. Um sich selbst und seine Energien im Gleichgewicht zu halten, empfiehlt es sich, diese beiden Übungen abwechselnd zu machen. Manjusri wird als sechzehnjähriger Prinz dargestellt, weil Weisheit rein und unverdorben ist, jeden Augenblick neu. Und von Tara heißt es, sie antworte augenblicklich auf alle Gebete. Wenn Sie die Tara- und Manjusri-Energien in sich vereinigen, werden Sie immer spüren, wohin gerade das Hauptgewicht zu legen ist. Die Verbindung zwischen Ihren Hemisphären wird deutlich stärker, was Ihren intuitiven Kräften Aufschwung gibt und insgesamt ein Gefühl von Ganzheit und Vollständigkeit aufkommen lässt.

In einem so geschäftigen Leben kann es nur willkommen sein, wenn uns alle geistigen Kräfte einschließlich der Intuition ohne Weiteres zur Verfügung stehen. Ich kenne zum Beispiel eine sehr beschäftigte Frau in leitender Stellung, die mir erzählte, sie habe oft beängstigende Stapel von Angeboten aufzuarbeiten, aber ihre Intuition sage ihr in vielen Fällen, welche von besonderer Bedeutung für sie sind. Dann kann sie die Dinge besser einteilen und spart Zeit. Sie sagt, sie sei praktisch gezwungen gewesen, diese Fähigkeit zu entwickeln, und bringe sie immer zum Einsatz, wenn die Arbeit Überhand nimmt. Ihrer Intuition steht rationales, logisches Denken zur Seite.

Visualisation ist eine uralte, weitreichende und hochwirksame Technik, mit der Sie die Zeit für sich arbeiten lassen können, indem sie etwas aktiv »voraus-sehen«. Viele Sportler visualisieren erwünschte Ergebnisse, um sie wahrscheinlicher zu machen, und das ist etwas, was wir alle können. Eigentlich geht es dabei aber nicht um Ziele und erwünschte Ergebnisse. Es gibt ja genügend Menschen, die erreicht haben, was sie wollten, und trotzdem nicht glücklich sind. Das Geheimnis liegt nicht in der Beschaffung dessen, was Sie glauben haben zu wollen, sondern in Ihrem Dank für das, was Sie bereits haben.

In diesem Buch versorge ich Sie mit dem, was Sie brauchen, um in diesem Leben, in dem so viele Pflichten und Gelegenheiten unter einen Hut zu bringen sind, ein Gleichgewicht herzustellen. Üben Sie Achtsamkeit, Meditation und Jetzt-Gewahrsein, und Ihre Lebensenergie, Ihr Chi, wird zunehmen und ungehindert fließen.

Durch vermehrte Energie bei gleichzeitig reduziertem psychischem Ballast und Widerstand können wir unser Ziel schneller und auf kürzeren Wegen erreichen. Wir haben mehr Vitalität zur Verfügung, und unsere Sinne nehmen besser wahr. Wenn Sie die Übungen in diesem Buch einige Zeit ausgeführt haben, werden Sie erleben, dass Ihr Bewusstsein feiner wird. Sie werden feinfühliger, das nicht Greifbare wird greifbarer, Ihre Sensibilität und Ihr Wahrnehmungsvermögen werden besser. Ihr Geist schult sich an den Lektionen in diesem Buch; Sie hören die Laute zwischen den Noten, bemerken die Räume zwischen den Bildern des Films. Ihr Bewusstsein ist übrigens wirklich wie ein Film, den Sie langsamer oder schneller laufen lassen können. Sie sind Regisseur Ihres Films, Ihres Lebens.

Wer in Buddha-Normalzeit lebt, tut eine Menge für seine Gesundheit. Atemübungen, Achtsamkeitsmeditation und andere Techniken stärken nicht nur Herz, Lunge, Leber und andere innere Organe, sondern vermehren die Energie in den Chakren und Meridianen und beugen Krankheiten und Störungen vor. Meditation erhöht die Produktion von Serotonin, Oxytozin, Dopamin und anderen Neurotransmittern, die für Freude, Glück und Wohlbefinden mitverantwortlich sind. Es ist schon vielfach angemerkt worden, dass Meditierende deutlich jünger wirken, als ihr Alter vermuten lässt – sie sind vitaler, geistig beweglicher und leiden weniger unter Stress.

Kann das Altern aufgehalten werden? Lässt sich die Zeit verlangsamen, der geistige und körperliche Niedergang? Dieser immerwährende Wunsch fand seinen literarischen Niederschlag in James Hiltons *Lost Horizon* (*Irgendwo in Tibet*), dem klassischen Roman über Shangri-la, jenes verborgene Paradies in Tibet, dessen Bewohner nicht alt oder krank werden. In der Hollywood-Verfilmung sind die Menschen dort immer jung und voller Schwung, auch wenn sie Hunderte Jahre alt sind. Diese Geschichte beruht auf tibetischen Legenden über das erleuchtete Reich Shambhala, und »Shangri-la« ist als Synonym für das utopische Reich der ewigen Jugend in unseren Wortschatz eingegangen.

Ist etwas Wahres daran? Wissenschaftliche Tests an einigen amerikanischen Universitäten haben ergeben, dass Einsichtsmeditation das Gehirn wachsen lassen kann und den Alterungsprozess verlangsamt. Die Forscher staunten, als sie feststellten, dass eine für Aufmerksamkeit und die Verarbeitung von Sinneseindrücken zuständige Hirnregion mit zunehmendem Alter der Meditierenden ganz offensichtlich dicker wurde. Bei Menschen, die nicht meditieren, wird dieser Teil des Gehirns mit den Jahren eher dünner. Bei der Einsichtmeditation sind keine Rezitationen, bestimmte Gedanken oder Visualisationen im Spiel, sondern man konzentriert sich auf Körperempfindungen, Geräusche oder andere Sinneseindrücke sowie auf den Atem.

»Unsere Daten deuten darauf hin, dass Meditationspraxis bei Erwachsenen die Plastizität der Großhirnrinde fördert, und zwar in Regionen, die für kognitive und emotionale Verarbeitungsprozesse sowie für das Wohlbefinden von Bedeutung sind«, sagt die Psychologin Sara Lazar von der Harvard Medical School, die maßgeblich an der Studie beteiligt war. »Diese Befunde decken sich mit anderen Untersuchungen, die bei Musikern eine Verdickung der musikalischen Hirnregionen und bei Jongleuren einer Verdickung der visuellen und motorischen Zonen nachwiesen. Das Gehirn eines Erwachsenen kann sich demnach durch einen kontinuierlichen Übungsprozess strukturell verändern.«

Nur vier der zwanzig Probanden dieser Studie waren Lehrer für Meditation oder Yoga. Bei den übrigen handelte es sich um Anwälte, Menschen in Gesundheitsberufen, Journalisten und in anderen Berufen Tätige. Im Durchschnitt meditierten diese Leute vierzig Minuten pro Tag.

Meditation verbessert nicht nur Aufmerksamkeit und Gedächtnis und verlangsamt in mancher Hinsicht das geistige Altern, sondern kann nach Lazars Worten auch ganz praktisch als Instrument unseres Zeitmanagements dienen. So sind viele zu

Hause oder bei der Arbeit ständig in Sorge, ob sie auch alles schaffen oder zur Zufriedenheit anderer erledigen können. Dazu Lazar: »Wenn Sie sich stattdessen auf den gegenwärtigen Augenblick konzentrieren, auf das, was eben jetzt zu tun ist, verschwindet allein dadurch eine ganze Menge Stress. Die Gefühle sind dann weniger hinderlich und bekommen eher etwas Motivierendes.«

Bei weiteren Untersuchungen zeichnen sich ähnliche Resultate ab. So stellten Wissenschaftler der George Mason University fest, dass verschiedene Formen buddhistischer Meditation zeitweilig die räumlich-visuellen Fähigkeiten und das Kurzzeitgedächtnis verbessern, in manchen Fällen ganz erheblich. In einem in der Zeitschrift *Psychological Science* veröffentlichten Bericht heißt es, aus diesen Experimenten ergäben sich »Schlussfolgerungen für die Behandlung des Gedächtnisverlusts und für das Training der geistigen Fähigkeiten«.

Auch wenn Sie täglich meditieren, werden Sie vermutlich nicht ewig leben. Aber es wird Ihre Wahrnehmung, Ihr Gedächtnis und Ihr Konzentrationsvermögen verbessern. Vielleicht stellen Sie sogar fest, dass Sie sich mit den Jahren immer jünger und vitaler fühlen, dass Ihr Geist immer weiter auf lichtvolles Neuland vorstößt.

Atemübungen und Praktiken der Lebensverlängerung, die beim feinstofflichen Energiekörper ansetzen, finden wir im tibetischen Energie-Yoga (den sechs tantrischen Techniken des Vajrayana-Buddhismus). Die *Tummo* genannte Praxis der mystischen Wärme wirkt sich nach wissenschaftlichen Erkenntnissen auf den gesamten Organismus aus, und das nicht nur auf der körperlichen Ebene. Vitalität, Energie, Lebenskraft und Lebenslänge nehmen zu, die Vorräte werden gleichsam aufgestockt und nicht nur verbraucht. Dazu gibt es noch spezielle yogische Diäten, Fasten, die Einnahme besonderer handgefertigter Mittel (aus Himalajakräutern und mineralischen Zutaten, die nach uralten Verfahren auf meditative Art zubereitet werden), Mantras, Gebete und detailgenaue Visualisationen.

Mein erster Guru in Nordindien, der verstorbene Neem Karoli Baba, soll 120 Jahre alt gewesen sein, und die indischen Anhänger und Schüler sagten damals, er sehe heute (das war 1971) nicht anders aus als vor fünfzig Jahren. Fragte man ihn, wie alt er sei, antwortete er: »Älter als Gott.« Wir können alle nach diesem Zustand streben, der von Buddhisten der ungeborene und unsterbliche *Dharmakaya* (Wahrheitskörper des Buddha) genannt wird. Auf diese Art überwinden wir unsere Todesfurcht.

Ein weiterer erleuchteter Meister des zwanzigsten Jahrhunderts, vielleicht der größte indische Weise seiner Zeit, war Sri Ramana Maharshi. Dieser südindische Meister war mir immer eine große Inspiration gewesen, und sein kleines Büchlein *Self Inquiry* kann als ein Klassiker der spirituellen Literatur gelten. Als er in den Fünfzigerjahren an Krebs starb, jammerten und weinten seine Schüler und flehten ihn an, nicht zu gehen. Er sagte: »Wohin könnte ich denn gehen?« Er hatte Geburt und Tod und alles Kommen und Gehen hinter sich gelassen. Das ist das lange Leben, auf das ich aus bin, die unwandelbare Erleuchtung – nicht das endlose Weiterleben meines Körpers. Die Schüler fragten Ramana, ob er wiedergeboren würde, um im nächsten Leben ihr Segen und Beschützer zu sein. Wieder sagte er: »Ich bin immer bei euch, nie getrennt von euch.«

Vor einiger Zeit saß ich mit dem verehrten Lehrer Kilung Rinpoche aus Osttibet beim Essen, als er mich fragte, ob ich immer bei meinem Dzogchen-Meister sei, dem verstorbenen Nyoshul Khenpo Rinpoche. Ohne einen Augenblick des Zögerns erwiderte ich, er sei immer bei und in mir. Ich nehme ihn wahr. Ich empfinde es einfach so. Und ich lebe so.

AUSZEIT

IN DER GEGENWART RUHEN

Setzen Sie sich bequem hin – oder noch bequemer, legen Sie sich irgendwo (im Bett, auf dem Teppich, im Gras, am Strand) auf die Seite, rollen Sie sich behaglich ein. Schließen Sie die Augen. Atmen, lächeln, entspannen.

Lassen Sie los, lassen Sie alles sein, wie es ist.
Lassen Sie alles zur Ruhe kommen, stellen Sie sich vor, Sie seien ein Kind, ein ganz kleines Kind, sogar ein Kind im Mutterleib, das keine Fragen nach Zeit und Ort kennt.
Sie liegen ganz ruhig und gelöst da, wie sanft von der Wärme der Fruchtblase dieses Augenblicks umfangen – die Rollen, die Sie als Erwachsener zu spielen haben, Ihr Alter, Ihr Geschlecht, Ihre Sorgen und alles, was Sie beschäftigt, sind jetzt ganz unwichtig.
Lassen Sie sich von der Wärme des natürlichen Bewusstseins, der Jetztheit außen und innen benetzen und von Frieden und Glück erfüllen.
Sie sind gehalten und ganz und geliebt, wieder daheim.
Nichts sonst geschieht.

Genießen Sie das Ruhen in diesem natürlichen Zustand, jenseits von
Zeit und Gedanken, behaglich zu Hause in der großen Vollkommen-
heit des bloßen schlichten Seins.
Sie sind jetzt zu Hause.
Gehen Sie weiter zurück.
Sie sind jetzt tot und begraben.
Genießen Sie den Schlaf in diesem kühlen Schoß, so fern von allem
Auf und Ab dieses flüchtigen Lebens.
Alles, was zu tun war, ist getan.
Kommen Sie zurück zu sich selbst, Ihrem wahren Ursprung und
Quell.
Atmen Sie das Licht, die Energie des reinen Seins
jenseits von Leben und Tod, Kommen und Gehen,
und ruhen Sie im heimlichen Herzen des heiligen Jetzt.

Wenn wir erkennen, dass die Zeit uns nicht begrenzen muss, dass wir sie beschleunigen oder verlangsamen, je nachdem, mit welcher Geschwindigkeit wir unsere Erfahrung verarbeiten, ist leicht zu erkennen, dass der Alterungsprozess eigentlich davon abhängt, wie wir die in uns angelegte Weisheit fördern. Bei Weisheit und spiritueller Verwirklichung gibt es keinen Niedergang wie bei allem, was an uns sterblich ist. Sie wachsen ein Leben lang und darüber hinaus. Wie mein tibetischer Freund Gyalwang Drukpa Rinpoche vor einiger Zeit in einer Ansprache vor den Vereinten Nationen sagte: »Auch wenn sich alles ändert und nicht bleibt und kaum für längere Zeit festzuhalten ist, bleibt es doch sehr wichtig, was wir an andere weitergeben – es hat seine ganz eigene Magie, die bestehen bleibt.«

Wir sind Menschen, und so erleben wir Verlust und Leid. Aber wie der Mythenforscher Joseph Campbell gesagt hat: »Es kommt darauf an, sich nicht von der Welt zurückzuziehen, wenn man das Grauen in ihr wahrnimmt. Es kommt darauf an zu erkennen, dass all das Grauen nur der Vordergrund von etwas Wunderbarem ist – und dann zu ihr zurückzukehren und sich zu beteiligen.« Und unsere Beteiligung ist dann besonders wertvoll, wenn wir achtsam im Augenblick bleiben und dabei Güte und Mitgefühl ausstrahlen. Es hängt alles von unserer Wahrnehmung und Betrachtungsweise ab.

Im nächsten Kapitel gebe ich Ihnen praktische Tipps, wie Sie der Achtsamkeit einen Platz in Ihrem Leben schaffen können. Außerdem zeige ich Ihnen zwei weitere Möglichkeiten, in die Buddha-Normalzeit zu kommen, nämlich durch die Kunst der reinen Präsenz und die aktive Meditation.

VOM KLUGEN UMGANG MIT DER ZEIT

Ich höre die ungespielte Flöte
in den tief sommerlichen Schatten
beim Tempel von Suma.

Matsuo Bashô

Sherlock Holmes war einer der Helden meiner Kindheit und ein Meister, dessen Lehren mich heute noch beschäftigen. Er gehörte zu den frühen Superhelden der Verbrechensbekämpfung, lange vor all den Comics, Trickfilmen, Spezialeffekten und Videospielen unserer Zeit. Sein ans Wunderbare grenzender Spürsinn hatte mit einer überaus feinen Beobachtungsgabe zu tun. Seine »Siddhis« waren zielsicheres Kombinieren, scharfe Beobachtung und perfektes Timing. In der Erzählung »Der erbleichte Soldat« ruft sein liebenswerter, aber etwas begriffsstutziger Freund und Chronist Dr. Watson bewundernd aus: »Holmes, Sie sehen alles!« Und Holmes erwidert in der ihm eigenen nonchalanten Art: »Ich sehe nicht mehr als Sie, aber ich habe mir beigebracht zu bemerken, was ich sehe.«

Das ist rechte Anschauung, der erste Schritt auf dem vom Buddha gelehrten edlen achtfachen Pfad zu Erleuchtung. Holmes mag eine erfundene Gestalt sein, aber er ist so aufmerksam und konzentriert, wie ein Mensch nur sein kann. Er knackt die schwierigsten Fälle, wenn Scotland Yard schon aufgegeben hat, einfach weil ihm als einzigem der Matsch an einem Schuh, der Eindruck eines Leiterholms, ein kleiner Sprung in einem Brillenglas, der Zustand der Hände eines Arbeiters oder irgendein anderes winziges, aber verräterisches Indiz auffällt. Sein Training besteht darin, dass er durch ein Zimmer geht und jedes Detail zu erfassen und sich einzuprägen versucht. Anschließend lässt er das Gesehene innerlich ablaufen – eine uralte Methode der Gedächtnisschulung. Hier kann ich mir die Anmerkung nicht verkneifen, dass fast jeder *Tulku* (reinkarnierte Lama), den ich kenne, einschließlich des Dalai Lama, im Rahmen seiner traditionellen buddhistischen Ausbildung vierzig Seiten tibetischen Text pro Tag zu lernen hat.

Holmes erlernte zwar seine detektivischen Künste in England und wandte wissenschaftliche Methoden auf dem Gebiet der Verbrechensbekämpfung an, aber er war auch stark vom östlichen Denken beeinflusst. In Arthur Conan Doyles ursprünglichen Geschichten hält sich Holmes für zwei oder drei Jahre inkognito in Tibet auf, schult sich bei einem hohen Lama in der Meditation und wird Meister der Achtsamkeit und anderer kontemplativer Künste. Diese Fähigkeiten und seine geradezu übernatürliche Ruhe und Gelassenheit angesichts der Vergänglichkeit des Lebens sind in den Erzählungen immer wieder zu bewundern und haben, wie ich glaube, für Generationen von Lesern einen Großteil seiner Faszination ausgemacht. Was er vorführt, ist ein perfektes Zusammenspiel von hochverdichteter geistiger Energie und vollkommener Ruhe, das ihn immer genau im richtigen Augenblick die Lösung finden lässt. Von ihm können wir sorgfältiges Beobachten und Achtsamkeit in der Bewegung lernen – zusammengenommen das, was Buddhisten aktive Meditation nennen.

DIE GROSSE VERLANGSAMUNG

Wenn man im Dunklen Bewegungen erkennen möchte, zum Beispiel von einem Hund oder Menschen, steht man am besten ganz still. Man starrt nicht, sondern lässt gleichsam sein Bewusstsein aufgreifen und bleibt dabei hellwach und präsent – dann besteht die Chance, dass man kleinste Hell-dunkel-Unterschiede und Bewegungen wahrnimmt. Auch in uns selbst und anderen können wir die kleinsten Feinheiten wahrnehmen, wenn wir unser Denken nicht einfach herumspringen lassen, sondern nur atmen und beobachten.

Ein stiller und genau betrachtender Geist wird uns sogar den Eindruck geben, wir könnten Gedanken lesen – einfach weil sich im Bewusstseinsfeld sonst nichts mehr regt. Wie wir im letzten Kapitel gesehen haben, wirken Siddhis – zeitbezogene Phänomene wie Präkognition, Zufall, Synchronizität, gleichzeitige Gedanken, Telepathie und so weiter – wie etwas Übernatürliches, während es sich jedoch eigentlich um Bewusstseinskräfte handelt, die wir uns durch Meditation erschließen können.

Sie haben sicher von der in den letzten Jahren um sich greifenden Bewegung der Langsamkeit gehört, diesem Aufbegehren gegen die Herrschaft der Uhren, eine Bewegung zurück zu dem gemächlichen natürlichen Lebenstempo, das für den größten Teil der Menschheitsgeschichte die Norm war. Als Reaktion auf Fastfood haben wir zum Beispiel die aus Italien stammende und jetzt die ganze Welt erobernde Slow-Food-Bewegung. Hier kommen bei der Zubereitung des Essens keine vorgefertigten Dinge zum Einsatz, sondern alles wird von Anfang an aus gesunden, natürlichen und wenn möglich lokalen Zutaten gekocht, und man nimmt sich ausgiebig Zeit, das Essen als ein Gemeinschaftserlebnis zu genießen. Dann haben wir das Slow-Bodybuilding, ein entschleunigtes Verfahren zum Muskelaufbau, für das überaus langsames Heben und andere Kraftbewegungen typisch sind. Das ist eine ziemliche Schinderei, aber die Leute, die es machen, sagen, nichts anderes sei so förderlich für Tonus, Energie und Vitalität. Die Slow-Sex-Bewegung bezieht ihre Anregungen aus dem *Tantra*, jener aus Indien und Tibet stammenden uralten Wissenschaft der erotischen Künste, deren Grundprinzipien Verzögerung und Verlängerung der Befriedigung und die Transformation der Leidenschaft in Mitgefühl und Glückseligkeit sind.

Slow Art, Slow Film, Slow Lit – auch in den Künsten hält die Langsamkeit Einzug. Ein besonders schönes Beispiel ist Don DeLillos Roman *Der Omega-Punkt*. Eine entscheidende Rolle spielt hier eine Installation im New Yorker Museum of Modern Art, in der Alfred Hitchcocks klassischer Thriller *Psycho* in einer stark verlangsamten und auf 24 Stunden gestreckten Version gezeigt wird. Lockerung, Verkleinerung und Vereinfachung der Dinge sind auch das Ziel weiterer Bewegungen dieser Art, zum Beispiel Slow Dancing, Slow Parenting, Slow Travel und Slow Money.

Gemeinsam ist allen diesen Ansätzen die gesammelte Bewusstheit. Der Buddhismus lehrt die Kunst der Sammlung oder Konzentration seit zweieinhalb Jahrtausenden. Meditation führt unsere verstreuten Geisteskräfte wieder zusammen, sie zähmt unser widerborstiges Denken, sie lehrt uns Konzentration und Aufmerksamkeit.

Sie haben es sicher schon selbst erlebt: Wenn Ihnen irgendetwas nicht einfallen will, ein Name beispielsweise, ist es am besten, wenn Sie es erst einmal auf sich beruhen lassen und einfach loslassen. »Es fällt mir schon wieder ein«, sagen Sie sich dann. Und so ist es auch meist, wenn Sie Ihr verbissenes Bemühen aufgeben. Warum ist das so? Weil alles, was Sie je gelernt haben oder noch lernen möchten, in der Dimension der Zeitlosigkeit zur Verfügung steht. Sie brauchen sich gar nicht darum zu bemühen. Sie müssen nur Ihre ruhende Mitte finden und dann zulassen, dass das Gewünschte zu Ihnen findet. Laotse hat das als den Weg des Nicht-Tuns bezeichnet. Die Seher des alten Indien sprachen von der Akasha-Chronik, dem kosmischen Speicher von einfach allem. Wir können auch von *Gnosis* sprechen, um das griechische Wort für »Erkenntnis« zu verwenden. Auch C. G. Jungs Begriff des kollektiven Unbewussten meint etwas Ähnliches. Um Zugang zu diesem Speicher zu bekommen, müssen wir unsere Aufmerksamkeit nur lange genug an einer Stelle halten.

Bei der kontemplativen Praxis zur Vermehrung von Sammlung und Konzentration geht es nicht um angestrengte geistige Klimmzüge, sondern mehr um Einstimmung, um Öffnung und Durchlässigkeit. Wenn wir Konzentration üben, lernen wir eigentlich, uns sensibler zu machen und »Empfänger« zu werden. Konzentration ist unser bestes Mittel gegen das Zeit-Chaos im Alltag, denn wenn wir gelernt haben, uns ganz auf den Augenblick zu sammeln, tritt die Zeit als solche in den Hintergrund. Wenn es eng wird, halten wir einfach an, atmen tief durch, gehen in unsere Mitte zurück und verschaffen uns Klarheit über den Stand der Dinge. Genau darin schult uns die

Meditation, und mit zunehmender konzentrierter Aufmerksamkeit können wir immer mehr aufnehmen, fühlen uns auf sicherem Boden und können gezielter entscheiden.

Kontemplative Bewusstheit besteht darin, dass wir uns von Gedanken, Gefühlen, Erinnerungen und persönlichen Geschichten nicht mehr stören lassen. An dieser Stelle möchte ich den Gedanken der »reinen Präsenz« ins Spiel bringen. Konzentrative Meditation sammelt unsere Aufmerksamkeit auf einen einzigen Punkt, und was ich reine Präsenz nenne, ist aktive Meditation. In der reinen Präsenz leben wir nicht nur im Augenblick, sondern *werden* bewusst und gezielt der Augenblick. Wenn es also ums Zuhören geht, werden wir die Essenz des Zuhörens – nicht »ein Zuhörer«, sondern reines Hören und Zuhören. Wenn es um den Austausch mit einem anderen geht, werden wir die Essenz dieses Austauschs, und da ist nichts mehr von Trennung oder von »ich«. Beim Joggen besteht reine Präsenz darin, dass wir das Laufen und nichts sonst *sind*. Beim Werfen eines Balls sind wir der Ball, beim Angeln sind wir der Jäger und das Gejagte. In der reinen Präsenz sind wir der Sucher und das Gesuchte, es ist ein und dasselbe.

Bei alledem werden unsere natürliche Grundgeschwindigkeit und unsere Gemütsverfassung berücksichtigt. Je bewusster wir werden, desto besser verstehen wir, wie wir funktionieren und wie wir uns auf verschiedene Umstände einstellen können. So scheint die Geschwindigkeit bei manchen Menschen generell zu hoch zu sein. Sie sind dann eher impulsiv, reizbar, übernervös, manisch, obsessiv oder ängstlich. Dagegen neigt der eher langsame Typ zu endlosen Grübeleien, er denkt langsam, er reagiert langsam und wird leicht depressiv. Wir werden im nächsten Kapitel über Meditationen, Visualisationen und Ernährungsumstellungen sprechen, mit deren Hilfe man seinen Stoffwechsel und weitere mit der Grundgeschwindigkeit verbundene Dinge regulieren kann.

Jedenfalls: Scheuen Sie sich nicht, langsamer zu werden, still zu werden. Mein Freund Rich war einmal am Morgen mit seiner Tochter zu Fuß zur Schule unterwegs und schritt wohl etwas zu sehr aus, jedenfalls rief sie: »Papi, hetz doch nicht so, mach langsamer. Wenn wir nicht hetzen, sind wir nicht spät dran.«

Vielen Menschen in allerlei Funktionen – von Pokercracks, Zauberkünstlern und Yoga-Meistern bis hin zu Scharfschützen, Spielern in der Oberliga und dem Kontrollpersonal im Flughafen – geht es heute so, dass sie praktisch gezwungen sind, ihren Geist still zu machen und gleichsam anzuhalten, sodass sie sich jederzeit von störenden Gedanken und Gefühlen vollkommen freimachen können. Nur so können sie sich nämlich einem bestimmten Jetzt-Augenblick der Erfahrung so vollkommen zuwenden, dass sie einen entscheidenden Vorteil gegenüber möglichen Kontrahenten gewinnen. Hier ein Experiment, mit dem Sie diese Stille kennenlernen können.

STILL SEIN

Wenn Sie zu absoluter Stille und Klarheit des Geistes im Hier und Jetzt finden möchten, setzen Sie sich bequem hin und stellen Sie sich vor, sie befänden sich an einer stillen Küste oder an einem beschaulichen See. Sollte es in Ihnen wie in einer Schneekugel aussehen – stiebende Gedanken, Bilder, Erinnerungen und Gefühle –, dann sind wohl die von Mögen und Nichtmögen angetriebenen Winde des Analysierens, Bewertens, Annehmens und Ablehnens im Spiel. Entspannen Sie sich, atmen Sie ein paar Mal tief durch, damit Ihre Gedanken und Sorgen sich für den Augenblick ein wenig lösen können, und die Flocken in der Schneekugel Ihres Inneren werden sich setzen. Das sanfte Wogen des Atems nimmt das alles mit wie ein Wasserfall, der Verstand, Herz und Geist überspült und alles klar, rein und strahlend hinterlässt.

Wenden Sie jetzt den Lichtkegel Ihres Bewusstseins nach innen. Kommen Sie in der Gelöstheit Ihres natürlichen Seins zur Ruhe. Achten Sie jetzt auf die Zwischenräume der Gedanken, auf den Raum unter den Gedanken, das Vor-Gedankliche. Alles wird langsamer und setzt sich, und von innen her treten Klarheit und Frieden hervor. Sie ruhen am Ursprung aller Dinge, es ist die Morgendämmerung der Schöpfung, kurz vor dem Aufkommen der ersten Wünsche und Bedürfnisse. Sie unterdrücken nichts und lassen sich von nichts beherrschen, es gibt keine Gedankenketten, von denen Sie weitergezerrt werden. Verweilen Sie darin, werden Sie es, sein Sie es. Nichts weiter ist erforderlich.

Vielleicht dauert es eine Weile, bis Sie diesen inneren Ort der vollkommenen Ruhe und Stille finden, die ruhende Mitte dieses/Ihres sich drehenden Universums, aber ich versichere Ihnen: Es gibt sie, sie ist hier, jetzt und immer.

KONZENTRATION

Wenn Sie mit den »Achtsamen Augenblicken« und »Auszeiten« in diesem Buch experimentiert haben, wissen Sie schon, dass Konzentration entscheidend ist, wenn Sie innerlich stiller, langsamer und gelassener werden wollen, wenn Sie die geistigen Nebel lichten wollen, um Ihre Gedanken und Gefühle zu betrachten und letztlich zu einem klugen Umgang mit der Zeit zu finden. Durch Ihr diszipliniertes Bemühen um Konzentration wird Ihnen klar, dass *Sie* für Ihr Denken verantwortlich sind und nicht, wie es bisher schien, all die Ablenkungen, unbewussten Antriebe und Gewohnheiten.

Konzentration heißt, dass wir für eine vorgegebene Zeitspanne ausschließlich auf eine einzige Sache achten, das kann ein Wort, eine Silbe, ein Bild, eine Kerzenflamme oder der Atem sein. Das ist die erste Form der Meditation, die viele von uns in den Sechzigerjahren erlernt haben. Damals war die Transzendentale Meditation (TM) sehr beliebt, bei der man sich zweimal am Tag zwanzig Minuten lang auf ein einfaches Mantra konzentriert, damit der Geist klar und ruhig werden kann. TM nützt heute noch vielen Menschen. Ich finde die *Shamatha*- oder Konzentrationsübung mit einer Kerzenflamme besonders wirksam, zumal sie keinerlei Umstände erfordert. Versuchen Sie es selbst einmal.

KERZEN-MEDITATION

Setzen Sie sich bequem hin und blicken Sie in eine Kerzenflamme oder gedimmte Lampe. Halten Sie den Blick, während Sie atmen, auf das Licht gerichtet. Wenn die Gedanken abschweifen und die Aufmerksamkeit mitziehen, machen Sie sich einfach klar, dass es gerade geschieht, ohne es zu beurteilen oder sich dagegen zu wehren. Nutzten Sie Ihre Achtsamkeit als eine Art Leine, um die abschweifende Aufmerksamkeit zum Licht zurückzuholen, um dann mit intensiver Sammlung ganz bei ihm zu bleiben. Lassen Sie alles andere nur so an sich vorbeiziehen.

Lassen Sie sich nicht entmutigen, wenn der »Affengeist«, ihre abwandernde Aufmerksamkeit, immer wieder einmal entspringt und sich herumtreibt – das geschieht einfach. Vermerken Sie die Ablenkung dann, dieses Erlahmen der Aufmerksamkeit, um gleich wieder zur ausschließlichen Konzentration auf die Flamme oder das Licht zurückzukehren. Blinzeln Sie, wenn der Impuls entsteht.

Lassen Sie Atem und Geist zur Ruhe kommen.
Ruhe und Klarheit zeigen sich von innen her
und bleiben bei dem einen Anblick dieses Augenblicks.
Schauen Sie in das Licht,
werden Sie das Licht.
Atmen Sie in das Licht,
verschmelzen Sie mit dem Licht.
Seien Sie Licht.

Das tägliche Leben bietet viele solche Gelegenheiten zur Meditation, vor allem wenn uns etwas in eine Erfahrung von Einssein hineinzieht. Sozusagen natürliche Ressourcen, die sehr wertvoll sind.

Konzentrationsübungen dienen der Achtsamkeit und vertiefen sie. Wir beobachten und verstehen das Wie und Warum unserer täglichen Sorgen und selbst auferlegten Beschränkungen immer besser, und nach und nach wachsen Einsicht, Weisheit und Selbsterkenntnis, was uns auch verständnisvoller macht. Außerdem werden wir immer besser in allen Tätigkeiten, die ein hohes Maß an gesammelter Aufmerksamkeit verlangen. Wir werden bessere Zuhörer, bessere Autofahrer, bessere Tänzer, bessere Darsteller, bessere Liebhaber, bessere Eltern – und nutzen unsere Zeit besser. Je tiefer wir uns auf den Augenblick, *diesen* Augenblick, einlassen und ihn in seiner ganzen Breite und Tiefe und Reichhaltigkeit auskosten, desto reicher und erfüllter sind wir selbst.

Wie können Meditation und Achtsamkeitsübungen die Zeit verlangsamen, Gefühle handhabbar halten und dabei Freude, Sympathie, Gelassenheit und anderen wünschenswerten Zuständen Auftrieb geben? Forschungen, die in den dreißiger und vierziger Jahren des vorigen Jahrhunderts begannen, haben gezeigt, dass das menschliche Gehirn vier Grundtypen von Wellen oder Schwingungen hervorbringt:

- Betawellen (13 bis 38 Hz oder Schwingungen pro Sekunde) charakterisieren das aktive Denken und das Lösen von Problemen.

- Alphawellen (8 bis 13 Hz) sind typisch für Ruhe und Entspannung.

- Thetawellen (4 bis 7 Hz) kennzeichnen Schlaf, tiefe Entspannung, Hypnose und Visualisationen.

- Deltawellen (unter 4 Hz) sind im Schlaf vorherrschend.

In neuerer Zeit hat man einen fünften Typ entdeckt, Gammawellen mit 39 bis 100 Hz. Sie begleiten höhere mentale Aktivität und die Konsolidierung aufgenommener Informationen. Sie werden beim Aufwachen und in der REM-Phase des Schlafs (REM: engl. »Rapid Eye Movement«, schnelle Augenbewegung) des Schlafs gemessen, aber auch bei höheren Bewusstseinszuständen, beispielsweise während der Meditation.

Meditation erhöht generell die Alpha-, Beta-, Theta- und Gamma-Tätigkeit des Gehirns und reduziert die Delta-Wellen. Insgesamt bewirkt das vertiefte Konzentration und fördert Hirnstrommuster, die für Ruhe, Kreativität und Sammlung charakteristisch sind. Wie wir gesehen haben, synchronisiert Meditation auch die beiden Gehirnhemisphären, was für Originalität, Wachheit und Frische der Wahrnehmung sorgt.

UNTERWEGS

Im *Satipatthana-Sutra* spricht der Buddha über die vier Grundlagen der Achtsamkeit. Die vier Dinge, auf die zu achten sind:

1. der Körper einschließlich unserer Haltung und der Körperempfindungen,

2. unsere Gefühle und Regungen,

3. unsere Gedanken sowie

4. Ereignisse und tiefere Muster, wie sie sich Augenblick für Augenblick zeigen.

Amerikaner verbringen durchschnittlich drei Stunden pro Tag im Auto. Für viele ist die Zeit am Steuer von Anfang bis Ende nur Stress, Langeweile und Frust. Für Pendler mit dem eigenen Wagen werden Staus, brenzlige Situationen und kleine Rempler zum Alltag. Selbst die kleine Besorgungsfahrt kann zum Abenteuer werden. Statistisch gesehen passieren die meisten Unfälle am Wohnort auf vertrauten, oft benutzten Straßen. Simsen am Steuer ist schon fast so häufig Unfallursache wie Alkohol.

Versetzen Sie sich in die Lage eines solchen geplagten Fahrers, der wieder einmal im Verkehr festsitzt – sicherlich eine nervenaufreibende Situation, die wir einfach als Verschwendung unserer Zeit sehen. Wenn Sie sich jetzt von diesem Gefühl abwenden können, hilflos in der Falle zu sitzen, werden Sie das

Ganze als eine Gelegenheit sehen, achtsam zu meditieren und den Augenblick ganz anders zu erleben. Es handelt sich nämlich um den geradezu klassischen Fall eines *Bardo*-Zustands. Bardo ist ein tibetisches Wort, das einen Zwischenzustand bezeichnet, etwa zwischen Tod und Wiedergeburt oder auch zwischen einem Gedanken und dem nächsten. Ein Bardo ist immer die Chance zu innerer Entwicklungsarbeit, zu Erweckung und Transformation.

Fangen Sie damit an, dass Sie alles sehr genau wahrnehmen, jedes Detail, Augenblick für Augenblick. Anstatt sich anderswohin zu wünschen, betrachten Sie die anderen Autos, verfolgen Sie das Anfahren und Bremsen, riechen Sie die von draußen hereinströmende Sommerluft oder im Winter die Luft aus der Heizung, und nehmen Sie außerdem Ihre eigene Laune wahr. Machen Sie sich klar, dass Sie nicht einfach irgendwohin unterwegs sind, sondern eben jetzt nur in Ihrem Wagen sitzen. Spüren Sie die Sitzfläche unter sich. Haben Sie Hunger, ist Ihr Körper steif, angespannt, nervös oder entspannt? Verzeichnen Sie, ob es einfach der Stau ist, der Sie nervt, oder ob irgendetwas anderes Sie bedrängt, ob Sie wach oder müde sind. Beachten Sie auch ein Jucken an der Nase oder wie die Zehen sich in den Schuhen anfühlen. Achten Sie auf die Leute in den Autos ringsum – wirken sie zufrieden, langweilen sie sich, sind sie mit etwas beschäftigt oder ganz ruhig?

Nehmen Sie wahr, ob es ein sonniger oder bewölkter Tag ist, die Geräusche der anderen Fahrzeuge, vielleicht ein Polizeihubschrauber oder sogar das Zwitschern eines Vogels. Achten Sie auf die Gedanken und Gefühle, die sich in Ihnen regen, während sie das Geschehen ringsum verfolgen. Sind Sie ungeduldig, ärgern Sie sich über die vergeudete Zeit – und was empfinden wohl die Leute in den anderen Wagen? Sympathisieren Sie mit ihnen (geteiltes Leid …), ärgern Sie sich über sie, beneiden oder bedauern Sie diese Menschen? Was es auch sei, vermerken Sie es. Verändern sich diese Gefühle, während Sie immer tiefer in die Meditation eintauchen?

Achten Sie auf all das sehr genau und ganz wach, aber lassen Sie sich nicht davon vereinnahmen. Es ist wirklich alles Kleinkram, kein Grund zur Aufregung. Es ist das Treibgut der unmittelbaren Erfahrung.

Weiten Sie jetzt den Blick, um auch die größeren Dinge zu erfassen, Ihre Lebensbahn und die endlose kurvenreiche Straße der Zeit. Welche tiefe Einsicht könnte dieses Festhängen im Stau hier und jetzt in einen kostbaren Augenblick Ihres Lebens verwandeln?

Fällt Ihnen etwas auf? Während Sie Ihren Kopf mit dem Verzeichnen all dieser Dinge beschäftigt haben, wurde die Zeit langsamer und verschwand vielleicht ganz. Sie fühlen sich ruhig und gefestigt. Sie haben die Dinge gefasst angenommen, wie sie sind. Vielleicht hat Ihnen der Stau sogar einen Unfall erspart. Vor allem aber haben Sie die Gelegenheit genutzt, sich ganz auf das einzulassen, was eben zu tun war. Sie haben den Übergang vom Vegetieren zum Meditieren geschafft.

Jeder Augenblick, jede Minute, jede Stunde, jeder Tag und jede Nacht bietet Ihnen solche Gelegenheiten. Wenn wir diesen stetigen Strom der Vergänglichkeit in unserem Leben wahrnehmen, können wir uns dem festen Griff unserer Gedanken und Fixierungen zumindest ein wenig entwinden und uns mehr dem traumartigen, ungreifbaren und doch wunderbaren wahren

Sein der Dinge überlassen. Verkehr fließt oder stockt. Alles vergeht, keiner der beiden Zustände bleibt bestehen.

Ich habe noch eine Straßenverkehrsgeschichte, die vom Nutzen des klugen Umgangs mit der Zeit erzählt. Ich war an einem heißen Sommertag zu meinem Schreibstudio unterwegs und kam im dichten Verkehr nur kriechend voran. Ich wurde nervös, weil alles Mögliche zu tun war – doch dann beschloss ich, lieber einen produktiveren Ort in mir aufzusuchen. Ich begann mit dem schlichten Bemerken. Ich vermerkte also, dass das für die Pedale zuständige rechte Bein samt Fuß etwas verkrampft war. Meine Hände umklammerten das Lenkrad. Ich überlegte, woher diese Anspannung kommen mochte. Und plötzlich kam es mir: Es waren die klammernden Hände meiner Mutter und dazu in meinem Kopf ihre Stimme. Ich dachte in meine Kindheit zurück und erinnerte mich, dass sie immer besorgt war, möglicherweise zu spät zu kommen, immer getrieben von dem Drang, aus allem das Beste herauszuschlagen. Das war so gar nicht meine eigene Haltung, war aber zu einer leisen oder nicht so leisen Stimme in meinem Kopf geworden.

Ich sagte also zu mir: »Lass gut sein, Mama.« Ich atmete ein paar Mal tief durch, ließ die Schultern fallen und war schnell wieder ganz ich selbst. Dann saß ich einfach im Auto und steuerte es, anstatt mich wie ein Rennpferd vor der Ziellinie anzupeitschen. Eine Woge von Mitgefühl für meine Mutter (und mich) und alle Eltern und Kinder stieg in mir auf. Ich vergaß, wer ich war und wo ich war und wohin ich wollte. Ich ließ alles los, und so fand ich zu mir zurück. Und als ich schließlich ankam, wurde es eine besonders produktive Arbeitsperiode.

»Rechtes Autofahren« könnte die moderne Fassung der vom Buddha im Rahmen seines edlen achtfachen Pfades zur Erleuchtung gepriesenen Weges sein. Die acht Schritte dieses Weges, den manche als den »ältesten erfolgreichen Businessplan der Geschichte« sehen, sind:

1. *Rechte Anschauung:* die Dinge sehen, wie sie sind.

2. *Rechte Absicht:* das Wissen um die Kausalität und die Verbundenheit aller Dinge, um Vergänglichkeit, Subjektivität und Selbstlosigkeit.

3. *Rechte Rede:* Worte sprechen, die wahr sind und der Situation entsprechen, die freundlich, hilfreich, gewaltfrei und dem Gemeinwohl zuträglich sind.

4. *Rechtes Handeln:* Handeln in Übereinstimmung mit den grundlegenden buddhistischen Geboten – das Leben achten, nicht lügen, nicht stehlen, sexuelles Fehlverhalten meiden und keine Unachtsamkeit erzeugenden Rauschmittel nehmen.

5. *Rechter Lebenserwerb:* ehrliche und nutzbringende Arbeit verrichten, die niemandem schadet, sondern anderen ebenso nützt wie einem selbst; nicht nur den Lebensunterhalt, sondern ein Leben verdienen; seine wahre Berufung finden.

6. *Rechtes Bemühen:* ausgewogenes, eifriges, energisches Bemühen, Ausdauer und freudige Begeisterung.

7. *Rechte Achtsamkeit:* in wacher Geistesgegenwart auf die innere oder äußere Erfahrung des gegenwärtigen Augenblicks achten, ohne zu urteilen oder zu manipulieren.

8. *Rechte Konzentration:* sich auf das konzentrieren, was gerade zu tun ist, besonders auf alles, was letztlich der Erleuchtung, der spirituellen Freiheit, dem inneren Frieden und einem nie endenden Glück dient.

Wirklich eine gute spirituelle Geschäftsempfehlung.

EILE MIT WEILE

Festina lente heißt es auf Lateinisch, und auch in Äsops Fabel von der Schildkröte und dem Hasen finden wir es wieder oder in den Worten der Jazzgröße Hoagy Carmichael, der befand: »In Zeitlupe kommst du schneller an« – gesagt wird es uns schon immer: Eile mit Weile. Auch der große tibetische Yogi und Heilige des elften Jahrhunderts, Milarepa, sagte: »Eile langsam, und du gelangst an dein Ziel.« So manches profitiert von einer gemächlicheren Gangart – die Liebe, ein köstliches Mahl, die Lektüre eines wirklich schönen Buchs, die Unterweisung der Kinder, ein Gang in der Natur.

Dennoch wird der Druck zu hetzen und alles möglichst schon gestern erledigt zu haben, immer höher. Nehmen wir Tony, einen New Yorker Strafverteidiger. Im Gerichtssaal, in der Bibliothek, im Fitnesszentrum oder mit Frauen an der Bar,

Tony war immer in Bewegung. Tony hetzte immer nur von hier nach da, hatte ständig Gesprächstermine mit Mandanten, dazu Gerichtstermine, lauter Zeit fressende Kommunikationsgeräte, ein hyperaktives Liebesleben, die Mitglieder seiner Studentenverbindung und ein gutes Dutzend Verwandte in der näheren Umgebung. »Wenn ich mich doch nur klonen könnte«, ulkte er gern. »Dann hätte ich eine Chance, alles auf die Reihe zu kriegen.«

Ein übervoller Terminplan, ungesunde Ernährung und die ewige Sorge, es nicht mehr zuschaffen, verlangten schließlich ihren Preis. Tony bekam Panikattacken, und nachdem er mehrmals völlig übermüdet (oder verkatert) vor Gericht erschienen war, kaum in der Lage, seine Mandanten ordentlich zu verteidigen, schätzte man ihn dort auch nicht mehr besonders. Der Richter hätte ihn durchaus zu Geldstrafen und Schlimmerem verurteilen können, ließ ihm aber die Wahl, stattdessen einen Stressmanagement-Kurs zu absolvieren. Tony landete schließlich in einem buddhistischen Retreat in den Catskill-Bergen, und da lernte er das langsame Gehen, er, der Powerwalker. Man geht dabei einfach so langsam wie möglich auf den jeweiligen Zielpunkt zu und achtet immer nur auf den Schritt, den man gerade macht, den Atemzug, der gerade geschieht.

Tony staunte nicht schlecht, als er merkte, dass er auf diese Art schneller ankam als mit Hetze, und das auch noch klar, wach und frisch. Er entdeckte im Laufe der Zeit die *psychologische Zeit*, also das Phänomen, dass Bewusstsein und Gemütsverfassung unsere Erfahrung des Augenblicks bestimmen: Wenn wir uns langweilen oder auf jemanden warten, scheint die Zeit einfach nicht vom Fleck zu kommen, und wenn wir in irgendeine

Tätigkeit versunken sind, fliegt sie nur so dahin. Zeit ist eben subjektiv. Tony lernte auf alles zu achten, was es ringsum zu sehen, zu hören und zu riechen gab, er achtete auf seinen Atem, seine Gedanken und Gefühle, er fühlte sich in seine eigenen Rhythmen und Bedürfnisse hinein, kurz, er legte es auf eine andere Wahrnehmung der Zeit und eine neue Beziehung zur Zeit an.

Jetzt eilt er bei seinen vielen Runden durch Manhattan mit Weile. Seine Schritte, findet er, haben etwas Federndes bekommen, zum ersten Mal seit Jahren hat er eine feste Freundin, und in der Mittagspause füttert er die Tauben. Der Richter war von Tonys Verwandlung so beeindruckt, dass er selbst ein Meditationsretreat buchte. Vielleicht werden die kontemplativen Künste ja eines Tages so viele von uns umkrempeln, dass die Gesellschaft insgesamt weniger kopflos und dafür ruhiger und friedlicher wird.

TÄGLICHE ACHTSAMKEIT

Es ist anfangs nicht gerade leicht, uns zu Aufmerksamkeit und Besonnenheit zu erziehen, damit wir vollkommen objektive Zeugen sein können. Es lässt sich nicht vermeiden, dass uns Ausrichtung und Konzentration immer wieder entgleiten. Doch wenn das geschieht, brauchen wir uns nur den Gegenstand unserer Aufmerksamkeit wieder in Erinnerung zu rufen. Wir spannen diesen »Muskel« immer wieder an und trainieren ihn so. Den inneren und äußeren Gelegenheiten dazu sind keine

Grenzen gesetzt, ob wir in aller Ruhe und Achtsamkeit duschen, jeden Happen bewusst dreißig Mal oder länger kauen oder unbeteiligt verfolgen, wohin unsere Gedanken wandern, wenn wir nicht einschlafen können. Wenn es uns nicht an Fantasie und Einsatzbereitschaft mangelt, sind die Möglichkeiten grenzenlos.

Meine größte Inspiration zu dieser praktischen Alltagsmeditation ist Saichi Asahara. Manchmal wünsche ich mir, dieser japanische Buddhist des neunzehnten Jahrhunderts wäre bekannter. Dieser Sandalenmacher und Poet hat einmal gesagt, wenn er am Holz schnitze oder Leder zurichte, baue er mit jedem Schnitt am Tempel des Buddha im Reinen Land, dem Sitz der Erleuchtung. Ich denke gern an Saichi Asahara, diese Verkörperung der Achtsamkeit, wenn ich Schnee räume, den Abwasch mache, eine Mauer errichte oder Steine für einen Gartenweg lege und dabei jeden Handgriff bewusst ausführe, immer in dem freudigen Gedanken, am Aufbau einer besseren Welt mitzuarbeiten. Das ist eigentlich das Werk, das wir zu tun haben.

Jeder kann jederzeit und überall Achtsamkeit üben. Hier ein paar praktische Anregungen für den Anfang.

Achtsames Gehen

Wenn Sie wieder mal einen Spaziergang machen, lassen Sie Ihre elektronischen Freunde zu Hause, den iPod, das Handy und das E-Book-Lesegerät. Achten Sie dafür umso genauer auf alles, was Sie sehen, hören und riechen, auf die Körperempfindungen beim Gehen, das Gefühl des Bodens unter Ihren Füßen bei jedem Schritt. Wenn Ihre Aufmerksamkeit abschweift, bleiben Sie stehen, sammeln sich neu und rufen sich in Erinnerung, was

Sie eigentlich wollten. Atmen Sie ein paar Mal tief durch und setzen Sie Ihren Spaziergang fort. Einfach gehen – es lüftet das Gehirn, es nährt Herz und Seele und belebt und kräftigt dabei auch noch den Körper. Einfach gehen – Sie überlassen alles andere sich selbst und konzentrieren sich ganz auf diese beiden Dinge: Gehen und Atmen. Sie gehen möglichst langsam, und es wird Sie überraschen, wie schnell die Zeit dabei verstreicht, wie entspannt, frisch und präsent Sie sind.

Sitzen, Rezitation und achtsames Gehen dürften die drei bekanntesten Formen der Meditation sein. Bei der Meditation im Gehen achten Sie genau auf das abwechselnde Heben und Absetzen der Füße. Wenn Sie schon ein wenig geübt sind, synchronisieren Sie den Atem mit dem langsamen, achtsamen Gehen, immer nur ein Schritt auf einmal – einatmen, Schritt, ausatmen, Schritt, wieder und wieder und mit voller Aufmerksamkeit.

Achtsames Ausruhen

Wenn Sie sich hinlegen, sei es draußen im Gras, sei es im Liegestuhl oder irgendwo im Haus, dann sehen Sie zu, dass Sie nicht gleich wegdösen. Schalten Sie bewusst Ihre Aufmerksamkeit ein, um auf Gefühle, Empfindungen, Wahrnehmungen und Gedanken zu achten, dabei aber zugleich die gewohnten Überlegungen und Gedankengänge abzuschalten. Sie sind entspannt und gelöst und doch wach und aufnahmebereit. Lassen Sie alles los, um diesen traumartigen Zustand zu genießen. Und sollten Sie dann einschlafen, werden Sie sehen, dass Sie nach zehn Minuten ganz erfrischt sind.

Achtsames Hören

Subtile Augenblicke der gezielten Achtsamkeit lassen sich im Laufe eines Tages anhand kleiner Achtsamkeitsexperimente einüben, auch mitten in allem übrigen Geschehen. Zwei Beispiele:

- *Einstimmung auf das Hören.* Machen Sie Halt, atmen Sie ein paar Mal, um sich zu entspannen. Jetzt lauschen Sie. Machen Sie sich bewusst, was ringsum, aber auch in Ihnen selbst zu hören ist – der Pulsschlag in den Ohren, das leise Geräusch der Atemzüge.

- *Einstimmung auf den Körper.* Nach einigen entspannenden Atemzügen, ballen Sie die Fäuste ein paar Mal und krallen vielleicht auch mit den Füßen. Danach wieder ganz loslassen. Lassen Sie alles bewusst werden, was sich gerade im Körper tut und im Vordergrund steht. Bieten Sie all dem Raum, nichts wird beurteilt oder als bedenklich empfunden. Sie beobachten das alles mit unschuldigem innerem Blick, Vergangenheit und Zukunft spielen keinerlei Rolle. Nehmen Sie alles an sich und das Ganze Ihrer Erfahrung mit offenem Herzen und klarem Geist auf. Wer mit sich Freundschaft geschlossen hat, mit dem möchte die ganze Welt befreundet sein. Wenn *Sie* klarer werden, wird alles klarer.

Wenn Sie noch weiter gehen möchten, lauschen Sie auf die Geräusche in Ihrem Körper. Sie werden und sind schließlich diese Geräusche. Erspüren Sie mit Ihrer Intuition, woher die Geräusche kommen. Verfolgen Sie die Geräusche bis zu ihrem Ursprung zurück, in dem sie aufgehen, bis nur noch eine leuchtende, offene und verlockende Leere da ist.

Auch alle anderen Wahrnehmungen – ein Anblick, ein Geruch, sogar ein Gedanke – können auf ihren Ursprung, ihre wahre Heimat zurückverfolgt werden, und dabei überschreiten wir den Horizont unserer persönlichen Erfahrung und werden reines Bewusstsein.

Achtsame Fitness

Radfahren gehört zu meinen liebsten Formen des »schweißtreibenden Betens«, wie es die Tanzlehrerin Gabrielle Roth genannt hat. Das Strampeln und Schnaufen bietet sich geradezu als Gegenstand der Aufmerksamkeit an. Im Winter benutze ich den Hometrainer im Keller, bei schönem Wetter meinen blauen Straßenflitzer. Hier noch einmal das Geheimnis der aktiven Meditation: Sie tun einfach ausschließlich das, was Sie tun, und überlassen alles andere sich selbst, es mag kommen und gehen, wie es will – Sie *sind* einfach. Sie bleiben mit der notwendigen Aufmerksamkeit bei dem, was Sie tun – treten und lenken in diesem Fall –, und der ganze Rest Ihres Bewusstseins bleibt in der Schwebe, ungebunden. Frei von Medienberieselung finden Kopf und Herz ihren Ruheplatz, und der Geist, frei von allen Belangen des Alltags, dehnt sich in die Weite. Atmen, in die Pedale treten, dahinfliegen. Sie sind nirgendwohin unterwegs, Sie wollen nichts erreichen. Überwinden Sie die Schwellen möglicher Widerstände, damit Sie nicht den bei Ausdauersportarten »second wind« genannten plötzlichen Kräftezuwachs verpassen. Man glaubt es kaum, über was für Energien man dann auf einmal verfügt.

Achtsamer Umgang mit Tieren

Tiere leben in aller Regel in der Buddha-Normalzeit. Wir können in ihrer Nähe so manches lernen. Sehen Sie einem Hund zu, der hinter einem Frisbee her ist, und Sie werden erleben, wie die Zeit langsamer wird und stehen bleibt. Im Zusammensein mit einem Haustier oder mit Vögeln, Reptilien, Käfern und Schmetterlingen in der Natur kann das Erlebnis der Verbundenheit so tief erschütternd sein, dass es die Zeit ausschaltet.

Als Buddhist bemühe ich mich um ein achtsames Leben nach den Vorgaben des achtfachen Pfads. Es kann viele Leben dauern, bis man all die *rechten* Dinge wirklich richtig macht. Aber wenn ich meiner wunderschönen weißen Hirtenhündin Chandi zusah, die wie ein überschwängliches unbefangenes Kind durch den Wald tollte, konnte ich immer nur denken: Sie ist *recht*, ohne es auch nur darauf anzulegen. Sie *ist* einfach nur. Unsere Haustiere »unterrichten« uns alle Tage ohne Worte und Lehrplan über den Sinn der goldenen Ewigkeit hier und jetzt.

Achtsamkeit kann bei jeder Beschäftigung geübt werden. Fangen Sie gleich jetzt damit an.

DIE »ZONE«

Viele Menschen sind unter Druck besonders leistungsfähig – woran liegt das? Keine Zeit zu vertrödeln zu haben ist vielleicht eine gute Sache. Haben Sie schon einmal erlebt, wie klar die Liste der anstehenden Aufgaben Ihnen plötzlich vor Augen steht, wenn Ihnen bewusst wird, dass Sie nach der Fertigstellung einen ganzen Tag freinehmen und an den Strand, ins Konzert, ins Kino oder zu einer Sportveranstaltung gehen können? Benjamin Franklin – sicherlich einer, der mit Zeit umzugehen verstand – münzte dieses Prinzip in einen Ratschlag um: »Wenn du etwas fertiggestellt sehen möchtest, bitte einen viel beschäftigten Mann um Hilfe.«

Manchmal sind wir besonders geistesgegenwärtig und wissen besonders gut, was wir tun, wenn wir an unsere Grenzen getrieben werden. Unsere Sinne werden schärfer, wenn Termine drängen oder Gefahr droht oder wenn wir so sehr in eine Tätigkeit versunken sind, dass wir die Zeit vergessen. Unser Überlebenstrieb und die mit ihm verbundene Ausschüttung von Hormonen setzen ein, wenn uns urplötzlich klar wird, dass Gefahr, Fehlschlag, Katastrophe oder Krise drohen. Durch diese natürliche Reaktion richten sich unsere Energien, Gedanken und Fertigkeiten wie von selbst auf das aus, was zu tun ist, und alles andere wird ausgeblendet. Vielleicht haben wir die Dinge lange vor uns hergeschoben, jetzt jedenfalls sorgen die Hormone und die erneuerte Begeisterung dafür, dass wir ganz in unserer Arbeit aufgehen. Wir sehen das im Sport immer dann, wenn die Entscheidung auf den letzten Metern fällt oder der Ball praktisch mit dem Abpfiff im Netz zappelt.

Wir sind wie von einer Strömung erfasst, und alles scheint sich wie von selbst so zu fügen, wie wir es brauchen. Mihaly Csikszentmihalyi, Psychologe und Kreativitätsforscher, spricht hier von »Flow«, einer Verfassung, in der uns scheinbar mühelos alles gelingt und wir instinktiv wissen, wie wir unser Ziel am besten erreichen können. Im Business wie im Sport nennt man das »Spitzenleistung« oder »persönliche Bestleistung«, und das ist gemeint, wenn man von jemandem sagt, er oder sie sei »in der Zone«. Jeder von uns hat schon solche Augenblicke erlebt. Aber wie viele wissen, wie man diesen Zustand des Flow bewusst herbeiführt? Unser Buddha-Ich lebt ständig in diesem Fluss. Der innere Buddha ist immer wach. Wir sind es, die häufig am Steuer unseres Lebens einschlafen.

Wer jahrelang trainiert hat, sich nicht von Angst und Kopflosigkeit überwältigen zu lassen, wird auch in einer überraschend eintretenden Gefahr oder verzweifelten Lage wissen, was zu tun ist. Das ist wahre Geistesgegenwart.

Ich habe einen Bericht über einen zweiundfünfzigjährigen chinesischen Bauarbeiter namens Wang Jianxing gelesen, der einen über viereinhalb Meter tiefen Graben auszuheben hatte. Er machte sich mit der Schaufel an die Arbeit, auf dem Kopf den Schutzhelm. Plötzlich brach die eine Grabenwand ein, und er wurde von gewaltigen Erdmassen verschüttet.

Durch den verrutschten Helm bildete sich vor Wangs Gesicht eine Luftblase. Die Ärzte schätzten später, dass sein Sauerstoffvorrat für circa fünf Minuten gereicht hätte. Wang war praktizierender Buddhist und ihm war klar, dass Angst und Panik nur den Luftverbrauch erhöhen würden. Also überließ er sich in dieser vollkommenen Dunkelheit der Meditation, stellte ganz bewusst seine Gedanken ruhig, fuhr alle Energien herunter und erreichte so eine Verlangsamung des Atems und der Pulsfrequenz. Er vertraute darauf, dass man ihn schon ausgraben würde, nur musste er den Luftvorrat irgendwie strecken.

Die anderen Arbeiter brauchten volle zwei Stunden, um ihn zu bergen, und sie fanden ihn lebend und bei Bewusstsein! Die tiefe Ruhe und die Disziplin, die er sich in all den Jahren der Meditation angeeignet hatte, retteten ihm das Leben.

Wang reagierte augenblicklich und automatisch auf die Krise, das hatte er Jahren der hingebungsvollen Praxis zu verdanken. Wer lange meditiert hat, nimmt die Realität, die sich Augenblick für Augenblick präsentiert, in vollem Umfang wahr. Wang war durch seine meditative Schulung zu voller Gewissheit gelangt. Er wusste um seine inneren Kräfte und setzte die zur Gewohnheit gewordene Disziplin ein, um seinen Körper ruhigzustellen und die kleine Überlebenschance voll zu nutzen. Genauso hätte seine Schulung ihm erlaubt, die Möglichkeit eines friedlichen Hinübergehens zu akzeptieren.

Diese Art von »Erdung« ist das Wesen dessen, was wir Präsenz oder Geistesgegenwart nennen, und Sie können das auch lernen. Wer diese Präsenz besitzt, ist stets Herr seines Schicksals, bis in den Tod.

Für das Samurai-Ethos im Zen gilt, dass jeder Augenblick so zu leben ist, als ginge es um Leben und Tod. Wenn wir unsere Praxis darauf einstellen, dass das Leben eine Art spirituelle Notsituation ist, gewinnt das Achtgeben eine gewisse Dringlichkeit. Wir sind dann eher geneigt, im Hier und Jetzt zu leben und die Dinge wirklich zu schätzen, das heißt, alle Dinge und Wesen mit Dankbarkeit und Respekt als etwas Göttliches, Einzigartiges und Außergewöhnliches zu sehen und auch so zu behandeln. Wir wissen dann, wie die drängenden Fragen des Lebens zu beantworten sind: Wie komme ich mit dem Verlust eines geliebten Menschen zurecht? Wo finde ich im Falle einer chronischen Krankheit die Kraft weiterzumachen? Wenn mein Wagen auf eisglatter Straße ins Schleudern kommt, werde ich dann wissen, was zu tun ist? Wenn mein Haus abbrennt und ich alles verliere, kann ich dann trotzdem weitergehen?

VOLL PRÄSENT SEIN

Es gibt zwei Übungen, denen ich mich jeden Tag widme, um mein Bewusstsein zu entwickeln und aus meiner Zeit, meiner Energie und meinen Möglichkeiten das Beste zu machen.

Ich nehme mir jeden Tag Zeit für eine Meditation nach der buddhistischen Tradition. Meistens setze ich mich dazu hin, aber manchmal übe ich auch im Gehen, Stehen oder während ich im Garten oder in der Natur etwas betrachte, insbesondere wenn ich auf Reisen bin. Bei solchen Übungen geht es ausschließlich um aufmerksame Präsenz, das heißt, ich versuche nichts herbeizuführen, hervorzubringen oder zu visualisieren, ich ziele auf gar nichts ab.

Die zweite Übungsform besteht darin, dass ich im Tagesverlauf immer voll und ganz auf das eingehe, was gerade zu tun ist, ich versuche hundert Prozent meiner Aufmerksamkeit und Energie dafür aufzubringen, aber auch nicht mehr zu tun als das, was gerade erforderlich ist. Wenn ich im Auto sitze, bin ich ganz auf das Fahren konzentriert und schalte alles andere so weit wie möglich aus.

Darum bemühe ich mich den ganzen Tag lang, und wenn der Tag um ist, lasse ich es los. Das ist, im Kern, die heilige

Kunst und Praxis der reinen Präsenz: dem klaren Licht der Präsenz einen Platz im trüben Durcheinander des Tages zu geben.

Ungeteilt bei dem zu sein, was Geist und Herz gerade beschäftigt, das ist die Kunst dabei. Vielfach trotten oder hetzen wir ja nur ausgetretene Wege entlang, halb bewusst und meistens nicht wirklich präsent. Wer klar und aufmerksam sein möchte, wird sich leichter tun, wenn er seine Gedanken, Gefühle und Handlungen sehr bewusst wahrnimmt und das Karma-Gesetz – dass eine Aktion eine entsprechende Reaktion hervorruft – im Auge behält.

WIR SIND BEREITS DA

Schon mit einem kurzen Augenblick der Achtsamkeit machen Sie den Weg frei für Neues, und selbst an einem allzu vollen Tag finden Sie wieder Raum zum Atmen, Raum für unmittelbare Erfahrung, die Sie wieder aufbaut. Üben Sie Präsenz, bis Sie sich Ihre eigene kleine Sphäre der klaren Bewusstheit geschaffen haben. Wenn Sie dort sind, schweben Sie in der Zeit wie ein großer Vogel in der Luft – weit über allem, alles im Blick, frei.

Beispiele dieser Präsenz finden wir in den Zen-Künsten – Blumenstecken, Bogenschießen, Schwertkunst, Haiku-Dichtung, Malerei, No-Theater, Teezeremonie, Gartenkunst und natürlich Motorradwartung. Der große japanische Schwertmeister Musashi beschäftigte sich in seinen späteren Jahren auch mit Malerei und Kalligrafie. Eines seiner Tuschebilder zeigt einen

Vogel auf einem Zweig, mit sparsamsten Mitteln so überzeugend lebensecht, dass man meint, er würde gleich auffliegen.

In diesen Zen-Künsten wird geübt und immer wieder geübt, bis das mit anderen Dingen beschäftigte Ich aus dem Weg geht und die schöpferische Essenz frei und spontan fließen kann. Was dann geschaffen wird, geschieht ohne Einschaltung des Ego und mühelos. Ein Zen-Meister braucht keine Hilfe, denn jeder Augenblick ist schöpferisch fruchtbar. Er oder sie steht in der Morgendämmerung der Schöpfung und lebt zwar in der Zeit, unterliegt aber nicht ihren Beschränkungen.

Wir können auch lernen, so zu leben, das heißt wirklich zu leben und nicht nur geboren zu werden, zu altern und zu sterben. Das steckt hinter der uralten Weisheit, dass jeder Augenblick gelebt werden muss, als wäre es unser letzter. Wenn wir langsamer werden, achtsamer, und uns die Kunst des Schweigens erschließen, werden wir die Zeit klug nutzen können und uns ganz auf jeden Augenblick einlassen. Immer neue Horizonte der Bewusstheit tun sich vor uns auf, und es entsteht Raum für immer tiefere Erkenntnisse und Verwandlungen.

Im nächsten Kapitel betrachten wir weitere Ansätze des Umgangs mit der Zeit. Insbesondere wird es um das Dehnen und Stauchen der Zeit nach unseren Bedürfnissen und Wünschen sowie durch Wechsel unseres Tempos gehen. Es ist der nächste Schritt zu einem Leben in Buddha-Normalzeit, zu einer neuen Strahlkraft und Weiträumigkeit des Lebens.

DEHNBARE ZEIT

Uns stehen in jedem Augenblick mehr Möglichkeiten zur Verfügung, als wir wahrnehmen.

Thich Nhat Hanh

Bei meinem UPS-Zusteller Phil hatten alle Tage den gleichen Ablauf. Wenn er aufstand war es noch dunkel, dann hatte er seinen Wagen zu beladen und war den ganzen Vormittag und einen Teil des Nachmittags unterwegs, um die Pakete und Päckchen zuzustellen. Seine Tour war abgezirkelt und immer die gleiche, Tag für Tag sah er dieselben Leute, dieselben Hunde, dieselben Verkehrsengpässe. Das war für ihn nur mit Hip-Hop, Talkradio und anderen Formen der Audioberieselung zu ertragen. »Es war einfach todlangweilig«, sagte er. »Ich habe immer nur auf das Schichtende hingearbeitet, damit dann endlich das richtige Leben losgehen konnte.«

Ich legte ihm nahe, seine Geräuschkulisse abzuschalten und die Natur ringsum mit offenen Augen und Ohren wahrzunehmen. Anstatt sich durch das öde Einerlei zu quälen, was den Tag nur noch länger machte, könne er doch versuchen etwas zu finden, was vielleicht sein Interesse wecken würde. Er sagte, er werde es mal ausprobieren. Er besorgte sich ein paar Bücher und DVDs über Vogelbeobachtung und wurde innerhalb kurzer Zeit zum passionierten Ornithologen.

Ein paar Monate später erzählte er mir: »Ich stehe ja buchstäblich mit den Vögeln auf, und da lag es nahe, das zu nutzen. Mit dem Blauhäher, Kardinal und Rotschwanzbussard habe ich angefangen, dann verschiedene Arten von Sperlingen und Sängern. Neulich habe ich einen Wanderfalken gesehen ... und dann die Marmorschnepfe, ich war so aufgeregt, dass mir das Paket runtergefallen ist. Zum Glück war es nichts Zerbrechliches. Und das Foto habe ich auch.«

Stolz zeigte er mir das Foto dieses seltenen Vogels auf seinem Handy, danach Dutzende weitere. »Die Leute schätzen es nicht, wenn der UPS-Mann in ihrem Vorgarten herumfotografiert«, erklärte er mit Unschuldsmiene, »aber wenn ich mit dem Handy hantiere, sieht es so aus, als würde ich mit der Zentrale telefonieren. Irgendwie ist es ja auch so.«

Jetzt brennt er nicht mehr auf das Schichtende, sondern macht seelenruhig seine Bilder, hört sich Vogelstimmen an und lernt Verse aus einem Sufi-Klassiker des zwölften Jahrhunderts auswendig, aus Fariduddin Attars *Vogelgesprächen*. Die Tour ist dieselbe geblieben, die Monotonie des Auslieferns auch, aber die neue Begeisterung hat Phils Tag neu ausgerichtet und völlig verwandelt. Seine Zeit ist jetzt *seine*.

Er hat etwas sehr Wertvolles entdeckt: Wenn wir mit der Zeit Frieden schließen möchten, damit unsere Tage nicht mehr gehetzt sind oder sich zäh dahinschleppen, müssen wir sie anders füllen und die Gangart ändern, wir müssen uns wachrütteln, wir müssen etwas so anders machen, dass eine neue Lebensform entsteht. Darum wird es in diesem Kapitel gehen.

Fangen wir mit etwas an, was besonders viel Zeit kostet: es allen recht machen zu wollen.

VERSTÄNDNIS, ABER MIT AUGENMASS

Manchmal wird unsere Zeit schon arg strapaziert – von Angehörigen und Freunden, oft auch von Nachbarn oder Kollegen und sogar von wildfremden Menschen. Im Allgemeinen helfen wir gern, wenn es unser zeitlicher und finanzieller Spielraum zulässt. Etwas zur Post bringen, jemanden zum Flughafen fahren? »Na klar«, stimmen wir munter zu. Die goldene Regel – behandle andere, wie du selbst behandelt werden möchtest – ist uns tief eingeprägt und dabei zugleich von sehr praktischem Wert. Was man anderen Gutes tut, kommt oftmals zurück. Der Austausch funktioniert reibungslos, solange keiner den anderen zu übervorteilen versucht.

Schwierig wird es, wenn zwischen den beiden Seiten ein Missverhältnis besteht oder jemand denkt, ein anderer sei ihm etwas schuldig. Wenn das Geben einseitig geworden ist, wird es Zeit, dass wir etwas ändern, denn sonst leiden andere an unserer Unachtsamkeit oder wir an ihrer. Daraus kann ein Teufelskreis des Übelnehmens entstehen, der immer mehr Ärger und tiefere Missverständnisse hervorbringt. Aber es gibt in dieser Lage durchaus Möglichkeiten des Ausgleichs.

GRENZEN ZIEHEN

Sie tun niemandem einen Gefallen, wenn Sie einer gedankenlosen oder leichtfertigen Inanspruchnahme Ihrer Zeit, Kraft und Geldmittel zustimmen. Buddhisten haben dafür eine schöne Bezeichnung gefunden: Idiotenbarmherzigkeit. Man muss einfach wissen, wann man nein sagen und harte Barmherzigkeit üben muss. Manchmal müssen Grenzen gezogen werden, aber wo und wann? Hier ein paar praktische Anhaltspunkte:

- Sind Sie gesund und stark genug für das, worum Sie gebeten wurden? Wenn Sie äußerlich oder innerlich nicht ganz auf der Höhe sind oder sich der Aufgabe nicht so recht gewachsen fühlen, kommt Zustimmung nicht infrage. Nehmen wir an, jemand möchte irgendwohin gefahren werden oder braucht Hilfe beim Umzug, und Sie sind einfach nicht bei Kräften. Dann sagen Sie diesem Menschen, dass es Ihnen nicht gut genug geht und Sie leider nicht zusagen können. Auch wenn es beispielsweise aufgrund der Witterungsbedingungen gefährlich ist, jemandem einen Gefallen zu tun, sollten Sie sich nicht dazu bereit erklären. Sie brauchen nicht den Helden zu spielen, und Mitgefühl darf ruhig auch Ihnen selbst gelten.

- Ist die Inanspruchnahme Ihrer Zeit klar begründet und umgrenzt? Sie werden nicht immer bereit sein, sich auf etwas noch nicht Absehbares einzulassen, etwa Kinder zu beaufsichtigen, wenn die Eltern durch irgendetwas verhindert sind. Scheuen Sie sich nicht zu eruieren, worum genau es geht, wie lange es dauern wird und wer die Kosten für beispielsweise Benzin trägt.

- Handelt es sich um eine unnötige Bitte oder eine Lappalie? Da kann es knifflig werden, denn was Sie als Belanglosigkeit sehen, kann für einen anderen ungemein wichtig sein. Aber wenn Sie um Chauffeur-, Bewachungs- und ähnliche Dienste gebeten werden, nur weil ein anderer sich drücken oder die Verantwortung nicht selbst tragen will (Beispiel: Halbwüchsige zur Party fahren, damit sie sich da ordentlich betrinken oder bekiffen können), werden Sie hoffentlich ablehnen. Hier üben Sie, zwischen dem kleinen und dem höheren Ich zu unterscheiden, einfach indem Sie das Gesamtbild und die möglichen längerfristigen Folgen im Auge behalten.

Wenn diese Anforderungen erfüllt sind, sollten Sie großzügig Zeit, Kraft und Geld zur Verfügung stellen und liebevoll jede erdenkliche Hilfestellung und Ermutigung geben. Falls nicht, dann sagen Sie lieber nicht zu. Erteilen Sie eine klare, aber konstruktive Absage, die den anderen nicht vor den Kopf stößt. Wenn es sich um ein Kind, einen Freund oder einen anderen Menschen handelt, der Ihnen in irgendeinem Sinne anvertraut ist oder mit dem Sie eine enge Beziehung verbindet, müssen Sie genau erklären, weshalb das Ersuchte nicht in Ihrem oder deren Interesse ist. Gegebenenfalls können Sie Ihrer Absage ein »einstweilen« folgen lassen. Sollte der andere jetzt zu diskutieren anfangen oder aggressiv werden oder sich als auf Ihre Hilfe angewiesen darstellen, unterbinden Sie solche unerfreulichen Diskussionen, die nur Kraft und Nerven kosten. Versuchen Sie über den Dingen zu stehen und suchen Sie zumindest äußere und innere Distanz. Mit Ihrem Nein zu ungerechtfertigten Ansprüchen und Erwartungen sagen Sie ja zu sich selbst, vor allem zu Ihrem höheren Ich.

Weshalb sollten vereinfachende oder fehlgeleitete Vorstellungen von Mitgefühl Sie dazu verleiten, in den Dramen oder Fantasien anderer eine Nebenrolle zu übernehmen? Es gibt keine Verpflichtung, lästige Anrufe, E-Mails oder Tweets zu beantworten. Lassen Sie sich nicht umtreiben und aus dem Gleichgewicht bringen. Sie können natürlich, wenn Sie möchten, für den anderen beten oder meditieren und ihm mitfühlende Gedanken und gute Energien schicken.

Wenn wir unsere Aufmerksamkeit zu sehr von anderen in Anspruch nehmen lassen, zieht uns das nicht nur Lebenskraft ab, sondern bringt zudem negative oder unnütze Energie ins Spiel, die uns spürbar schwächt. »Undichtigkeit« ist eine der möglichen Übersetzungen für einen buddhistischen Begriff, der meist mit »Verunreinigung« wiedergegeben wird und Gier, Hass, Verblendung, Stolz und Eifersucht bezeichnet. Der Buddha sprach hier von den »fünf Grundgiften«, die sich nicht mit Harmonie, Frieden, Ganzheit und Wohlbefinden vertragen. Diese Undichtigkeiten oder Störungen in unserem Energiefeld verdunkeln die aufgehende Sonne des klaren Lichts in uns. Wer sich seine inneren Ressourcen bewahren möchte, braucht Ausrichtung, Klarheit und sinnvoll gezogene Grenzen. Geduld und Güte sind eine der besten Formen des Selbstschutzes.

Früher glaubten die Wissenschaftler, wir besäßen eine begrenzte Anzahl von Gehirnzellen und deshalb sei auch zum Beispiel unsere Aufmerksamkeitsspanne begrenzt. 2007 ergab jedoch die von Richard Davidson an der University of Wisconsin über drei Monate durchgeführte Beobachtung von Meditierenden eine bisher noch nie wissenschaftlich nachgewiesene Fähigkeit, langsamer zu werden, die Aufmerksamkeitsspanne zu verlängern und sich auf etliche verschiedene Zielobjekte zu konzentrieren und sie zu verfolgen. Meditation nach der Tradition des tibetischen Buddhismus erwies sich als besonders wirksam, wenn es darum ging, Kräfte zu sparen, die Aufmerksamkeit zu verbessern und glücklicher zu werden.

In einer Krise oder Notlage kann regelmäßige Meditationspraxis – und sei es auch nur die Übung »atmen, lächeln, entspannen«, die ich Ihnen im ersten Kapitel gezeigt habe – dafür sorgen, dass wir uns wieder sammeln und unsere Kräfte und unsere Aufmerksamkeit neu bündeln und ausrichten. Damit verhindern wir, dass der goldene Becher Vitalität, den wir mitbekommen haben, ungenutzt verrinnt. Meditation und Achtsamkeit halten diesen Becher gefüllt.

Im richtigen Leben kann das beispielsweise so aussehen: Als Immobilienmaklerin in einer Großstadt war Karen ständig unterwegs. In der Sorge, es könnte ihr die große Chance entgehen, blieb sie stets abrufbereit, und das galt auch für die Zeiten, in denen sie eigentlich zu Hause sein und sich um ihre beiden schulpflichtigen Kinder kümmern sollte. »Es war eigentlich schon so, dass ich meinem Job gehörte«, erzählte sie. »Ich kann gut mit Leuten, aber jederzeit abrufbereit zu sein, wenn ein Kunde gerade Lust hat, ein Objekt zu besichtigen, das wurde mit der Zeit doch sehr lästig. Und wenn ich dann nach Hause kam, wurde ich von meinen Kindern oder meinem Mann mit Beschlag belegt. Für mich selbst blieb keine Zeit.«

Ich empfahl ihr buddhistische Atem- und Sammlungsübungen und riet ihr außerdem, sich in der Stadt einen Meditationsplatz zu suchen, an den sie sich zwischen ihren Terminen zurückziehen konnte. »Oh, da weiß ich schon was«, rief sie und nahm meine Anregung mit deutlicher Genugtuung auf.

Als ich Karen Monate später wiedersah, erzählte sie mir von einem lauschigen Eckchen in einem Park mitten in der Stadt:

»Da gibt es eine ganz schmale Brücke über den Fluss, der über einen Wasserfall in die Schlucht stürzt. Es ist eine wirklich malerische Stelle, aber sie liegt nicht am Hauptweg und deshalb ist es da immer relativ ruhig.«

Karen macht jetzt nicht nur selbst häufig Pause in dieser kleinen Oase des Friedens und der Stille, sondern sie nimmt auch Kunden dorthin mit. »Ich erhole mich da und erreiche so eigentlich eine noch bessere Nutzung meiner Zeit«, sagte sie. »Erst neulich war ich mit einem Ehepaar da. Sie waren unschlüssig, ob sie lieber in der Stadt oder auf dem Land leben wollten. Aber als ich Ihnen meinen Lieblingsplatz gezeigt hatte und sich herausstellte, dass er nur zehn Minuten von der Wohnanlage entfernt war, in der ich ihnen eine Wohnung angeboten hatte, entschlossen sie sich sofort zum Kauf.«

Erstaunlich, wie viel Gutes entstehen kann, wenn wir nur etwas Tempo wegnehmen und wirklich achtgeben. Denken Sie an kleine erholsame Dinge, die Sie sich wie Karen gönnen könnten, um klarer zu sehen und wieder Verbindung zur Natur und den Menschen aufzunehmen.

DIE KUNST UND WISSENSCHAFT DES SCHLANGESTEHENS

Viele empfinden den Alltag als einen dauernden Wettlauf gegen die Zeit, verschärft noch durch ständige Unterbrechungen, Verzögerungen, Hindernisse und unvorhergesehene Dinge, die unseren ohnehin schon dichten Zeitplan immer wieder durcheinanderbringen. Alles geht dann irgendwie nicht schnell genug.

Wie gehen wir mit dem Warten um – irgendwo in der Schlange oder einem Wartezimmer? Was tun, wenn der Anrufbeantworter eingeschaltet ist und wir das geplante Gespräch nicht jetzt gleich führen können? Oder wenn unser Flug sich wegen des schlechten Wetters verzögert oder ganz ausfällt? Unternehmen und Einzelne waren hier kreativ und haben sich allerlei einfallen lassen, womit man verhindern kann, dass sich die Zeit in solchen Fällen endlos hinzieht.

In den Ländern des ehemaligen Ostblocks erinnern sich die Menschen noch gut an das stundenlange Anstehen für praktisch alles von der Zahnbürste bis zum Fernseher. Und es gab da jedes Mal nicht nur eine Schlange, sondern oft drei: eine zum Bezahlen, eine für die Aufnahme und Weiterleitung des Kaufwunschs und eine an der Ausgabe. Viele verkürzten sich die Wartezeiten mit Büchern, daher der hohe Bildungsstand. Die Leute kamen auch miteinander ins Gespräch und hielten sich gegenseitig den Platz in der Schlange frei, wenn noch andere Dinge zu erledigen waren. Das gibt es bei uns auch. Teenager, die Nachtlager aufschlagen, wenn es Karten für ein Konzert zu ergattern gilt. Wenn irgendwo besonders verlockende Sonderangebote für den nächsten Tag angekündigt sind, kann es sein, dass sich nächtliche Schlangen bilden. Und bei großen Sportereignissen ist es völlig normal, dass in schier endlosen Schlangen gewartet wird. Das Warten entwickelt sich oft zum Abenteuer und wird viel interessanter, als man es sich vorgestellt hatte. Manch einer verliebt sich sogar oder knüpft neue Geschäftskontakte.

Hotels, Restaurants und andere Dienstleister wissen es längst: Der Kunde rechnet mit einem bestimmten Serviceniveau, und wenn der Service dann besser als erwartet ausfällt, ist er hochzufrieden. In gut besuchten In-Lokalen nennt man den Gästen, die nicht vorbestellt haben und an der Bar auf einen freien Tisch warten, eine etwas längere Wartezeit als die, mit der tatsächlich zu rechnen ist. Wenn der Tisch dann eine Viertelstunde früher frei wird als erwartet, freut sich der Gast und vermerkt beeindruckt den guten und aufmerksamen Service.

Sehr beliebt ist auch die Überbrückung eines plötzlichen Zeitlochs mit etwas Interaktivem. So hat man in einem Hotel festgestellt, dass Beschwerden über lange Wartezeiten an den Liften weniger werden, wenn man in der Wartezone vor den Fahrstuhltüren Spiegel aufbaut. Wir betrachten uns ganz gern im Spiegel und empfinden das nicht als verlorene Zeit. Nett finde ich auch, dass der »Schließen«-Knopf im Lift meist Attrappe ist, nur dazu da, den Leuten das Gefühl zu geben, sie könnten selbst etwas tun, um die Sache zu beschleunigen. In den Wartezimmern von Ärzten und Zahnärzten ist der Lesezirkel zwar als Ruhigstellungsmethode noch vorhanden, aber daneben gibt es jetzt auch eher dynamischen Zeitvertreib, etwa in der Gestalt großer und farblich ansprechend gestalteter anatomischer Tafeln, zum Teil auch schon auf Bildschirmen, sodass man sich über den menschlichen Körper informieren kann.

Und wie gesagt, auch Einzelne finden kreative Lösungen, zum Beispiel Christopher, ein neunundzwanzigjähriger Büroangestellter, der in einem Vorort von Boston wohnt. Die Pendelfahrten mit dem eigenen Wagen und die Parkgebühren gingen ihm irgendwann einfach zu sehr ins Geld, ganz abgesehen vom Zeitaufwand, sodass er auf öffentliche Verkehrsmittel umstieg. Jetzt müht er sich nicht mehr zweimal am Tag in den zähen Verkehrsströmen, sondern genießt den fünfzehnminütigen strammen Marsch zur Bushaltestelle. Es gibt immer irgendetwas Neues zu sehen, und es macht ihm Freude, wildfremden Menschen zuzulächeln. Neuerdings schreibt er auch Haikus, das sind kurze, sehr pointierte Gedichte in der vom Zen geprägten japanischen Tradition. Jeden Tag möchte er mindestens ein Gedicht schreiben und darin irgendetwas besonders Einprägsames auf den Punkt bringen. Und wenn er irgendwo warten muss, ist das Wasser auf seine Mühlen, da er alles in seiner Umgebung stets genau beobachtet. Die Wege zur Arbeit und nach Hause waren ihm früher als reine Zeitverschwendung erschienen. Heute sind sie ihm ein Anlass, seinen kreativen Interessen nachzugehen, er freut sich regelrecht darauf.

Erobern Sie sich die vergessene Kunst des Wartens zurück, und Sie werden Freundschaft mit der Zeit schließen und sich weniger langweilen, ärgern oder aufregen. Im Augenblick leben – Sie werden sehen, dass es alle Erwartungen in den Schatten stellt. Sie werden vom Tao des Jetzt begeistert sein.

Und hier noch ein paar weitere Tipps zum Warten, die Sie statt der Uhr zum Herrn der Lage machen:

- *Stellen Sie sich an den Kassen im Supermarkt immer ans Ende der längsten Schlange.* Das schützt vor Enttäuschungen. Es kann sogar sein, dass es in dieser Schlange schneller vorwärts geht als in den anderen. Lächeln Sie über die frustrierten Kunden (zu denen Sie auch einmal gehörten), die in den kürzeren

Schlangen anstehen. Dieses simple Anstellen in der längsten Schlange kann die ganze Atmosphäre verändern. Alles wird ruhiger, die Zeitwahrnehmung der Leute ändert sich.

- *Rezitieren Sie innerlich.* Das Hauptmantra des tibetischen Buddhismus, OM MANI PADME HUM, aber auch jede andere ruhige, besänftigende Silbenfolge eignet sich gut. Sie werden innerlich gelassen und finden in Ihre Mitte zurück. Sie können sich auch Ihre Lieblingsgedichte einprägen und innerlich sprechen.

- *Nehmen Sie Ihre Umgebung deutlich wahr* – den Rhythmus der Geräusche, die ganze Aufmachung und Ausstrahlung, die Stimmen und Bewegungen, das Kommen und Gehen. Benennen Sie nichts davon. Überlassen Sie sich einfach der Zeit und nehmen Sie nur auf.

- *Halten Sie die Hand in der Shuni-*Mudra. Bei dieser klassischen Handgeste, einer stillen Meditation, mit der Sie üben, Geduld zu üben, berühren sich die Kuppen von Daumen und Mittelfinger. Sie sind dem Herz-Lenkergefäß beziehungsweise dem Lungenmeridian zugeordnet und harmonisieren zusammen die Atmung, den Kreislauf und den Fluss des Chi. Sie können diese kleine Übung jederzeit und überall machen: in der Schlange, bei einer Auseinandersetzung mit Ihrem Partner, im Gespräch mit dem Chef oder im Flugzeug.

Das Leben ist voller Überraschungen und Enttäuschungen, Verzögerungen und Unterbrechungen. Wenn wir irgendwo warten müssen, heißt das nicht, dass Achtsamkeit, Humor und Freundlichkeit für diese Zeit ausgesetzt sind. Ihr Leben ist immer Ihr Leben, auch wenn Sie gerade auf etwas Bestimmtes warten.

DIE KULTUR DES SCHWEIGENS

Auch Stille lässt uns Zeit in der Zeit finden. Vielen Menschen verursachen Stille und Schweigen Unbehagen. Das kleine Ich fühlt sich in der Stille nackt und ungeschützt, es wird nervös, möchte, dass etwas geschieht, langweilt sich. Mit Geräuschen oder Lärm überdecken wir das Bewusstsein unseres Selbst. Wenn wir verunsichert sind, reden wir schneller. Wir drehen die Musik lauter, damit sich unser Besuch nicht langweilt, sollte der Gesprächsstoff ausgehen.

Unsere Welt ist inzwischen so voller Geräusche und Sinnesreize jeglicher Art, dass immer weniger Rückzugsorte zu finden sind, an denen wir für ein paar Augenblicke dieser Hightech-Welt und ihrer Geräuschkulisse entkommen können. Selbst bei ganz gewöhnlichen Tätigkeiten – den Abfall wegtragen, auf dem Hometrainer schnaufen, beim Spaziergang – gönnen wir uns nicht unbedingt den Luxus, unsere Seele baumeln und unsere Gedanken einfach ihren Lauf nehmen zu lassen. Eher verkabeln wir uns zu solchen Anlässen und hören Musik, Nachrichten, Podcasts oder Hörbücher, sofern wir nicht telefonieren.

Wenn wir die Gangart unseres Lebens ändern möchten, sollten wir uns zuallererst ein bisschen Stille gönnen. Wirklich, machen Sie Pause, schalten Sie ab, atmen Sie durch. Bei Stille und entspannter Atmung werden wir automatisch langsamer.

Ich weiß noch, wie meine in Long Island lebenden Eltern mich Mitte der Siebzigerjahre einmal in Woodstock besuchten. Ich half damals beim Aufbau eines tibetischen Klosters auf dem Meads Mountain und wohnte da, wo einst die Künstlerkolonie von Woodstock ihren Anfang genommen hatte, in einer Hütte im Wald. Meine Mutter machte sich Gedanken, wo ich denn einkaufen würde. Und sie war sehr erleichtert, als ich sie aufklärte, dass es im Ort einen Supermarkt und sogar eine Apotheke gab – keine Rede vom Sammeln und Jagen. Nach einer Nacht, in der nichts als Grillengezirpe zu hören war, beklagte sie sich: »Hier hört man ja überhaupt nichts, man bekommt es richtig mit der Angst und denkt, irgendetwas stimmt nicht – wie damals bei den Blackouts im Krieg. Wie kannst du hier bloß leben?« Sie war ihr Leben lang eine Städterin gewesen und fühlte sich ohne den Geräuschpegel der Stadt nicht wohl.

Vielen von uns geht es zunehmend so. Und selbst wenn wir uns Stille wünschen, müssen wir meistens irgendwelche Zivilisationsgeräusche ausblenden. Wie viele lassen heute den Fernseher oder das Radio den ganzen Tag laufen, weil sie die Einsamkeit oder die Stille fürchten?

Stellen Sie sich vor, der Strom fällt aus. Der Kühlschrank brummt nicht mehr, die Festplatte saust nicht mehr, die Spülmaschine rumpelt nicht mehr, Heizung oder Klimaanlage springen nicht an. Bei langen Meditationsretreats, ein bis drei Monate oder länger, berichten viele interessanterweise, dass die

Loslösung vom gewohnten Alltag eigentlich das Schwierigste sei. Wenn man schließlich angekommen ist, wird offenbar alles ganz einfach. Vorher ist einem vielleicht bei der Aussicht auf die vielen Stunden in der Stille ein wenig bang gewesen, vielleicht würden einem die Lieben daheim und der gewohnte Zeitvertreib fehlen – aber oft ist es dann so, dass sie gar nicht wieder weg möchten, zurück in die Hetze, den Lärm und die Belanglosigkeiten ihres früheren Lebens.

Buddhisten üben bei intensiven Meditationsretreats das sogenannte edle oder liebevolle Schweigen. Wir bilden zwar eine Gruppe, aber es ist doch jeder mit sich allein und übt sich in Achtsamkeit oder in der Betrachtung der Vergänglichkeit, der allseitigen Verbundenheit, der Herzensgüte und Ichlosigkeit. In der Gesprächsrunde am Ende eines langen Retreats ist von den Neulingen oft zu hören, am meisten habe sie anfangs der Gedanke beunruhigt, dass die ganze Zeit über geschwiegen wird. Meistens erweist sich jedoch gerade das als das Beste an der ganzen Sache – man muss sich nicht umgänglich oder von seiner besten Seite zeigen, man braucht nichts darzustellen. Mit sich allein und gemeinsam im Meditationsraum, beim wortlosen Einnehmen der Mahlzeiten, allein in ihrem Zimmer oder im Wald finden sie Frieden und heitere Gelassenheit.

Es gibt natürlich einen Mittelweg zwischen den beiden Möglichkeiten, ein Mönch mit lebenslang gütigem Schweigegelübde zu werden und den ganzen Tag Ihren MP3-Player im Ohr zu haben. Sie können in Ihre ganz eigene Form hineinwachsen. Oft reagieren wir ja nur den lieben langen Tag, aber wie ich Ihnen schon ans Herz gelegt habe, müssen Sie nicht jede E-Mail sofort beantworten. Die Welt wird deshalb nicht untergehen, und Sie gewinnen Zeit für das eigentlich Wichtige in Ihrem Leben. Und wenn Sie Ihre E-Mails schließlich beantworten, gebe ich Ihnen den Rat, vor dem Absenden einen Moment innezuhalten. Oder sehen Sie zu, ob Sie vor und nach den Mahlzeiten eine Minute der stillen Andacht unterbringen können. Diese bewussten kontemplativen Augenblicke geben Ihnen Bodenhaftung und unterbrechen das blinde Weiterhetzen von einer Sache zur nächsten, ohne irgendetwas wirklich wahrzunehmen.

Ich habe auch schon erwähnt, dass Sie nach dem Läuten der Türglocke oder des Telefons nicht augenblicklich reagieren müssen, sondern besser ein paar Augenblick verstreichen lassen, in denen Sie nur atmen und sich entspannen. Wenn Sie den Tageslauf immer wieder mit solchen kleinen Pausen der Achtsamkeit unterbrechen, lassen Sie die kühle, frische Luft des Jetzt-Gewahrseins herein und schütteln die Zeitnot für einen Augenblick ab. Das erfrischt und weckt die Lebensgeister, bringt neue Energie und ein klares Gespür für Raum und Zeit.

ALLES IN ALLEM

Einer meiner ältesten Freunde und Kollegen ist Dr. Stephan Rechtschaffen, einer der Gründer des Omega Institute for Holistic Studies in Rhinebeck, New York, das sich für Bildungsarbeit auf dem Gebiet der Spiritualität und Gesundheit engagiert. Als Arzt beschäftigt sich Stephan schon lange mit dem Stress und seinen Folgen und hat auch eigene Forschungen zu den Auswirkungen des Lebenstempos angestellt. Die Ergebnisse teilt er in Vorträgen und Workshops mit und nicht zuletzt in seinem Buch *Du hast mehr Zeit, als du denkst.* Er spricht darin über die Veränderung unserer Beziehung zur Zeit und führt unsere chronische Zeitnot unter anderem darauf zurück, dass wir uns von vielem »mitziehen« lassen.

Da nichts isoliert geschieht und unsere DNA so abgestimmt ist, dass sie mit allem im Universum in Resonanz treten kann, sind wir die geborenen »Harmonisierer«. Hängen Sie zwei mechanische Pendeluhren von gleicher Pendelfrequenz nebeneinander, und die Pendel werden sehr bald im Gleichtakt schwingen. Wir sind da nicht anders. Wir sind soziale Wesen, und wenn wir mit jemandem die Straße entlanggehen, sind wir unbewusst darauf eingestellt, im Gleichschritt zu gehen. Im Gespräch gleichen sich Gesten, Haltung, Tonfall und Atmung der Beteiligten an. Unser Nervensystem stimmt sich auf das Nervensystem anderer ein, denen wir uns nahe fühlen, und diese auf Einfühlung beruhende nonverbale Verbindung wird »limbische Resonanz« genannt. Unter Liebenden und guten Freunden kommt es oft vor, dass beide die gleichen Gedanken haben; Stimmung und Ausdrucksverhalten stimmen häufig überein. Zwischen Eltern und kleinen Kindern kann ein erstaunlicher Gleichklang der Seelen bestehen. Auch Hunde, Katzen, Vögel und andere Haustiere nehmen unsere Schwingung ohne Weiteres auf und können nach einiger Zeit verblüffende Verhaltensähnlichkeiten aufweisen, ja sogar im Äußeren ähnlich werden. Rhythmusdifferenzen zwischen uns und den Menschen ringsum bringen uns durcheinander, und wir nehmen unbewusst ständig kleine Anpassungen vor, um Missverhältnisse auszugleichen.

Wenn um Sie herum alle hetzen, konkurrieren, endlos Stunden investieren, damit ihre Kinder auf die besten Colleges kommen, Sie mit E-Mails oder SMS-Nachrichten überschütten und sofort Antwort haben wollen, ihr Heim, ihren Garten, ihr Auto und ihren Körper möglichst schnuckelig herrichten, kann es kaum ausbleiben, dass Sie unbewusst einen gewissen Anpassungsdruck verspüren und sich »mitziehen« lassen: Sie beschleunigen sich auf dieses hyperaktive Wimmeln. Versuchen Sie einmal, in einer Großstadt zur Stoßverkehrszeit in aller Gemütsruhe eine Straße entlangzugehen. Es ist nicht ganz einfach, sich nicht von der Strömung mitreißen zu lassen.

Manchmal ignorieren wir die Zeichen, dass wir nicht ganz im Lot sind, aber dann liegen wir in der Nacht wach, weil wir ohne Schlafmittel nicht abschalten können. Von Glück können wir sagen, wenn dann der Urlaub kommt und wir auf irgendeine tropische Insel fliegen. Nach sieben Tagen haben Sie sich auf das gemächliche Strandleben eingestellt. Das mörderische Tempo ist einfach weg, Sie schlafen jede Nacht neun bis zehn Stunden und ganz ohne Chemie. All die ach so wichtigen Dinge einschließlich Ihrer Arbeit kommen in Ihrem Bewusstsein kaum noch vor. Sie fragen sich, warum das Leben nicht immer so ist. Wenn Sie hier leben würden, wäre es dann immer so? Jedenfalls kommen Sie dann zutiefst erfrischt wieder nach Hause und sind fest entschlossen, besser für sich zu sorgen. Und diese zuversichtliche Entschlossenheit hält an, bis Sie den Post- und E-Mail-Eingang in Augenschein nehmen oder feststellen, dass der Keller voll Wasser steht.

Dann ist es wichtig, nicht gleich wieder in den alten Trott zu verfallen. Schalten Sie nicht auf Automatik um, sondern setzen

Sie sich hin, um sich alles genau zu vergegenwärtigen. Urlaub vermittelt uns eine andere Zeiterfahrung, sehen Sie zu, was Sie davon in Ihren Alltag hinüberretten können. Im nächsten Kapitel werden wir von der heiligen Pause sprechen, einem Anhalten, in dem wir uns auf uns selbst besinnen und vor allem uns selbst bejahen. Diese Pause ist eine sehr wichtige Maßnahme, wenn Sie kein Herdentier werden möchten, das kopflos zu kurzfristigen Lösungen greift, sich schädlichen Ideologien und Praktiken verschreibt und leicht jedem sozialen Druck beugt. Sie werden sich kleine Freiräume schaffen, wenn Sie stattdessen auf die Rhythmen der Erde und des Himmels eingehen, Ihre eigenen biologischen Uhren achten und Menschen nacheifern, deren Taten ihren Worten entsprechen.

AUSZEIT

ICH BIN ICH

Diese Stress lösende Meditation können Sie am Schreibtisch, am Steuer und beim Spaziergang machen, eigentlich überall. Sie hilft Ihnen beim Abbau von Druck angesichts von Terminen und allen möglichen Schwierigkeiten des Alltags. Unter meinen Schülern sind Schauspieler und andere darstellende Künstler, die sich dieser Übung vor einem Bühnenauftritt bedienen. Sie bringt Sie sehr schnell in Ihre Mitte zurück, und wenn Sie ein bisschen geübt sind, genügen ein paar Sekunden.

Sagen Sie innerlich oder hörbar:

Ich bin ich. Ich bin nicht ich.

Diese Affirmation wiederholen Sie eine Weile. Dazu langsame tiefe Bauchatmung.

Ich habe Gefühle. Ich bin nicht meine Gefühle.

Ich bin ich.

(Bauchatmung)

Ich habe Gedanken. Ich bin nicht meine Gedanken.

Ich bin ich.

(Bauchatmung)

Ich habe Körperempfindungen. Ich bin nicht meine Körperempfindungen.

Ich bin ich.

(Bauchatmung)

Jetzt nennen Sie das, was Sie gerade bedrängt, Stress, Zeit, Liebe, Kränkung, Überforderung, Angst, Befürchtungen.

Ich empfinde Stress. Ich bin nicht mein Stress.

Ich bin ich.

(Bauchatmung)

Ich fühle mich überfordert. Ich bin nicht meine Überforderung.

Ich bin ich.

(Bauchatmung)

Ich empfinde Zeitdruck. Ich bin nicht mein Zeitdruck.

Ich bin ich.

(Bauchatmung)

Ich fühle mich gekränkt. Ich bin nicht mein Gekränktsein.

Ich bin ich.

(Bauchatmung)

Ich empfinde Ärger. Ich bin nicht mein Ärger.

Ich bin ich.

(Bauchatmung)

Ich bin hier, in mir ruhend und frei. Ja!

Ich empfinde Eifersucht. Ich bin nicht meine Eifersucht.

Ich bin ich.

(Bauchatmung)

Ich mache mir Sorgen. Ich bin nicht meine Sorgen.
Ich bin ich.

Oder der Körper:
Ich habe Schmerzen. Ich bin nicht meine Schmerzen.
Ich bin ich.
(Bauchatmung)

Und jetzt atmen Sie, lächeln Sie, entspannen Sie sich, setzen Sie Ihre Schritte frei und unbeschwert – und betreten Sie furchtlos und selbstbewusst die Bühne Ihres Lebens.

FRIEDEN VISUALISIEREN

Mein Freund Bob hat als Bauunternehmer ständig mit Kunden zu tun, denen die Arbeit gar nicht schnell genug gehen kann. Er hat für sich etwas entwickelt, womit er sich schnell wieder beruhigen kann, wenn ihm der Zeitdruck oder die Unwägbarkeiten seines Handwerks – zum Beispiel das Wetter oder die Subunternehmer, die nicht immer rechtzeitig zur Stelle sind – über den Kopf zu wachsen drohen. Er hält an, egal ob er mit dem Wagen oder zu Fuß unterwegs ist. Und was macht er dann?

»Ich sehe mich mit meinem Fahrrad auf einem Weg in Maine, wo wir immer Urlaub machen. Ich fühle förmlich, wie ich diese klare Luft tief einatme, spüre den Wind im Gesicht, rieche das Meer und höre die Möwen kreischen. Das macht mir den Kopf frei wie ein Miniurlaub und bringt mich wieder zu mir. Im Baugewerbe verdiene ich mein Geld. Da geht es ja nicht um Leben und Tod, das ist keine Sache, wegen der man sich verrückt macht.«

Bob sieht das ganz richtig. Wenn Zeitnot droht, können Sie sich auch durch den Rückgriff auf Ihre eigenen inneren Energien helfen. Machen Sie einmal diese einfache Aufmerksamkeitsübung, und Sie werden verstehen, was ich meine.

- Atmen Sie ein paar Mal bewusst durch, um wieder bei sich anzukommen.

- Entspannen Sie sich. Konzentrieren Sie sich auf die Mitte einer Hand.

- Atmen Sie in diese Stelle hinein, verbunden mit der Vorstellung, dass sie weit und warm wird.

- Vergleichen Sie nach einer Minute das Gefühl in dieser Hand mit der anderen.

- Genießen Sie noch ein wenig die Ruhe, bleiben Sie im Erleben dessen, was jetzt ist, genießen Sie das Nachklingen.

Die meisten Leute empfinden bei dieser Übung Wärme, ein Prickeln oder Pulsieren oder einfach Lebendigkeit in der Hand. Die Technik des Biofeedback beruht auf diesem Prinzip, dass man die Aufmerksamkeit auf bestimmte Körperstellen richten kann, um zum Beispiel den Blutdruck zu senken, den Puls zu verlangsamen oder Schmerzen zu lindern.

In Tibet sind die Meditierenden seit Jahrhunderten mit der Kraft des Geistes vertraut. Denken wir etwa an die bereits erwähnte Tummo-Praxis, mit der man die Körpertemperatur so weit erhöhen kann, dass rings um den Platz, an dem man im Freien meditiert, der Schnee schmilzt.

Wenn Sie einmal gelernt haben, bei allem Stress und Zeitdruck gesammelt und ruhig zu bleiben, können Sie diese entspannte Ruhe auch gleichsam ausstrahlen, damit andere ebenfalls in diese Verfassung kommen können. Wenn Sie dann beispielsweise mit einem abgehetzten oder aufgeregten Freund sprechen, atmen Sie tief durch, verbinden sich mit Ihrem höheren Ich, und Ihr Tonfall wird etwas Beruhigendes und Aufbauendes bekommen. Ihre ruhige und bestimmte Art wird auf den anderen überspringen, und das nützt Ihnen beiden. Probieren Sie es aus.

DIE FÜNF VOLLKOMMENHEITEN

Auf dem Diamantweg des tibetischen Buddhismus sind die fünf Glück verheißenden Vollkommenheiten (oder die fünf Gewissheiten) das, was uns erlaubt, unseren uranfänglich erleuchteten Herz-Geist wahrzunehmen. Sie reinigen unsere Wahrnehmung und verhindern, dass wir uns verschließen und abwenden oder abstumpfen und unaufmerksam oder zynisch werden. Sie machen uns empfänglich für die unbegrenzten Möglichkeiten, die in jedem Augenblick liegen. Sie formen unsere Erfahrung zu einem Kristallgitter, in dem die Zeit fünf klar unterschiedene Dimensionen besitzt. Sie führen uns eine absolute, zeitlose Dimension vor Augen, die in uns ist und über uns hinausweist.

Indem wir uns diesen fünf Vollkommenheiten annähern, werden wir empfänglicher für die Ordnung der Natur und vertrauen zunehmend auf sie, aber auch auf die in uns angelegten Möglichkeiten, auf uns selbst. Die fünf Vollkommenheiten fördern den Lernprozess auf allen Ebenen, seien sie bewusst oder unbewusst. Sie leiten die Übermittlung der transzendenten Weisheit in die Wege und stärken deren verwandelnde Kraft. Diese fünf Vollkommenheiten sind:

1. Vollkommene Zeit

Dieser Jetzt-Augenblick ist der vollkommene Augenblick, der allererste, frische und reine, traumartige Moment, der höchste Himmel. Dieser Augenblick ist das Goldene Zeitalter wie zur Lebenszeit des Buddha, des Christus, Mohammeds und anderen großen Lehrern, denn sie sprechen auch heute noch zu uns.

2. Vollkommener Ort

Der Ort, an dem wir jetzt sind, ist der vollkommene Ort. Hier ist der vollkommene Raum, ist das Paradies, Utopia, ein strahlendes, makelloses Mandala, ein Ort des höheren Bewusstseins. Was wir Himmel nennen, ist nicht einfach ein Ort der Glückseligkeit und immerwährenden Freude, an den wir nach unserem Tod gelangen. Er ist vielmehr hier und jetzt, und wer die Augen öffnet, nimmt ihn wahr.

3. Vollkommene Lehre

Dies ist die zeitlose Lehre, die höchste, absolut wahre und nichts verbergende unmittelbare und spontane Erleuchtungslehre, die Lehre der Befreiung. Diese Vollkommenheit ist insofern unvergleichlich, als sie einfach sagt, dass *dies* für alle, die zuhören und empfänglich sind, die vollkommene Lehre für das Hier und Jetzt ist. Dies, was eben jetzt ist, nicht eine bestimmte Tradition oder Lehre, sondern die Wahrheit, die hier aufleuchtet. Alles ist eben jetzt und so, wie es ist, von erhabener Reinheit.

Die Lehre dieses Augenblicks, wie auch immer sie für Sie aussehen mag, ist die vollkommene Lehre. Wenn es Vogelzwitschern oder Verkehrslärm ist, dann das. Wenn es sich um eine bittere oder verwirrende Lektion handelt, dann eben das. Nichts anderes muss gesucht oder ersehnt werden, die absolute Wirklichkeit ist als dieser Jetzt-Augenblick gegeben. Der edle Dharma, die befreiende Wahrheit, findet hier seinen beredten Ausdruck für den, dessen Ohren hören können und der die Augen der reinen Schau besitzt. Das Rauschen des Bachs ist der Gesang des Göttlichen, der Wind in den Bäumen der Atem der Göttin. Die Menschen ringsum sind unsere *Sangha*, eine Zusammenkunft der heiligen Gemeinschaft der Bodhisattvas und Sucher.

4. Vollkommener Lehrer

Der absolute Buddha (Gott, Allah, Brahman) ist der höchste Lehrer, gegenwärtig und vernehmlich eben jetzt in verschiedenen Formen und auf verschiedene Weisen. Seine Energie manifestiert sich durch menschliche und nichtmenschliche Lehrer, die mit all ihren Begrenzungen und Schwächen doch Vermittler des grundlegenden strahlenden Lichts sind – die Glocke, die uns aus tiefem Schlaf weckt.

5. Vollkommener Schüler

Diese Vollkommenheit oder verheißungsvolle Gewissheit ist für viele von uns besonders schwer zu verstehen. »Was, ich soll vollkommen sein?«, begehrt etwas in uns auf. »Ganz und gar nicht!« Doch, Sie können ein Träger dieser Wahrheit sein. Diese fünfte Vollkommenheit wird auch als »das vollkommene Gefolge« bezeichnet, gleichsam eine Neubesetzung der Beziehung zwischen Buddha (oder Jesus, Mohammed, Gandhi, Gandalf, Yoda …) und seinem engsten Schülerkreis.

Während eines dreijährigen Meditationsretreats in den Wäldern Südfrankreichs sagte ein amerikanischer Schüler einmal zu Dudjom Rinpoche, unserem Lehrer: »Rinpoche, ich verstehe das hier, dies – nichts könnte besser sein als das hier. Das hier ist offensichtlich der vollkommene Ort, ganz entschieden der rechte Ort. Dies ist der richtige Augenblick. Dies ist die richtige Lehre, und Sie sind der vollkommene Lehrer. Nur ich kann mich nicht als die richtige Person sehen.« So ehrlich, so menschlich und wahrhaftig! Selbst wenn uns die ersten vier Vollkommenheiten relativ leicht eingehen, mit der fünften haben die meisten zu kämpfen. Wie kann es nur sein, dass wir so sehr an uns zweifeln?

Die fünf Vollkommenheiten verweisen auf eine innere Gewissheit, die unmittelbar ins Hier und Jetzt führt. Nutzen Sie dieses Raster als Vorlage, nach der Sie Ihr Leben neu anlegen, um echten, tragenden Sinn zu finden und sich in eine höhere Wirklichkeit zu heben. Die fünf Vollkommenheiten werden Ihre Wahrnehmung, Sicht und Erfahrung von Raum und Zeit und der in jedem Augenblick liegenden Bedeutung vollkommen umkrempeln.

Jeder Ihrer Atemzüge, Ihre Gedanken und Gefühle und die Menschen, denen Sie begegnen, werden heilig. Die fünf Vollkommenheiten sind in jedem Augenblick so verborgen und sichtbar wie in einem Suchbild. Wenn wir die Gangart unseres Lebens ändern, schaffen wir neue Räume, in denen sie zum Zuge kommen können. Diese innere Alchemie leitet die Verwandlung von gewöhnlichem Raum und profaner Zeit in heiligen Raum und heilige Zeit ein. Erinnern Sie sich, was wir im ersten Kapitel über Drala gesagt haben? Wir sprechen aus Gewohnheit weiterhin vom Profanen und vom Heiligen, aber in Wirklichkeit ist es *eine* ganze und vollkommene Welt.

Im nächsten Kapitel werden Sie lernen, wie Sie sich Freiräume in Raum und Zeit schaffen können, von denen aus Sie Ihr Bestes geben und aus Ihrem Leben all das machen können, was in ihm angelegt ist.

Sie werden lernen, wie Sie noch besser in Einklang mit anderen kommen können, wie Sie sich bei Retreats regenerieren und wie Sie die erneuernde Kraft der Musik nutzen können. Und jeder Schritt führt Sie weiter in ein Leben in Buddha-Normalzeit ein.

LEBEN IN HEILIGER ZEIT UND HEILIGEM RAUM

Bedanke dich für noch nicht bekannten Segen,
der schon unterwegs ist.

Indianisches Sprichwort

Alle sieben Jahre macht der Designer Stefan Sagmeister seinen Betrieb in New York zu und gönnt sich ein Sabbatjahr – ein Jahr, in dem er sich nur erholt und die Kreativität nachwachsen kann. Das erfordert, wie er einräumt, einen gewissen Wagemut, aber es hat sich für ihn gezeigt, dass er hinterher produktiver ist, das Leben mehr genießt und die Ideen nur so fließen.

Sabbatjahr – darin steckt natürlich das Wort »Sabbat«, das so viel wie »Ruhe« oder »Aufhören« bedeutet. Der Sabbat ist der siebte Tag der jüdischen Woche und traditionell ein Ruhetag. Die Tradition lehnt sich an den biblischen Schöpfungsbericht an, in dem Gott am siebten Tag seiner Schöpfung ruhte. Als Moses später am Berg Sinai die Tora empfing, war darin dieses Gebot enthalten, dass die Kinder Israels den siebten Tag als Ruhetag heilig halten sollten. Welche Rolle spielt hier die Zahl sieben? Die Hebräer der Antike berechneten die Zeit nach dem Mondkalender mit seinem Achtundzwanzig-Tage-Zyklus. Der Neumond war der erste Tag eines Monats. Mit der Bestimmung des siebten Tages zum Ruhetag wurden demnach vier Tage der Erneuerung innerhalb eines Mondzyklus festgelegt.

Heute beachten wir, wie ich im ersten Kapitel ausgeführt habe, diese natürlichen Rhythmen meist überhaupt nicht mehr. Selten nehmen wir den Auf- und Untergang der Sonne, das Zu- und Abnehmen des Mondes und andere Himmelsereignisse wahr. Wir genießen oder ertragen Wetter- und Jahreszeitenwechsel, ohne uns groß für die Kräfte unserer Erde auf ihrem Weg durch den Kosmos zu interessieren.

Was könnte lehrreicher sein als die Zyklen der Erneuerung in der Natur? In diesem Kapitel werden wir uns ansehen, wie wir uns selbst durch die Schaffung heiliger Zeiten und Räume erneuern können. Darauf nämlich kommt es an, wenn wir uns selbst und unsere Welt verändern wollen, wenn wir uns die Energie und Vitalität bewahren wollen, die wir zum Erreichen unserer Ziele brauchen, wenn wir in eine höhere und zeitlose Wirklichkeit eintreten wollen – eine neue Sicht unserer selbst, die uns sagt, weshalb wir zusammen hier in dieser vernetzten Welt sind.

Mit der heiligen Pause, in der wir atmen, aufmerken, abwarten, die Dinge von allen Seiten betrachten, schaffen wir uns die Chance, bewusster zu reagieren. Mit der heiligen Pause entsteht Freiraum zum Atmen, wir sehen die Dinge neu und stellen uns auf sie ein, wie sie gerade sind. In dieser erhöhten Aufmerksamkeit können wir intelligenter und gezielter reagieren.

Eine meiner Schülerinnen, Melody, begann mit der Übung der heiligen Pause, weil sie an sich die Tendenz erkannte, die Dinge vor sich herzuschieben und wie gelähmt dazusitzen, wenn sie ihrem Chef einen Bericht abzuliefern hatte. Sie biss sich dann an Einzelheiten fest, fühlte sich der von ihr selbst zusammengetragenen Stoffmenge nicht mehr gewachsen – und wenn Sie es dann zu Papier bringen musste, war die Schreibhemmung schier unüberwindlich. »Ich konnte meine Termine nie einhalten«, sagte sie mir, »und musste mir immer irgendwelche Begründungen ausdenken.« Irgendwann wurde das Gedankenkarussell in ihrem Kopf einfach zu schlimm, und sie suchte Rat bei mir. Als wir die Sache durchsprachen, fiel ihr auf, dass ihre Blockierung immer mit verspätetem Bedauern und Selbstvorwürfen (»Warum habe ich gestern nicht mehr geschafft?«) oder mit Zukunftsängsten (»Was, wenn der Chef meine Arbeit nicht gut findet?«) zusammenhing. Ich legte ihr also ans Herz, im Augenblick zu bleiben, der ja ohnehin unser wahres Zuhause und eine natürliche Zuflucht ist.

Kleine Pausen mehrmals am Tag, in denen sie still die Meditation »atmen, lächeln, entspannen« übte, erlaubten es ihr, gesammelt und präsent zu bleiben. Die innere Blockade gab langsam nach, und jetzt kann sie den Ideenreichtum, der sie früher eher behindert hatte, produktiv in ihre Arbeit einfließen lassen. Meist nehmen wir gar nicht wahr, wie viel Reibungsverlust wir haben, wenn wir die Dinge vor uns herschieben, und das sind Kräfte, die wir genauso gut für die Fertigstellung der Dinge einsetzen können, die wir gerade aufschieben. »Mein Chef hat nicht schlecht gestaunt, als ich mein letztes Projekt einen Tag vor dem Termin abgeliefert habe«, berichtete Melody stolz. »Er fand sogar lobende Worte dafür.«

Aber um wirklich im Gleichgewicht zu sein, uns in der Tiefe gestärkt zu fühlen und wirklich unser Bestes geben zu können, brauchen wir mehr als solche sinnvollen kleinen Pausen und Unterbrechungen, wir brauchen Zugang zur heiligen Zeit und zum heiligen Raum. Wir bringen unser kleines Ich mit dem Makrokosmos der Natur in Einklang, und darin finden wir unser Einssein mit dem Tao, dem kosmischen Fließen. Das kleine Ich findet in der Einbindung in unser höheres Ich seine ureigene Gangart. Zwangsläufig erfasst uns das bis ins Innerste und gibt uns die Geduld, den Mut, die Energie und die Disziplin, die wir brauchen, um im Augenblick zu bleiben, die Verbindungen zu erkennen, zu lernen und Ziele zu erreichen und uns so als Menschen zu verwirklichen und in einen Zustand transzendenter Einheit einzutreten.

HEILIGE UND PROFANE ZEIT

In seinem Buch *Kosmos und Geschichte: der Mythos der ewigen Wiederkehr* erzählt der Religionsphilosoph Mircea Eliade von heiliger und profaner Zeit in früheren Kulturen, aber auch in stark religiös geprägten modernen Kulturen. Die heilige Zeit hat ihre religiösen Feste, während profane Zeit das ist, was unseren Alltag ausmacht. In der Antike wurden die Schöpfungsmythen einer Kultur bei regelmäßig wiederkehrenden festlichen Anlässen in Szene gesetzt, etwa zu Beginn des neuen Jahres oder an den Tagen der Sonnenwende beziehungsweise Tagundnachtgleiche. Eingebunden zu sein, beispielsweise in eine Darstellung des Ursprungs der Schöpfung, bedeutete, dass man aus der gewöhnlichen Zeit in die heilige Zeit versetzt wurde und wirklich die Schöpfung erlebte.

Zur Zeit des römischen Weltreichs waren die mit solchen Festen verbundenen etwas extremeren Formen des Rituals, etwa Menschenopfer und Kannibalismus, längst aufgegeben worden. In der frühen Neuzeit spielte die heilige Zeit beispielsweise in England eine Rolle im Karneval oder zur Zwölften Nacht (letzte der zwölf Raunächte). Zu diesem Anlass wurde ein »Lord of Misrule«, ein unvernünftiger Herrscher, für einen Tag zum Monarchen gesalbt, und man feierte wilde Narrenfeste mit Gesang und Schmaus und Flirt. Noch heute hat die heilige Zeit ihren Platz etwa am Mardi Gras, dem »fetten Dienstag«, wie er besonders farbenfroh in New Orleans unmittelbar vor dem Beginn der Fastenzeit gefeiert wird; beim Holi, dem hinduistischen Frühlingsfest, an dem Schüler ihre Lehrer mit Gesichtsfarbe einfärben dürfen und überhaupt viel mit bunten Pulvern geworfen wird und allerlei Streiche gespielt werden; und beim Fest des Fastenbrechens nach dem Ramadan, dem islamischen Fastenmonat.

Heilige Zeit stand traditionell für die Wiedergeburt des Lebens, für die Rückkehr der Ordnung aus dem Chaos, für Vergebung und Erneuerung. Die gewöhnliche Zeit war für die Dauer der Feste oder Feiern ausgesetzt, und das galt auch für die Regeln und Gebräuche der Gesellschaft. In Tanz, Pantomime, Geschichten und Schauspielen wurde die Zeit des Anfangs nachvollzogen. Häufig wurden Schulden erlassen, Gefangene entlassen, Differenzen beigelegt, Ungeklärtes zum Abschluss gebracht. Für alle Gesellschaftsschichten sollte ein Neubeginn ermöglicht werden, unbeschwert von Sünde und Unrecht, von der Last der Vergangenheit. Die Zeit nahm einen neuen Anfang.

Heilige Zeit ist – wie die Rhythmen und Kreisläufe der Natur – zyklisch und nicht linear. Der tibetische Kalender auf meinem Schreibtisch ist randvoll mit über das ganze Jahr verteilten Hinweisen, denen man entnehmen kann, wann der beste Zeitpunkt ist, bestimmter Geburts- und Sterbedaten oder der Taten göttlicher Wesen oder historischer Gestalten zu gedenken, und wann verdienstvolle Gedanken und selbstloses Handeln besonders wichtig sind. Anders als wir im Westen mit unserem zwölfmonatigen Sonnenkalender richten die Tibeter ihr Leben heute noch nach den Zyklen des Mondes aus.

Als ich in den siebziger und achtziger Jahren in Indien und Nepal lebte, gab es fast jeden Tag etwas zu begehen – Erntefeste, Mondphasen, Sonnenstände, Neujahrstage. Es wurde fröhlich gefeiert, und dazu gehörten Gebete, Gesänge und die Speisung der Armen. Meine tibetischen Lehrer in Darjeeling gingen an jedem Vollmondtag zum Markt, um lebende Fische, Vögel, Schildkröten und andere Tiere zu kaufen, die sie dann in die Freiheit entließen. Sie glaubten, dass ihr mitfühlendes Handeln an kosmischen Wendepunkten – bei Vollmond oder Neumond, zur Sonnenwende oder Tagundnachtgleiche und so weiter – besonders wirkungsvoll und verdienstvoll sei. Es vermehrte ihr gutes Karma und sorgte für Gesundheit und ein langes Leben.

Selbstloses Handeln bei dem man karmische Punkte sammelt – das mag ein wenig widersprüchlich klingen. Trotzdem kann kein Zweifel daran bestehen, dass Großzügigkeit gut für die Seele ist. Was wir säen, das ernten wir. Unser gutes Karma kann nur zunehmen, wenn wir ein bisschen weiter blicken, das Herz aufmachen und andere in unsere Gebete und Bestrebungen einbeziehen. Und wenn die Sterne und Planeten dann noch günstig stehen, kann das doch sicher nicht schaden. Wer würde kosmischen Rückenwind ausschlagen?

HEILIGER EINKLANG

Wenn wir mit dem Heiligen auf einer Höhe sind, treten wir in einen anderen Bewusstseinsraum ein, in dem sich die Lehre des »Wie oben, so auch unten« bewahrheitet. Schon immer haben die Menschen heilige Tage begangen und an heiligen Stätten Andachten abgehalten – in Steinkreisen und Höhlen, an Zusammenflüssen von Wasserläufen, in Tempeln, Kirchen und Moscheen. Solche Orte zeichnet eine besondere Energie und Schwingung aus, die mit der Lage, den Materialien oder der Anlage zu tun haben kann oder dem Geist der vielen Menschen entspringt, die sich dort schon aufgehalten haben. Solche Orte sind geradezu mit Chi gesättigt. Wenn wir heilige Orte wie die große Pyramide, die Kathedrale von Chartres, Stonehenge, Alt-Jerusalem, Benares oder Lourdes aufsuchen, spüren wir sofort die im Tibetischen *Drala* genannte natürliche energetische Ausstrahlung oder die angesammelte Kraft der Gebete vieler gläubiger Pilger.

Auch wenn wir in einer säkularen Gesellschaft leben, empfinden viele von uns doch an den großen Jahresfesten etwas Besonderes. Irgendetwas geht da auf uns über, auch wenn wir uns selbst nicht als Gläubige sehen. Wer meint, das alles spiele sich »nur im Kopf« ab, dem empfehle ich, einmal genau zu untersuchen, was nicht unter dieses Verdikt fällt.

Neben den Energien der Natur und unserem individuellen und kollektiven Bewusstsein, das Raum und Zeit Bedeutung und Heiligkeit beimisst, gibt es auch noch Himmelsphänomene, die unser Schicksal mitbestimmen. Das können zum Beispiel die Sternbilder sein, die Bahnen und Stellungen der Sonne und der Planeten, des Mondes und der Asteroiden, aber auch die Schwingung unserer gesamten Heimatgalaxie, der Milchstraße, und schließlich die unzähligen galaktischen Strukturen in der Tiefe des Raums. Alle Himmelskörper strahlen subtile Energien aus, die alles auf der Erde beeinflussen und mitgestalten.

In der Buddha-Normalzeit kann jeder Augenblick ein heiliger Augenblick sein, sodass Gottesdienste und Andachtsübungen jeglicher Art eigentlich nicht notwendig sind und wir wichtige Entscheidungen auch nicht unbedingt nach astrologischen Gesichtspunkten treffen müssen. Wir können in jedem Augenblick voll und ganz leben und uns mit der Dimension des Göttlichen, der Zeitlosigkeit, verbinden. Aber in der Wiederentdeckung traditioneller Zeremonien und Liturgien, in der Teilnahme an zeitgemäßen Ritualen oder auch in der Astrologie liegt für viele die Möglichkeit, einen Eindruck von einer höheren, tieferen Wirklichkeit zu bekommen. Jedes Zuhause ist ein Tempel, und diese Erde ist wie ein Altar, auf dem wir uns im Licht einer neuen und weiteren Sicht von Raum und Zeit bewegen.

Allerdings interessieren wir uns heute weit weniger für Kosmologie, Riten und Rituale als für wissenschaftlich fundierte praktische Werkzeuge und Techniken, mit denen wir die Probleme unseres Alltags in den Griff bekommen können. Die von Jon Kabat-Zinn entwickelte »achtsamkeitsbasierte Stressreduzierung« beispielsweise ist eine nach buddhistischem Vorbild konzipierte kontemplative Technik, mit der man sich in der gewöhnlichen linearen Zeit eine Zuflucht schaffen kann. Sie wird inzwischen sogar in Krankenhäusern und anderen Heileinrichtungen angewendet. Sie kann auch ein wunderbarer Zugang zu tieferer spiritueller Praxis sein, zum Eintritt in das Jetzt.

Die Stressreduzierung ist eindeutig wirksam, aber vergessen wir nicht, dass zwischen bloßer Entspannung und spiritueller Entwicklung ein Unterschied besteht. Man kann alles Mögliche unternehmen, um sich zu entspannen, wohler zu fühlen und produktiver zu werden. Sie können trainieren, ein Nickerchen machen, sich mit einem guten Buch im Bett räkeln, sich massieren lassen, Spaziergänge machen, irgendeiner Lieblingsbeschäftigung nachgehen, genüsslich ein heißes Bad nehmen oder sich der Liebe hingeben – und es kann gut sein, dass Sie sich anschließend ruhiger und doch mit mehr Schwung wieder ins Getümmel stürzen. Aber so erholsam diese Dinge auch sein mögen, sie bewirken nicht zwangsläufig eine tiefe Erneuerung oder gar Befreiung. Sie gehören zur weltlichen Zeit, wie sie vom kleinen Ich erlebt wird. Um in die heilige Zeit zu kommen, müssen Sie Ihre Normalverfassung hinter sich lassen und sich bewusst auf eine höhere Bewusstseinsebene begeben, auf die Ebene des höheren Ich, des Buddha-Geistes.

RÜCKZUG: ERNEUERUNG FÜR KÖRPER, GEIST UND SEELE

Im Amazonasgebiet soll es einen seltenen Vogel geben, der von Freitagabend bis Samstagabend seinen Gesang einstellt. An den übrigen Tagen kann er gar nicht genug singen. Wir können eine Menge von ihm lernen. In der heiligen Zeit eines Meditationszentrums, für einen Tag, eine Woche, einen Monat oder länger, können Sie sich von Grund auf regenerieren. Es gibt heute überall auf der Welt Meditationszentren, in denen Sie gegen Mitarbeit auch an längeren Meditationsretreats teilnehmen können. Mein eigenes Dzogchen-Zentrum bietet jedes Jahr sechs Meditationsretreats mit Unterbringung und Verpflegung an. Auch viele Klöster sind bereit, Menschen aufzunehmen, die sich zurückziehen möchten.

Das traditionelle drei Jahre, drei Monate und drei Tage dauernde Schulungs-Retreat für Lamas im tibetischen Buddhismus (das ich zweimal absolviert habe) ist so etwas wie eine Grund-Überholung für Körper, Geist und Seele. Am Ende ist der Teilnehmer bis hinab auf die Zellebene erneuert, gewandelt und neu geboren.

Auch gute Vorsätze zum neuen Jahr können ein kleiner Rückzug vom Alltagsgeschehen sein, ein Anlass, um sich einmal in Ruhe zu fragen, wie es um die Beziehungen innerhalb und außerhalb der Familie, um Gesundheit, Beruf, Hobbys, Politik, Intentionen und Bestrebungen bestellt ist. Aber viele nehmen sich heute tatsächlich die Zeit zu echter Besinnung in der Zurückgezogenheit. Sogar der viel beschäftigte Bill Gates nimmt sich regelmäßig Auszeiten der Einsamkeit, Stille und Regeneration. Mindestens ein, zwei Wochen verbringt er jedes Jahr allein in seiner abgelegenen Berghütte, geht Stapel von Projektideen durch und verschafft sich Klarheit über weitere geschäftliche oder karitative Vorhaben. Eine Auszeit ist, wie wir schon in den vorangegangenen Kapiteln gesehen haben, kein Ausweichen vor dem Leben, kein Zeichen von Verantwortungsscheu, sondern ein kluger Schachzug zur Neuausrichtung unserer Kraft und Aufmerksamkeit.

Wenn Sie zu Vollmond einen Zuwachs an Energie und Kreativität spüren, ist das für Sie vielleicht eine heilige und heilende Zeit des Gebets. Wenn sich der Blick dann, wie bei mir, einwärts wendet und Sie dabei gern draußen sind, um die Pracht der Natur, der mit wunderlichen Schatten im Mondlicht liegenden Landschaft zu bestaunen, können Sie die ganze Nacht zum Gebet oder zu einer einsamen Mondwanderung nutzen.

Begehen Sie auch Ihren Geburtstag ganz bewusst, diesen Tag, an dem Sie unter einer ganz bestimmten Konstellation von Himmelskörpern auf der Erde erschienen sind. Es kann ein Tag des Danks für das Geschenk des Lebens sein, ein Tag, an dem Sie Ihren Daseinszweck neu bekräftigen.

Sie können sich auch einen Teil der Woche, vielleicht sogar einen ganzen Tag, freinehmen, um einfach zu *sein*. Erinnern Sie sich an Marian Wright Edelman und Ihren allwöchentlichen Tag des Schweigens. Überlegen Sie, ob nicht solch ein Tag auf Ihrem Kalender Platz hätte. Es könnte Ihr persönliches Erneuerungsfest sein, Ihr Sabbat, Ihr Tag der kontemplativen Zurückgezogenheit. Ich jedenfalls nehme mir dafür einen Vormittag in jeder Woche, an dem es nur spirituelle Lektüre, Musikgenuss, Meditation und Bewegung gibt. Am Sonntag sehe ich zu, dass ich spätestens um sechs aufstehe und mindestens bis zum Mittag allein und still bleibe – aus dem Verkehr gezogen. An diesem persönlichen Sabbat mache ich vielleicht einen langen Spaziergang, spiele meine Flöte, singe oder tanze sogar im Wald – abgesehen von meinem Standardprogramm aus Meditation, Rezitation, Yoga und Gebet. Vielleicht gehört nicht unbedingt ein Kirch- oder Tempelgang dazu, aber wie Emily Dickinson schon sagte, können uns der Wald die Kathedrale und die Vögel den Prediger ersetzen.

Im tibetischen Buddhismus wird vor und nach jeder Meditation einige Minuten lang rezitiert, manchmal auch die ganze Meditationsperiode hindurch. Vielleicht möchten Sie das einmal ausprobieren. Es gibt wunderbare tibetische Rezitationen auf CD, und von meinen Schülern höre ich, sie fühlten sich dann wie in eine heitere, geborgene Zeitlosigkeit versetzt. Für mich ist jede wohlklingende Musik für Zeiten der Zurückgezogenheit und Meditation geeignet, beispielsweise Bachs Klavierwerke. Auch Sitar- oder Flötenmusik sind ganz wunderbar. Ganz besonders mag ich Saties Klavierstücke, und zwar in der Einspielung von Pascal Rogé. Am allerbesten finde ich Mozarts Klavierkonzerte und Klaviermusik von Liszt, Chopin und Rachmaninow. Aber legen Sie ruhig auch rockige Tanzmusik, Reggae oder irgendetwas für Sie richtig Aufmöbelndes für eine Solotanzparty auf. Überlassen Sie sich der Lebensfreude. Das ist jetzt die Zeit, in der Sie genau das tun können, was Sie erfrischt und erneuert. Experimentieren Sie, stellen Sie fest, wie sich das Tempo der Musik auf die Rhythmen und Energien Ihres Körpers auswirkt. Platon sagt: »Musik schenkt dem Universum eine Seele und verleiht dem Geist Flügel, sie lässt die Fantasie sich aufschwingen und gibt allem Leben.«

Klang und Musik sind der Königsweg zum Heiligen und Zeitlosen. Musik kann sich über alles Körperliche erheben, und doch spüren wir die Resonanzen im Körper, beispielsweise im Sonnengeflecht. Ich habe einmal erlebt, wie jemand am Ende eines Wochenendretreats spontan einen Dankgesang anstimmte. Er wurde selbst so etwas wie eine Flöte, leer, gerade, gut gestimmt und klar, und das mantrische *Aaah*, das dieser Flöte entströmte, umfing uns alle wie kristallener Raum. Ich nahm den Klang mit dem ganzen Körper auf, er war wie kleine Wellen, die über einen stillen Weiher laufen. Musik kann uns in die Zeitlosigkeit versetzen, wo wir als Betrachter mit dem Betrachteten verschmelzen.

Interessanterweise sind Menschen und Vögel die einzigen Lebewesen, die sich zum Rhythmus des Gesangs bewegen. »Das menschliche Herz möchte mit der Musik im Einklang sein, die Beine möchten sich im Gleichtakt bewegen«, erklärt Nina Kraus, die sich als Professor der Neurobiologie an der Northwestern University mit der Wirkung der Musik auf das Nervensystem befasst hat.

Musik entfaltet ihre Magie auf verschiedenen Ebenen. Es fängt damit an, dass Musik – ob man selbst ein Instrument spielt oder singt oder nur zuhört – die Frequenz der Hirnströme senkt und gleichmäßiger macht. Musik mit etwa sechzig Taktschlägen pro Minute kann das Hirnstrommuster vom Beta- zum Alpha-Bereich hin verschieben. Betawellen stehen, wie wir bereits gesehen haben, für das gewöhnliche Wachbewusstsein einschließlich seiner negativen Gefühlszustände. Alphawellen deuten eine höhere Bewusstseinsstufe an, auf der Stille und eher positive Gedanken und Gefühle vorherrschen. Um die sechzig Taktschläge finden wir häufig in der Barockmusik, aber auch in der New-Age- und Ambient-Musik.

Musik unterstützt auch die Integration der beiden Gehirnhemisphären. Bach, Mozart und andere klar strukturierte Musik kann unsere Wahrnehmung stabilisieren und die geistige Sammlung fördern, sodass wir dann mehr schaffen. Sie fördert die logische linke Gehirnhälfte. Beethoven, die Romantiker oder auch Debussy, Jazz und New-Age-Musik dagegen regen eher Intuition, Kreativität und Einfühlungsvermögen an, also die rechte, auf Beziehung ausgerichtete Gehirnhälfte.

Musik kann auch unsere Zeitwahrnehmung verändern. Wenn wir unter Zeitdruck stehen, sorgt strukturierte linksseitige Musik dafür, dass wir unsere Zeit besser nutzen, während entspannende rechtsseitige Musik Stress abbaut. Muntere, flotte Musik lässt die Zeit eher schneller vergehen und langsame schwere Musik dehnt sie.

Und schließlich vermag Musik sogar unsere Raumwahrnehmung zu modifizieren. Langsame Musik lässt uns mehr Raum, mehr Bewegungsfreiheit zum Entspannen. Sie öffnet sogar umgrenzten Raum, sodass wir uns leichter, freier und unbegrenzt fühlen. Schnelle Musik zieht eher Grenzen und bahnt in unserem Umfeld Wege, was alles in allem unseren »Drive« und unsere Produktivität erhöht.

Mantras sind im Osten schon lange als Weg zur höheren Erkenntnis und Erfüllung bekannt. Ein Mantra ist ein Laut, eine Silbe oder auch eine Silbenfolge, die eine körperliche, geistige, seelische oder spirituelle Verwandlung bewirken kann. Ein einfaches Mantra kann aus einer Silbe wie zum Beispiel *Ah* bestehen, die eine Resonanz im Unterbauch hervorruft. Der Laut *M* dagegen vibriert viel höher im Körper, nämlich in der Kehle und im Mund. Dazwischen liegen die Laute *U* und *O* mit ihrem Resonanzraum in der Herz- und Lungengegend. Wenn wir diese Laute innerlich oder hörbar wiederholen, werden die entsprechenden Körperbereiche und ihre Chakren, Meridiane, Organe und deren Funktionszusammenhänge angeregt. Zusammen bilden diese drei Laute die Silbe *Aum* (auch *Om* geschrieben), das heiligste Mantra im Hinduismus und Buddhismus. Ein lang gezogenes *Aum* regt alle drei Regionen an und vereinigt Körper, Verstand und Geist. *Aum* gibt uns einen sicheren Stand im Augenblick und vermag uns aus Raum und Zeit hinauszuheben. Es steht für die Ur-Schwingung, der alles entspringt. Wir rezitieren es, um ruhig und entspannt zu werden oder um uns mit unserem höheren Ich zu verbinden, irdische Übel zu bereinigen und uns zur Musik der Sphären zu erheben.

Auch im Abendland ist das Rezitieren oder Psalmodieren einst eine hoch entwickelte heilige Kunst gewesen. Der Gregorianische Gesang war gleichsam der Klangteppich des mittelalterlichen und frühneuzeitlichen Europa, an dem die Tages- und Jahreszeiten abzulesen waren, und der tiefe Einfluss dieser Musik ist bis heute ungebrochen. In den sechziger Jahren des vorigen Jahrhunderts erlebten siebzig von neunzig Mönchen eines französischen Klosters einen verheerenden Stimmungseinbruch, sie hingen, wie es hieß, »wie nasse Lappen in ihren Zellen herum«. Man ließ Ärzte, Psychologen und Ernährungsfachleute kommen, aber sie richteten alle nichts aus. Schließlich wandte sich der Abt an den Mediziner Alfred Tomatis, den Begründer der Audio-Psycho-Phonologie (APP) oder einfach Tomatis-Methode. Tomatis erkannte schnell, wo das Problem lag. Bedingt durch die Lockerung der Ordensregeln war das Singen von Gregorianischen Chorälen aus dem Alltag der Mönche verschwunden. Früher hatten sie acht- bis zehnmal am Tag zehn bis zwanzig Minuten lang miteinander gesungen. Man führte die Gesänge wieder ein, und schnell normalisierten sich Atmung und Blutdruck bei den Mönchen, die Stimmung hob sich, die Schaffenskraft stellte sich wieder ein. Das Singen gab ihnen die Lebensfreude zurück.

Bei vielen Naturvölkern dienen Gesang und einfache Instrumente schon immer dazu, den Menschen tiefere Schichten des Bewusstseins zugänglich zu machen. Schamanisches Trommeln beispielsweise kann das Gehirn in den Theta-Rhythmus versetzen, der für Tiefschlaf, Hypnose, außerkörperliche Erfahrungen und andere Dimensionen charakteristisch ist.

AUSZEIT

EIN KLANG-RETREAT

Diese Übung ist dazu da, Sie in die »vierte Zeit« zu versetzen, im tibetischen Buddhismus *Shicha* genannt. Gemeint ist die Dimension des zeitlosen Seins, die sozusagen quer zu jedem einzelnen Augenblick der linearen Zeit verläuft.

Besonders faszinierend finde ich an Klängen und Musik, dass sie so ganz und gar individuell empfunden werden. Was mich berührt, sagt Ihnen womöglich nichts, und was Sie begeistert, lässt mich vielleicht kalt. Mozart-Streichquartett oder Buddy-Holly-Klassiker, Shakuhachi oder Rap – wählen Sie das, was Ihnen wirklich liegt.

Für den Anfang empfehle ich Musik ohne Gesang oder Text. Hören Sie sich zum Beispiel an, wie sich die Noten in Erik Saties »Gymnopédie 1« nach und nach herausschälen und Sie Schritt für Schritt ins Zentrum des Klangs führen, bis Sie in der Buddha-Normalzeit ankommen, wo das Ticken der Uhr keine Macht besitzt. Ähnlich kann es einem bei Camille Saint-Saëns' »Der Schwan« aus dem *Kar-*

neval der Tiere ergehen oder auch bei Jules Massenets »Elégie: O doux printemps d'autrefois«.

Oder wie wäre es mit John Coltranes Saxophon? Erleben Sie einmal, wie jede Note zum Leben erwacht und letztlich gar nicht von einem Notenblatt kommt und nichts Vorstellbarem entspringt. Wenn es etwas impressionistischer sein soll, könnten es Bill Evans' Klavierkompositionen sein, die Note für Note perlen und sich sacht zu einer Gebetskette fügen.

Oder schlagen Sie eine Klangschale an und folgen Sie achtsam dem sich ausbreitenden Ton, bis Sie sich mit ihm in seinem Horizont auflösen und verklingen. Danach ruhen Sie einfach noch in der weiten Klarheit und Leere.

Machen Sie es sich behaglich mit einem dieser Vorschläge oder Ihren eigenen Lieblingen oder dem Gesang der Vögel am Morgen, lassen Sie alles Ablenkende wegfallen, um einfach zu ruhen und zu lauschen:

Atmen, lächeln und entspannen, mehrmals.
Blicken Sie tief in sich hinein mit der Frage:
Wer hört diese Musik?
Woher kommt sie? Wohin geht sie?
Hören Sie die Stille zwischen den Noten heraus?
Bleiben Sie in dieser Offenheit, geborgen und gelassen.

Lauschen Sie auf die vierte Zeit, die zeitlose Jetztheit. Dehnen und weiten Sie sich, bis Sie tief in die Zeit hineingehen, während Sie einfach in der Musik ruhen.

Dann kehren Sie langsam ins normale Bewusstsein zurück. Sie werden nach dieser kleinen Reise in die heilige Zeit und den heiligen Raum erneuert und erfrischt Ihren Alltag wieder aufnehmen.

Ich habe die letzten vierzig Jahre immer einen Raum oder eine Ecke zum Meditieren gehabt, dazu einen kleinen Altar, ein Heiligtum auf einem Möbelstück oder mit einem Tuch abgedeckten Holzklötzen, Steinen, Kartons oder sogar Obstkisten – irgendetwas, das zur Hand war und passte. Solch ein Platz unterstützt nicht nur meine Sammlung bei der Meditation, sondern hält auch meine Energien für den Alltag zu Hause beisammen. Dort sitze ich als Erstes am Morgen für ungefähr eine Stunde, und auch am Abend versuche ich immer eine zumindest kurze Sitzung einzulegen. Manchmal lasse ich auf dem Altar den ganzen Tag eine Kerze brennen, damit der Übungsplatz lebendig bleibt. Oder ich lasse ein Nachtlicht Tag und Nacht an.

Auf dem Altar habe ich eine Buddhastatue und Blumen oder auch Obst als Opfergabe, Räucherwerk, vielleicht einen Kristall oder Spiegel, der mich an das zeitlose, immer leuchtende Licht des Geistes erinnert. Manchmal, wenn ich nur vorbeigehe, winke ich und grüße das Bild meines Lehrers und die Symbolfiguren an der Wand – nur so zur Aufmunterung für mich. Ich mag diesen kleinen Durchlauf durch die karmische Waschanlage, nach der ich mich jedes Mal blitzblank fühle.

Im Garten steht die Steinstatue eines sitzenden Buddha, die ich vom Küchen- oder Wohnzimmerfenster aus sehen kann. Sie ist mir wie ein Spiegel, der mir mein höheres Ich zurückspiegelt.

Wenn Sie sich heilige Zeit als eine Dimension denken, in der wir aus unserem normalen Leben und aus unserem gewohnten Ich heraustreten, dann gilt das in gleicher Weise für den heiligen Raum. Überall auf der Welt gibt es Orte, die einer Gottheit geweiht sind oder ihre Bedeutung einem Wunder verdanken. Für mich ist ein wahrhaft heiliger Ort daran zu erkennen, dass sich das Innere dort größer anfühlt als das Äußere. In unseren Wohnungen und Häusern haben wir heute spezielle Räume für Fitness, Fernsehen und Spiele, Werkräume, Musizier- oder Computerzimmer – aber Räume, die der Selbsterneuerung in der Zeitlosigkeit vorbehalten sind, findet man kaum. Dabei gäbe es sicher Möglichkeiten:

- Ein Baumhaus als Heiligtum oder Kapelle

- Ein simples Regalbrett für heilige Objekte

- Ein Schrank, innen grandios ausgemalt und auf den Fachböden Kostbarkeiten aus der Natur, inspirierende Bücher, Bilder und Statuen. Sie können die Tür aushängen oder sie, falls der Raum auch anderen Zwecken dient, zur »Bewahrung der Energie« schließen.

- Ein Zimmer für Yoga, Meditation, Gebet und Familienkreise

- Ein Kinderspielhaus, renoviert und zu einem kleinen Tempel umgebaut

- Ein Mini-Altar für Ihren Schreibtisch am Arbeitsplatz

- Ein Musik- oder Gedichtzimmer

- Ein heiliger Dachgarten

Es ist wirklich verblüffend, wie sehr sich kleine Veränderungen in unserer alltäglichen Umgebung auf unsere Stimmung auswirken können. Teresa, eine meiner Schülerinnen, hatte schon viele Jahre meditiert. Sie hatte immer die im Buddhismus gebräuchlichen Sitzkissen verwendet und ihre Wohnung mit *Tatami*, den japanischen Reisstrohmatten ausgerüstet. Eine Zeitlang verwendete Sie auch ein Meditationsbänkchen aus Ahorn und meditierte in der Haltung, die in Japan *Seiza* genannt wird, kniend.

Vor einiger Zeit bekam sie von einer Freundin, die ihre spirituellen Interessen kennt, einen islamischen Gebetsteppich zum Geburtstag geschenkt. In diese Matte waren Fasern von indischem Adlerholz eingearbeitet, die einen wunderbaren Duft verströmten.

»Das ist wirklich hochinteressant«, erzählte mir Teresa, nachdem sie den Gebetsteppich einige Wochen verwendet hatte. »Der Teppich erdet mich einerseits, ich fühle mich wie verwurzelt, und zugleich erhebt er mich durch seinen himmlischen Duft. Meine Praxis ist insgesamt deutlich besser geworden.« Sicher verwenden die meisten Muslime einfachere Matten für ihre täglichen fünf Gebete, aber es wurde Teresa sehr klar, dass solch ein praktischer Gebrauchsgegenstand tiefe Auswirkung auf unser Bewusstsein haben kann. »Ich fühle mich insgesamt wie von einem heiligen Raum umfangen«, sagte sie. »Ich habe diesen Teppich jetzt immer und überall bei mir und kann damit jeden Raum augenblicklich verwandeln.« Ich selbst habe auch solch einen Zauberteppich, 1971 in Teheran erstanden.

Pilgerreisen sind ebenfalls sehr gut geeignet, um ein Gefühl für heilige Zeit und heiligen Raum zu bekommen. Man kann das alle Jahre machen oder vielleicht als einmaligen Höhepunkt und Erfüllung eines Lebenstraums; vielleicht sucht man auch Heilung an einem Ort der Wunder oder man möchte über irgendetwas Klarheit gewinnen – Weltfrieden, Umwelt, Aids oder Armut. Auch ich mache nach wie vor solche Pilgerreisen, um meine Lehrer wiederzusehen, mein Kloster in Nepal zu besuchen oder andere heilige Stätten aufzusuchen, zum Beispiel die für meine Vorfahren heilige Klagemauer in Jerusalem oder den Bodhibaum im indischen Bodh Gaya, unter dem Prinz Siddhartha Erleuchtung fand.

Es gibt heute viele spirituelle Weltenbummler dieser Art. Ich habe etwas über William und Alexandra Riggins gelesen, die 1998 mit dem Fahrrad zu einer Pilgerreise aufgebrochen sind, um Musik und Freundlichkeit überall dahin zu tragen, wo sie erwünscht sind und benötigt werden. Weit über sechzigtausend Kilometer später und nach zahllosen Besuchen in Krankenhäusern, Altenheimen, Kirchen, Waisenhäusern und Retreat-Zentren sind sie auch heute noch unterwegs und haben ganz Europa, Kanada und die Vereinigten Staaten mit dem Fahrrad bereist. Was als Sehnsucht nach Erneuerung begann, ist eine Lebensform geworden. Geld ist bei den beiden knapp, aber sie sagen, dass immer für alles gesorgt ist, weil überall unterwegs gastfreundliche Menschen sind, die ihnen Speisen und Unterkunft bieten.

Alle zwölf Jahre, wenn sich der Jupiter in das Sternzeichen Wassermann bewegt (*Kumbha* oder »Wasserkrug« auf Sanskrit), kommt es im nordindischen Allahabad zur weltweit größten Zusammenkunft von Menschen. Hier befindet sich nämlich der *Sangham*, der Zusammenfluss von Ganges, Yamuna und dem mythischen unterirdischen Sarasvati-Fluss. Und hier, so heißt es, haben die Götter einen Tropfen vom Elixier der Unsterblichkeit verschüttet. Zum berühmten Kumbha-Mela, dem größten Fest der Welt, kommen Millionen von Hindus zusammen, vollziehen ihre rituellen Waschungen und bleiben für Tage oder sogar Wochen, um an den Gebeten, Gesängen, Unterweisungen und Gesprächen teilzunehmen. Im Jahr 2001 sollen es sechzig Millionen Pilger gewesen sein. Welche Energie muss solch ein Ort besitzen, ausgehend vom Zusammenfluss dreier mächtiger Ströme, vom Mythos des Orts und vom Bewusstsein all der Abermillionen Menschen. Es muss sich um einen der energiereichsten und heiligsten Orte der Welt handeln, ähnlich wie Mekka, dem Brennpunkt von Milliarden Gebeten jeden Tag.

Jede Art von Pilgerreise kann unser Leben neu »aufladen«. Eine längere Abwesenheit von Zuhause ist auch eine Trennung von alten Gewohnheiten und der allzu vertrauten Behaglichkeit. Das kann unserem Innenleben frischen Wind geben. Manchmal erleben wir in der Ferne so etwas wie eine Erweckung, längst vergessene, vielleicht seit der Kindheit, Gefühle tauchen wieder auf. In solchen Augenblicken der Gnade wird klar, dass unser Geist eine begrenzte Reichweite hat, und vielleicht sehen wir dann, dass unser gegenwärtiges Leben nicht ganz das ist, was wir brauchen oder ersehnen. Oder wir sehen unser Leben plötzlich neu und erkennen verblüfft, dass wir bereits alles haben, was wir uns wünschen und brauchen.

DAS TAO DES REISENS

Wenn ich auf Pilgerfahrt oder als Sprecher unterwegs bin oder Urlaub mache, suche ich mir eine heilige Stätte oder einen Ort der Inspiration, an dem ich mich dann täglich aufhalte. In Boston ist das die »Buddha Hall« im Museum of Fine Arts. Hier befinden sich ein paar gewaltige Buddha-Statuen, japanische Originale, die irgendwann vor langer Zeit hierher gelangten und jetzt in einem eigenen Tempel untergebracht sind. In San Francisco ist es der japanische Teegarten im Golden Gate Park oder die Ranger-Station auf dem Mount Tamalpais, von dem aus man einen unvergleichlichen Ausblick auf die gesamte Bay Area hat. In Paris sind es Notre Dame und die prachtvollen Seinebrücken.

Aber heilig ist letztlich die Reise selbst, nicht der Bestimmungsort. Das bloße Unterwegssein zu einem neuen Ort, in ein nie gesehenes Land oder eine andere Kultur kann uns tiefen Aufschluss geben, auch darüber, dass die Zeit formbar ist. Zerina ist eine skandinavische Ärztin, die jede Möglichkeit zu Einsätzen in Drittweltländern nutzt. Vor einiger Zeit kehrte sie aus Mali zurück und erzählte: »Ich war nur zwanzig Tage unterwegs, aber es kam mir wie drei Monate vor. Alle Tage hatte ich mit so vielen Menschen zu tun, die nicht nur anders lebten und eine andere Sprache sprachen als ich, sondern denen vollkommen andere Dinge wichtig und wertvoll waren – ich war praktisch gezwungen, mich zu fragen, was wirklich wichtig ist für ein glückliches Leben.« Besonders faszinierend findet sie am Reisen und Entdecken, »dass es mich in den gegenwärtigen Augenblick zurückbringt. Ich muss voll da sein, sonst bekomme ich nicht mit, was gerade los ist.« Es kommt ihr dann so vor, als wäre sie wieder Kind, alle Sinne öffnen sich, und sie sieht die Dinge wie zum ersten Mal. »Meine Gewohnheiten nützen mir da nichts, die Automatik ist abgeschaltet, und ich bin wirklich wach.« Jetzt-Gewahrsein, ganz eins mit den Sinnen, macht sie selbst lebendiger und jede einzelne Erfahrung reichhaltiger.

Zerina, die auch schon in Tibet und an vielen anderen exotischen Orten war, zitiert gern Marcel Proust, der sagte, nicht in der Suche nach neuen Ländern, sondern im Sehen mit neuen Augen bestehe die wahre Entdeckungsreise. Sie ergänzt: »Wenn wir bewusster werden und in unserem Alltag mit offenen Augen, offenem Geist und offenem Herz wahrnehmen, sehen wir die Menschen, Dinge und Umstände aus unverhofft neuen Blickwinkeln, und was gestern stimmte, kann heute ganz anders sein.«

Sie hat gelernt, auch in ihrer Heimatstadt Kopenhagen im Jetzt zu leben. »Man kann in den gegenwärtigen Augenblick zurückfinden und etwas von Ewigkeit um sich spüren, wenn man sich klarmacht, was einem wichtig ist. »Wie möchtest du leben, was ist das Wichtigste? Bei Leuten zu sein, die dir lieb sind und Dinge zu tun, die du gern tust, oder hinter all dem her sein, was dir nur vorübergehend Befriedigung, Prestige oder Ruhm verschafft? Wenn ich das tue, was ich gern tue, sei es, dass ich koche oder zusammen mit Freunden lache, einen Waldspaziergang mache, in meinem Lieblingscafé ein Gedicht schreibe oder mich in der Klinik um meine Patienten kümmere, bringt mich das in den Augenblick zurück. Die Zeit dehnt sich dann und mir ist so, als hätte ich alle Zeit der Welt.«

Wir brauchen nicht nach Tibet, Mali oder Boston zu pilgern, um heilige Orte zu finden. Jedes Eckchen kann dazu dienen, unter einem Baum im Park oder auf einer Bank in der Sonne, im Keller, auf dem Dachboden, sogar auf der Feuerleiter. Ein kleines Altärchen kann man so gut wie überall einrichten, auch mit dem, was die Natur gerade bietet: schöne Steine, Blätter, Federn, Treibholz – und die Vögel sind der himmlische Chor der heiligen Zeit. Machen Sie sich unabhängig von den äußeren Umständen, wenden Sie den Lichtkegel nach innen, um in der stillen Mitte Ihres Herzens zu ruhen, wie es die Mystiker und Weisen aller Zeiten getan haben.

Vielleicht leben Sie in einer lauten Wohnung mit etlichen Kindern und Haustieren. Nehmen Sie das alles mit in die heilige Zeit. Tiere spüren jeden Energiewechsel und ruhen dann ebenfalls ganz zufrieden in sich. Kinder erinnern sich gern an die heilige Zeit und suchen sie selbst, wenn sie dann größer werden. Vielleicht können Sie keinen besonderen Meditations-, Yoga- oder Gebetsraum einrichten, aber kreativ sein und sich Ihren eigenen heiligen Raum schaffen, das können Sie. Investieren Sie sich, und Sie werden sich selbst, Ihr wahres Ich, zurückbekommen.

Letzten Endes schaffen Sie heiligen Raum da, wo Sie sind, und heilige Zeit von Augenblick zu Augenblick. Und sollten Sie sich weit weg vom Heiligen fühlen, dann erinnern Sie sich: Es ist nie und nirgendwo weit weg von Ihnen.

Irgendwann erreichen wir auf unserer Seelenreise ein Plateau, wie es ja auch in anderen Bereichen des Lebens ist, sei es das Liebesleben, das Abnehmen, das Erlernen eines Instruments, die Berufslaufbahn oder das Training für ein Marathon. Deshalb ist Erneuerung so wichtig. Was sich nicht wandelt, erneuert und verjüngt, das verhärtet. Wenn es mit der Kreativität und Vitalität bergab geht, gilt es Verkrustungen aufzubrechen – wie ja auch der Garten manchmal umgegraben werden muss, um alles Alte zu beseitigen und den Boden für die nächste Saison vorzubereiten; manchmal lässt man auch für einige Zeit eine Brache, damit sich der Boden von Grund auf regenerieren kann.

Mein Freund Kevin hat eine Krebserkrankung überstanden und sieht die Dinge seither ganz anders. »Ich vergeude keine Zeit mehr«, sagt er. »Ich sehe meinen Kindern zu, wie sie größer werden, und ich erlebe es als ein Wunder. Es ist ein Geschenk, nichts Selbstverständliches mehr wie früher, als die Ereignisse des Tages alles mitrissen und im Sturzbach der Minuten und Augenblicke eigentlich nichts mehr klar zu erkennen war. Ich bin jetzt viel bewusster und achte sehr genau auf die Zeit und wie ich mit ihr umgehe.«

Krankheit, Not und Verlust bringen uns zum Wesentlichen zurück, und das kann dann die Chance zu positiven Veränderungen in unserem Leben sein. Die Routine abwandeln, müde spirituelle Muskeln anspannen – bei solchen Dingen fällt uns wieder ein, dass wir mehr sind, als wir geglaubt haben. Wenn Sie einen Tag oder auch länger fasten, eine Nacht bei Kerzenschein verbringen, an einem Retreat teilnehmen, eine Pilgerreise machen oder eine Sabbatzeit einlegen, können Sie damit die eingefahrenen Muster Ihres Lebens aufbrechen. Sie entdecken in sich eine Quelle immer wieder frischer eigener Mittel und werden Ihre Zeit kreativer und klüger nutzen können.

Siddhartha wandte sich vom üppigen Wohlleben im Palast seines Vaters ab und zog in die Welt hinaus, um sein Leben und sich selbst auf die schiere Essenz zu reduzieren. Sechs Jahre lang meditierte er, fastete, übte Yoga, bis er Erleuchtung fand. Jesus verbrachte vierzig Tage und Nächte betend in der Wüste. Die Indianer gehen in der Wüste und im Gebirge auf Visionensuche, setzen sich der enormen Hitze der Schwitzhütte aus, durchstechen sich selbst das Fleisch, fasten, beten, dursten und tanzen beim Sonnentanz tagelang in der sengenden Sonne, um die Grenzen des Gewohnten zu sprengen.

Fasten, Verzicht und strenge Askese haben schon immer dazu gedient, die Bequemlichkeit des alltäglichen Lebens, vor allem aber erstarrte Routinen und Gewohnheiten zu durchbrechen und alles Festgefahrene wieder in Fluss zu bringen, damit Altes ausgekehrt und Neues eingelassen werden kann. Wir sagen nein zu unseren Gelüsten und Gewohnheiten und verlassen so unsere ausgetretenen Wege. Experimentieren Sie einmal mit den folgenden Anregungen.

ALTE MUSTER AUFBRECHEN

Hier ein paar Vorschläge, um einmal aus dem Alten und Gewohnten auszusteigen und etwas Neues zu erleben, dass Ihnen Ihre Zeit und Kraft besser zu nutzen erlaubt:

- Sprechen Sie einen Vormittag oder den ganzen Tag lang nicht.

- Lassen Sie eine Mahlzeit aus oder fasten Sie einen ganzen Tag.

- Verzichten Sie für eine festgelegte (aber realistisch bemessene) Zeit auf Technik – Handy, Computer, Fernsehen, iPod und so weiter.

- Meiden Sie einen Tag, ein Wochenende oder eine ganze Woche lang die Nachrichten.

- Lesen Sie einen Tag, ein Wochenende oder eine ganze Woche lang nichts. Bleiben Sie still bei sich und Ihren eigenen Gedanken, ohne sich mit den Ideen und Grübeleien anderer zu beschäftigen.

- Sprechen Sie für einige Zeit nicht über andere, die nicht anwesend sind. Beobachten Sie, wie anders sich das anfühlt als das gewohnte Tratschen und all das halbbewusste Gerede.

- Stehen Sie eine halbe oder eine Stunde früher als sonst auf und nutzen Sie die Zeit für regelmäßige Ausflüge in die heilige Zeit.

- Bleiben Sie eine ganze Nacht auf, die Sie im Freien am Lagerfeuer, auf einem Berg oder an einem Gewässer verbringen.

- Verzichten Sie einen Tag lang auf Fremdenergie. Schalten Sie den Strom ab, um sich an eine Energie von anderer Art anzuschließen.

GEKONNT DÖSEN

Die Wissenschaft hat das gute alte Nickerchen wiederentdeckt, die Siesta. Und es zeigt sich, dass der kleine Mittagsschlaf keineswegs Zeitverschwendung ist. Die Augen am frühen Nachmittag ein Weilchen zumachen, das entspannt, erfrischt und belebt so sehr, dass man hinterher und für den Rest des Tages viel produktiver ist. *Power-Napping*, auch als Kraftnickerchen, Energieschlaf oder sogar Superschlaf bekannt, ist die neueste Wiederentdeckung bei vielen großen Firmen, Organisationen und Sportmannschaften.

Aber auch sonst finden heute viele für sich heraus, dass der Mittagsschlaf nicht nur für Kleinkinder ist. Meine Freundin Amy Hertz ist Lektorin und schrieb neulich in ihrem Blog etwas über ihr lebenslanges Ringen um genügend und erholsamen Schlaf. Der Artikel trug den Titel »Wenn Sie schlauer als ein Fünftklässler sein wollen, werden Sie ein besserer Mittagsschläfer als ein Zweijähriger«. Darin erzählt sie, wie sie schon mit einem Jahr nicht mehr zum Mittagsschlaf zu bewegen war: »Ich habe meine Eltern und alle übrigen wirklich zermürbt den Tag über. Sie haben es mit Bestechung und Androhung böser Folgen versucht [mich zum Mittagsschlaf zu bewegen]. Es hat alles nichts genützt, es war mir nicht mehr möglich, tagsüber zu schlafen.«

Ihre Schlaflosigkeit und Unruhe verschlimmerten sich im Laufe der Jahre. Am Ende wurde bei ihr das chronische Müdigkeitssyndrom diagnostiziert. Sie lag nur noch da und starrte an die Decke und sah die Zeit verstreichen. Sie suchte Hilfe bei der Schulmedizin, bei der chinesischen Medizin, sie versuchte es mit Energieheilung, aber nichts half.

Schließlich sprach sie mit Geluk Rinpoche, einem tibetischen Lama in Ann Arbor, Michigan. »Was kann ich tun? Welche Meditation kann ich üben? Wohin soll ich gehen? Ich mache alles, was Sie mir sagen.« Sie bekniete ihn förmlich.

Der Meister erwiderte: »Legen Sie sich dreimal am Tag für zehn Minuten hin, schließen Sie die Augen und tun sie gar nichts.«

»Gar nichts? Soll ich mir nicht Unterweisungen anhören?«, fragte sie.

»Nein, nichts.«

»Kann ich mir Einfälle notieren?«

»Nein, nichts. Sie liegen nur da und tun nichts. Sie können sich einen Timer stellen, wenn Sie möchten.«

Amy tat es. Sie musste ein volles Jahr üben, und jetzt sagt sie: »Ich kann praktisch überall kurz wegtreten, wenn ich will, und ich brauche nichts weiter als meinen inneren Wecker.« Sie nennt es die »Nickerchen-Übertragung«. So gehen Sie dabei vor:

- Sie brauchen sich nicht unbedingt hinzulegen. Schließen Sie einfach die Augen und schalten Sie ein paar Minuten ab.

- Lassen Sie Ihr Bewusstsein auf der Höhe des Herzens zur Ruhe kommen und achten Sie ganz nebenbei darauf, wie die Atemluft durch die Zone von Herz und Lunge streicht.

- Unterbrechen Sie die Auszeit auf keinen Fall! Notieren Sie nichts, schauen Sie nicht auf die Uhr. Aber Sie können sich einen Timer stellen, wenn Sie möchten.

* Wenn Sie es nicht gewohnt sind, kleine Nickerchen zu machen, fangen Sie mit dreimal zehn Minuten täglich an. Dauerhaft können Sie dann zu einem zwanzigminütigen Nickerchen pro Tag übergehen.

Amy sagt, sie habe kaum glauben können, wie viel besser sie sich von Tag zu Tag fühlte und wie viel mehr Zeit und Energie sie jetzt hat – es sei ein ganz anderes Leben. Probieren Sie es aus. Sehen sie selbst, wie viel besser Sie Ihren Tag nutzen können.

Anfang der neunziger Jahre hielt sich einmal der Dalai Lama in unserem Retreatzentrum in Südfrankreich auf. Er ist so sehr darauf aus zu dienen und sich den Bedürfnissen anderer zu widmen, dass man kaum mit ihm Schritt halten kann. Er steht um halb vier am Morgen auf, hat immer einen vollen Tagesplan, ständig Besprechungen, und ist pausenlos unterwegs, auch abends und an den Wochenenden. Einmal sagte ich zu ihm: »Eure Heiligkeit, kann ich jetzt aufhören? Ich kann nicht mehr.« »Aber ja«, sagte er. »Bedenken Sie nur, dass Sie nicht wirklich aufhören können, solange ich nicht aufhöre.« Er sprach über Zeit und unser aller zeitlosen Auftrag, der auch ein Gelöbnis ist, nämlich alle Lebewesen aus Leid und Verwirrung in die Freiheit zu führen, in einen Zustand von Frieden und Glück.

Alles, wonach wir uns sehnen, Freude, Heiligkeit, Göttlichkeit, Frieden und Glück, kann überall und jederzeit wahr werden. In diesem Kapitel haben wir uns angesehen, wie Zeit und Raum zu heiliger Zeit und heiligem Raum geweitet werden können, und alle angesprochenen Mittel – Rückzug und Meditationsretreat, Pilgerreisen, das Begehen von Festen und Feiertagen, der persönliche Sabbat, Reisen und Mittagsschläfchen – sind einfach nur Zugänge zum zeitlosen Sein.

Im folgenden letzten Kapitel verschaffen wir uns den großen Überblick, eine kosmische Gesamtschau der historischen Zeit. Sie werden lernen, wie man durch Bejahung mit Krankheit, Verlust und allem, was der Zahn der Zeit bewirkt, fertig werden kann. Hier soll auch von Sterben und Tod die Rede sein – und vom Kino.

DAS RAD DER ZEIT

Der Augenblick hat keine Zeit.

Leonardo da Vinci

In der Jugend vergeht die Zeit langsam, manchmal zu langsam für unseren Geschmack. Ich erinnere mich an das Warten auf die Pausenglocke, die mich ins Freie entlassen würde; auf das Wochenende, die Winterferien – und erst die so sehnlich erwarteten Sommerferien, wann würden sie endlich kommen?

Zeit hat mich schon immer fasziniert. Schlittschuh laufen auf dem zugefrorenen See hinter der Schule auf Long Island, mit den Freunden beim Eishockey herumfegen, bis es anfing dunkel zu werden und unsere Eltern nach uns sahen und uns vielleicht beim Schlittern antrafen. Da war ich zwölf und hatte wohl damals schon eine kontemplative Ader, jedenfalls sah ich gern den unterm Eis wandernden Blasen zu und dachte: »Ist das vielleicht Zeit, was da unter meinen Füßen fließt? Ich stehe still, aber die Erde dreht sich und die Zeit läuft und die Schwerkraft hält mich am Boden und lässt alles so fest gefügt und sicher erscheinen. Wie seltsam. Woher kommt das alles? Wer hat es gemacht und hält es in Gang? Was wäre Zeit, wenn die Erde stillstehen würde oder gar nicht vorhanden wäre? Wieso fliegt nicht alles auf und davon?«

Schwerkraft, fand ich, sei eine ziemlich kümmerliche Erklärung. Manchmal fragte ich, ob meine Geschwister und ich wohl unfreiwillige Teilnehmer an einem absonderlichen Experiment waren, das die Erwachsenen sich ausgedacht hatten, weil sie wissen wollten, wie viel dummes Zeug man uns auftischen konnte, bis wir anfangen würden, uns dagegen zu wehren.

Viele Jahre später sah ich beim neu errichteten tibetischen Kloster auf dem Meads Mountain staunend das Wasser hinter der gefrorenen Front eines Wasserfalls herabrauschen. Dabei fielen mir die Erlebnisse und Betrachtungen des Zwölfjährigen wieder ein. Inzwischen war ich dreißig und auf dem Weg zum inneren Frieden, und ich dachte: »Die Zeit fließt in mir und durch mich, ich muss mich gar nicht so sehr anstrengen, um in die Strömung zu kommen. Ich muss mich auch nicht in all die bedrückenden Gedanken über die von der Zeit gezogenen Grenzen in meinem Leben hineinziehen lassen. Sie fließt immer durch mich hindurch, einerlei was ich tue und plane, was ich mir an Deutungen und Mythen zurechtlege. Alles ist genauso Teil von mir wie ich Teil von allem bin. Alles ist in meinem Geist. Mein Geist ist das Ganze.«

ALT WERDEN: »GANZ IN DIE TIEFE GEHEN«

Kinder sind heute weniger draußen und in der Natur, als ich es damals war, und ob ihnen Zeit für kontemplative Interessen bleibt, frage ich lieber gar nicht erst. In mancher Hinsicht kommt es mir auch so vor, als reiften sie schneller denn je und als würde ihre Zeit mehr beansprucht. Im Magazin *Time* lese ich sogar, dass neuerdings gegen die Sommerferien argumentiert wird – das sei doch einfach tote Zeit in einer Gesellschaft mit so hohem Konkurrenzdruck. Die Anforderungen in unseren Bildungseinrichtungen werden immer höher, und mit Darlehen, die man für das Studium aufnimmt, belastet man sich bis weit in die Erwachsenenjahre hinein. Nach Auskunft des Arbeitsministeriums der Vereinigten Staaten kostet es eine Familie 250 000 Dollar, ein Kind großzuziehen. Es ist sicher keine unerhebliche Belastung für die Eltern, das nötige Einkommen oder auch nur den Job in einer schlingernden Wirtschaft zu sichern und dann auch noch das Berufs- und Familienleben unter einen Hut zu bringen.

Das neue Generationengefüge von Jugend, Lebensmitte und Alter existiert nun schon eine Weile, aber wir haben noch keine neuen »Übergangsriten«, die uns auf die jeweils nächste Stufe und ihre Zeitansprüche vorbereiten.

In den Jahren der Reife um die Lebensmitte erreichen wir auf den meisten Gebieten unseres Lebens das Maximum an Erfahrung und Können – sei es in der Liebe, in unseren Beziehungen, im Beruf, in der Elternrolle oder irgendeinem anderen wesentlichen Bereich unseres Lebens. Wir erfahren die Zeit tiefer und voller als in der Jugend und empfinden sie nicht mehr so oft als unseren Interessen entgegenstehend. In der chinesischen Lehre von den fünf Wandlungsphasen ist dies die Zeit des ruhenden Gleichgewichts. Alles erreicht einen befriedigenden Zustand der Harmonie.

Allerdings stimmt die moderne Lebensform kaum je mit dem Gang der natürlichen Zeit überein, weshalb wir in dieser mittleren Phase genauso in Zeitnot sein können wie in irgendeiner anderen. Arbeitslosigkeit, ausbleibende Einkommensverbesserungen und andere wirtschaftliche Zwänge bedeuten für viele, dass sie jetzt nicht etwa die goldenen Jahre und den Zenith ihres Lebens genießen können, sondern mit mageren Mitteln zu wirtschaften haben oder sogar gegen die private Insolvenz ankämpfen, dass sie mit allen Mitteln Arbeit suchen und das Gefühl der Sinnlosigkeit einfach nicht mehr abschütteln können.

Auch das höhere Lebensalter hat eine drastische Umwertung erfahren. In traditionellen Gesellschaften erfreuen sich die Alten aufgrund ihrer Lebensweisheit größter Hochachtung, und man sucht bei ihnen Rat und Anleitung. Im Westen ist das Alter eine Zeit der Langeweile und Vereinzelung geworden, man hat nichts mehr zu bieten, man ist nicht mehr gefragt und oft wartet nur noch Einsamkeit, wenn die Alten in Heime abgeschoben werden, in denen nichts weiter zu tun ist, als den ganzen Tag mit leerem Blick auf den Bildschirm zu starren. In jüngster Zeit erlebt jedoch das betreute Wohnen einen Aufschwung, und sogar Pflegeheime verwandeln sich hier und da in so etwas wie Erholungshotels, die älteren Menschen viele Möglichkeiten bieten, weiterhin ein aktives Leben zu führen – Reisen, Unterhaltung, neue Beziehungen, auch Liebesbeziehungen, sogar neue berufliche Entfaltungsmöglichkeiten. Ich habe neulich etwas über Achtzig- und Neunzigjährige gelesen, die sich die Ziele immer höher stecken, bis hin zur Besteigung des Mount Everest. Der Artikel enthielt Fotos eines Neunundachtzigjährigen, der am Nord- und Südpol war, und von einem anderen, kaum jünger, der mit dem Wingwalking begann; dabei steht er auf dem Dach eines einmotorigen Doppeldeckers, die Füße fest mit dem Kabinendach verbunden, und rauscht mit 160 Meilen pro Stunde über den Ärmelkanal. Betagte Globetrotter sind ein heiß umkämpftes Segment der Tourismusbranche geworden.

Es ist sicher gut zu wissen, »dass du so alt bist, wie du dich siehst«. Dennoch scheint es in unserer Kultur kaum noch Nischen zu geben, in denen ältere Menschen sich höheren Aufgaben widmen und ihr Wissen an jüngere Generationen weitergeben können, die ja zunehmend mit digitalen Wissensträgern aufwachsen. Wo sind all die weisen Männer und Frauen geblieben? In meiner Jugend gab es noch so viele Ikonen aus Fleisch und Blut, zu denen wir aufblicken konnten. Wenn man sich heute nach den Weisen der Welt umsieht, fallen einem eigentlich nur Nelson Mandela und der Dalai Lama sofort ein.

Dem Jugendlichkeitswahn unserer Gesellschaft stellt sich das Alter als eine Zeit des Kräfteverfalls dar, in der man zunehmen seine Brauchbarkeit einbüßt. Das würde sicher ganz anders aussehen in einer Welt, die das Verlangsamen des Tempos und die Wendung nach innen zu würdigen wüsste. Der Hinduismus unterscheidet vier Lebensphasen, und die letzte ist eben diesem Zweck gewidmet. Keine Eile mehr, keine Versuche, achtzig wie sechzig aussehen zu lassen, gelassenes Schauen, Stille. Es ist die Zeit, in der sich alle Dinge zurechtrücken und ordnen, der Blick wird tiefer und damit die Weisheit, das Wissen um das kleine Ich und das höhere Ich, Verständnis und Mitgefühl finden zu ihrem reifen Ausdruck.

Mein weiser älterer Freund Rabbi Zalman Schachter-Shalomi spricht sich schon lange dafür aus, die Weisheit des Alters gezielt für die nachwachsenden Generationen zugänglich zu halten und aus dem Verdämmern in Einsamkeit einen Höhepunkt des Lebens zu machen, eine Zeit der vollen Entfaltung des Bewusstseins. So wäre diese Zeit die Krönung des Lebens. Alt und weise sei besser als alt und leise, findet Reb Zalman.

Vor einigen Jahren war ich zu einem Retreat auf Maui und hatte das große Glück, den alten George Kahumoku erleben zu können, einen Meister der Slack-Key-Gitarre (dabei handelt es sich um eine besondere Fingertechnik, die in Hawaii entstanden ist). Er spielte, sang und erzählte Geschichten aus seinem Buch *A Hawaiian Life*, unter anderem von seiner verstorbenen Tante, die ihm die Slack-Key-Technik beigebracht hatte, als er ein Junge war. »Sie hat immer wieder den gleichen Song gespielt«, sagte George. »Ich selbst hatte später in meinen Teenagerjahren eine ganze Menge Stücke in meinem Repertoire und musste sie eines Tages einfach fragen: ›Warum spielst du nicht mal was anderes? Du kennst doch so vieles, und trotzdem spielst du immer nur dieses eine Stück.‹ Sie sagte: ›Du bist jung, du magst Neues und möglichst viel Verschiedenes, und das ist völlig in Ordnung so. Ich bin alt. Wir haben es hier in Hawaii schon immer so gehalten: Wenn du etwas ganz besonders magst, gehst du da ganz in die Tiefe.‹«

Das Alter ist die Zeit für die Vertiefung und Ausgestaltung der Weisheit eines Lebens. Man konzentriert sich ganz auf das, was wert ist, weitergegeben zu werden. Es könnten die besten Jahre des Lebens sein. Ein Apfel wächst den Sommer hindurch zu einer grünen Kugel heran, aber erst im Herbst, wenn sich das Jahr in sich selbst zurückzuziehen und auf den Winter einzustimmen beginnt, reift die Frucht. Der beste Zeitpunkt für die Ernte eines Apfels ist der Moment, in dem er vom Baum fällt.

Was, wenn wir das Alter nicht als die Zeit des Verschrumpelns sehen würden, sondern als die Phase der Reife, die wahrhaft goldene Frucht trägt?

LEID UND VERLUST

Die Zeit heilt alle Wunden, und es ist gut, im Blick zu behalten, dass sich auf lange Sicht doch alles wieder ändert. Allerdings können solche Weisheiten auch zum Klischee verkommen, und dann wirken sie nicht sehr trostreich, wenn Verlust und Kummer uns überwältigen, wenn der Schmerz schier nicht mehr aufhören will und dazu Ängste und Sorgen uns bedrängen. Dann hilft nur eins: tiefer gehen, sich das Leid genau ansehen und die Klarheit finden, um hindurchzugehen und schließlich ans andere Ufer der Klarheit und Freiheit zu gelangen.

Hier ein paar Beispiele für klugen Umgang mit Verlust und Kummer: Marion Woodman, eine Analytikerin in der Tradition C. G. Jungs und bekannte Autorin, fühlt und sieht in Zeiten großer Seelenschmerzen das rote Blut durch ihren Körper strömen. »Im Vertrauen auf dieses Verkörpertsein überlasse ich mich der Dunkelheit der Erfahrung und versuche zu sehen, welches Geschenk es womöglich für mich bereithält«, erläutert sie. Das ist ein schönes Beispiel für Meditation, die sich voll einlässt.

Karla McLaren, Autorin des Buchs *Emotional Genius*, geht das Problem von einer anderen und eher amüsanten Seite an. Bei ihr heißt das Heilmittel »bewusstes Beschweren«. Sie stellt sich vor eine Wand, ein Fenster oder ihren Altar oder sie geht nach draußen und stellt sich vor einen Baum. Dann lässt sie ihrem Zorn und ihren Beschwerenden freien Lauf, bis nichts mehr nachkommt. Danach legt sie dankend die Hände zusammen und lässt es sich gut gehen. Sie sagt, es wirke wie ein Schutzzauber.

Peter Levine, Autor des Selbsthilfebuchs *Vom Trauma befreien*, betrachtet die Sache mehr von innen her. Er sieht sich in seinem Körper nach der Stelle um, die sich besonders stark und vital anfühlt. Er konzentriert sich zuerst auf dieses Gebiet und geht dann zu einer Art meditativem Körperscan über, um zu sehen, wo etwas Schwieriges oder Problematisches sitzt. »Ich will da nichts in Ordnung bringen oder auch nur verstehen«, sagt er, »sondern es nur einfach in meinem Körper fühlen und erleben. Von da aus lasse ich meine Aufmerksamkeit möglichst urteilsfrei zwischen diesen besonders starken und den irgendwie Not leidenden Stellen hin und her wandern.« Irgendwann zeichnet sich dann so etwas wie ein Rhythmus ab, dem er folgt, bis eine Richtung oder ein Weg erkennbar wird.

Mein Leben hat mich gelehrt, dass wir uns als Menschen nur ganz entwickeln, wenn wir unsere Schwierigkeiten annehmen und richtig einschätzen – und manchmal muss etwas aufgegeben werden, damit etwas Neues nachwachsen kann. Spirituelle Neugeburt setzt einen Verlust, einen Tod voraus. Der Weg zum Licht führt durchs Dunkle, es gibt keinen anderen. Und auf jedem Schritt dieses Weges durch die Tiefe stellen wir fest, dass die beängstigenden Schatten alle nur Spielarten des Lichts sind.

Manche gehen aus furchtbaren Erlebnissen, etwa den Massenvernichtungslagern des Nationalsozialismus, wie ein Phönix aus der Asche hervor, während andere zutiefst ernüchtert und verbittert sind und es auch für den Rest ihres, wie sie sagen, »ruinierten« Lebens bleiben. Warum kommen manche Menschen von der Vergangenheit los und andere nicht? Das ist sicher ein vielschichtiger Zusammenhang, aber wenn sich ein und dieselbe Tragödie unterschiedlich auswirkt, glaube ich, dann hat das etwas mit dem zu tun, was der Mensch an Verständnis, Vertrauen, Hoffnung und anderen inneren Voraussetzungen mitbringt und wie er sie für seine Entscheidungen nutzt.

Nach besonders traumatischen Erlebnissen verlieren manche Menschen den Kontakt zur Gegenwart, sobald sie unangenehm wird. Was einmal eine lebenserhaltende Anpassungs- und Schutzreaktion war – etwa in der Kindheit ein vollständiges Abschalten in Situationen, die als absolut überwältigend erlebt werden –, kann sich festsetzen und dann eine unproduktive und selbstschädigende Automatik entwickeln. In extremen Fällen kann das bei Trauma-Überlebenden immer wieder zu einer Art Fadenriss führen, der Minuten, Stunden und manchmal Tage anhält und in dem die Betroffenen völlig orientierungslos auf der Flucht sind. Ich habe festgestellt, dass solche Menschen lernen können, ihre Aufmerksamkeit auf das Jetzt zu konzentrieren. So finden sie wieder Anschluss an sich selbst und die Realität und stellen sogar fest, dass sie sehr gute Voraussetzungen besitzen, sich spirituell zu entwickeln, ihr Bewusstsein zu weiten und in gesunder Weise über den Dingen zu stehen. Alles Leid in unserem Leben kann kreativ oder destruktiv sein – aber beide Formen geben uns die Möglichkeit, uns zu verwandeln.

Gott ist nicht nur auf den Berggipfeln zu finden, sondern auch in der Asche. Im Frauenkonzentrationslager Ravensbrück wurde nach der Befreiung dieses Gebet auf einem Stück Packpapier gefunden:

Friede sei den Menschen, die bösen Willens sind,
und ein Ende sei gesetzt aller Rache
und allem Reden von Strafe und Züchtigung.
Aller Maßstäbe spotten die Gräueltaten;
sie stehen jenseits aller Grenzen menschlicher
Fassungskraft,
und der Blutzeugen sind viele.
Darum, o Gott,
wäge nicht mit der Waage der Gerechtigkeit ihre Leiden,
dass du sie ihren Henkern zurechnest
und von ihnen grauenvolle Rechenschaft forderst,
sondern lass es anders gelten.
Schreibe vielmehr allen Henkern und Angebern
und Verrätern
und allen schlechten Menschen zu und rechne ihnen an:
All den Mut und die Seelenkraft der andern,
ihr Sichbescheiden, ihre hochgesinnte Würde,
ihr stilles Mühen bei allem,
die Hoffnung, die sich nicht besiegt gab,
das tapfere Lächeln, das die Tränen versiegen ließ,
und alle Liebe und alle Opfer, all die heiße Liebe.
Alle die durchgepflügten, gequälten Herzen,
die dennoch stark und immer wieder vertrauensvoll
blieben

angesichts des Todes und im Tode,
ja auch die Stunden der tiefsten Schwäche.
All das, o Gott, soll zählen vor dir.
All das Gute soll zählen und nicht das Böse.
Und für die Erinnerung unserer Feinde
sollen wir nicht mehr ihre Opfer sein,
nicht mehr ihr Alpdruck und Gespensterschreck,
vielmehr ihre Hilfe, dass sie von der Raserei ablassen.
Nur das heischt man von ihnen,
und dass wir, wenn alles vorbei ist,
wieder als Menschen unter Menschen leben dürfen
und wieder Friede werde auf dieser armen Erde
über den Menschen guten Willens,
und dass der Friede auch über die anderen komme.

Was können wir tun, wenn der Kummer über uns kommt – wenn jemand stirbt, den wir lieben, wenn wir ernstlich krank werden, wenn wir einen furchtbaren Fehlschlag erleben oder mit irgendeiner großen Enttäuschung fertig werden müssen? Aus meiner eigenen Praxis und den Jahren, in denen ich Meditation gelehrt habe, kann ich ein paar Schritte ableiten, die uns einen Weg durch Wandel und Verlust weisen und uns nicht zu Opfern werden lassen:

- *Stellen Sie sich dem Verlust.* Machen Sie sich die Lage bewusst, anstatt sie zu beschönigen. Weichen Sie Schmerz, Angst, Wut, Befürchtungen, Bedauern, Niedergeschlagenheit und allem, was sonst noch der Fall sein mag, nicht aus. Bewusstsein heilt. Lassen Sie Licht herein, und Sie werden den Weg finden.

- *Lassen Sie die notwendigen und richtigen Phasen der Trauer nicht aus.* Das sind je nach Veranlagung in wechselnder Gewichtung 1. Schock und Leugnung; 2. Schmerz, Qual, Wut; 3. Versuche zu verhandeln und zu feilschen; 4. Traurigkeit, Hoffnungslosigkeit und Verzweiflung; 5. allmähliches Loslassen, bis man sich schließlich ins Unvermeidliche fügt. Denken Sie daran, dass Sie Ihren ganz eigenen Weg gehen und ihr natürlicher Trauer- und Verarbeitungsprozess stimmig und authentisch ist, unabhängig von der Reihenfolge oder Stärke, in der diese Phasen bei Ihnen auftreten. Lassen Sie dem Geschehen seinen Lauf, ohne es unnötig in die Länge zu ziehen und ohne Beschleunigungsversuche. Suchen Sie den mittleren Weg.

- *Auch das wird vergehen – rufen Sie sich das in Erinnerung.* Machen Sie sich klar, dass die Dinge ihrer Natur nach vergänglich, unfest und wie ein Traum sind, und rezitieren Sie das buddhistische Mantra: Auch das wird vergehen.

- *Lernen Sie, was zu lernen ist.* Sehen Sie sich an, wie die Dinge entstehen, nämlich durch Ursache und Wirkung oder Karma, und dann steuern Sie in der Zukunft einen klaren Kurs. Sehen Sie sich an, was Sie zu der eingetretenen schmerzlichen Lage glauben oder annehmen, welche Bedeutung Sie ihr beimessen und in welchem Licht sie Vergangenheit und Zukunft erscheinen lässt. Es kommt immer darauf an, dass Sie mit geschärfter Wahrnehmung und Geduld da ansetzen, wo Sie gerade sind, und sich von dort aus um ein Verständnis bemühen.

- *Atmen Sie ein und aus.* Fühlen Sie den Schmerz, lernen Sie ihn durch gelassene Betrachtung kennen, um ihn dann freizugeben. Bewusstsein ist entscheidend. Bleiben Sie aufmerksam, bewusst und entschlossen wach, anstatt schlafwandelnd durch die Schwierigkeiten des Lebens zu gehen.

- *Seien Sie einfühlsam und mitfühlend.* Lassen Sie zu, dass Schmerz und Leid Sie weich, ungeschützt und empfindsam machen. Sehen Sie klar, dass andere auch durch solche Nöte gehen, und lassen Sie diese anderen spüren, dass Sie mitfühlen und sich im Leid mit ihnen verwandt fühlen. Ein gebrochenes Herz kann ein offenes Herz werden. Leid, und jeder erlebt es irgendwann, kann spirituellen Wandel und inneres Wachstum einleiten.

TOD UND STERBEN

Der Gedanke, dass wir einmal nicht mehr sein werden, lässt viele Menschen rastlos weiterhetzen, wie getrieben von einem Zuchtmeister, der die Peitsche nie weglegt. Woody Allen weiß dem noch eine andere Note zu geben: »Ich will nicht durch meine Arbeit unsterblich werden, sondern dadurch, dass ich nicht sterbe.«

Für Buddhisten ist der Tod nichts, was zu fürchten wäre. Die Betrachtung unserer Sterblichkeit bietet vielmehr eine willkommene Gelegenheit, mit dem Aufwachen Ernst zu machen. Der Tod führt uns die Vergänglichkeit aller Dinge vor Augen, aber auch das kostbare Wunder dieses Lebens hier und jetzt.

Wie können wir würdevoll und intelligent alt werden, dem geistigen Reichtum des Alters Genüge tun, unsere Verantwortung gegenüber künftigen Generationen und im großen kosmischen Zusammenhang gerecht werden? Wie können wir das Beste dessen, was wir haben und sind, weitergeben? Was hinterlassen wir?

Das tibetische Totenbuch, eine Anleitung für den Umgang mit unseren Erfahrungen zwischen Tod und Wiedergeburt, gibt uns den Rat, uns angesichts des nahenden Todes von allen Anhaftungen zu lösen und uns im Augenblick das Todes ganz auf das klare Licht zu sammeln. Das Sterben ist die Phase, die alles im Leben relativiert, eine Zeit des freudigen Abschieds von allem Schönen, das wir auf dieser Erde erlebt haben. Wir nehmen uns vor, es im nächsten Leben noch besser zu machen, und kehren dankbar in unseren Ursprung zurück.

Es verlangt einen sehr hohen Grad an Bewusstheit, auch das Sterben zu einer spirituellen Praxis zu machen und ins klare Licht einzutauchen, während sich unser Körper in seine Elemente auflöst. Genau das ist eines der Hauptziele der Meditationspraxis und des spirituellen Lebens: bewusster zu leben, alle Phasen ganz zu erfahren, um dann im Sterben und über den Tod hinaus bewusst zu bleiben. Wenn wir Aufmerksamkeit und gesammelte Bewusstheit gründlich eingeübt haben, können wir sogar unser eigenes Ende wach und ruhig in heiliger Zeit verfolgen.

AUF DIE LÜCKEN ACHTEN

Den tibetischen Begriff *Bardo* oder »Zwischenzustand« haben wir schon im fünften Kapitel angesprochen. Ein Bardo kann kurz sein, zum Beispiel ein Moment zwischen zwei Gedanken oder Atemzügen oder auch eine Verwandlung, etwa wenn sich Clark Kent irgendwo in einer Telefonzelle in seine Supermankluft wirft. Lange Bardos können beispielsweise die Übergangsphasen im Leben sein – zum Teenager, zum Erwachsenen, zum alternden Menschen. Bin ich erwachsen, wenn ich den Führerschein mache? Vom ersten Geschlechtsverkehr an? Wenn ich meine erste Vollzeitstelle antrete? Wann werde ich Senior – mit fünfundfünfzig, sechzig, fünfundsechzig? Alles ist ungewiss, da braucht man schon eine gute Selbstwahrnehmung, sonst kennt man sich nicht mehr aus, fragen Sie die pubertierende und heranwachsende Jugend.

Auch im Alltag gibt es viele kleine Übergänge und Zwischenzustände, die wir längst nicht immer bemerken. Es kommt darauf an, in jedem Bardo im Austausch und Gleichgewicht mit all dem zu bleiben, was ringsum vor sich geht. Ein guter Tänzer spürt die Musik und setzt genau die richtige Menge Energie ein, mit der er im Fluss bleibt. Gute Geschichtenerzähler, Komiker und Kabarettisten erkennt man unter anderem an ihrem Timing, etwa an der minimalen Verzögerung vor einer Pointe. Jeder Musiker weiß, dass der Taktschlag und die Stille zwischen den Noten so wichtig sind wie die Noten selbst. Und in allen Sportarten ist ein sicheres Zeitempfinden ganz wesentlich. Die besten Sportler nehmen den Sekundenbruchteil zwischen Ursache und Wirkung sehr präzise wahr.

Mit dem Schwebezustand eines Bardo wird man am besten fertig, wenn man sich ganz darauf einlässt, anstatt die Ungewissheit möglichst hinter sich lassen zu wollen oder unnötig in die Länge zu ziehen. Hier eine Geschichte von meiner Freundin Brigitta und ihrem Beziehungsbardo. Was für viele Phasen der Verunsicherung gilt, zeigt sich auch in diesem Fall wieder: Je mehr wir die Dinge zu kontrollieren versuchen, anstatt einfach uns selbst treu zu bleiben, desto geringer die Wahrscheinlichkeit, dass sie sich wunschgemäß fügen. Manchmal ist es gut, das Suchen einzustellen und bewusst in der Ungewissheit zu bleiben. Anscheinend findet das Gesuchte uns dann leichter.

Brigittas erste Ehe wurde geschieden, als sie zweiunddreißig war. Ein Jahr später lernte sie Robert kennen. Sie erlebten herrliche Zeiten miteinander, Brigitta spürte einfach, dass es eine tiefere Verbindung war. Aber die Wochen vergingen, und irgendwie wollte es mit der Beziehung nicht so recht vorangehen. Die Ungewissheit und die Sehnsucht bereiteten ihr viele schlaflose Nächte. Dann wurde ihr eine Stelle in einer etwa eine Stunde entfernten Ortschaft angeboten. Sie war hin und her gerissen. Sollte sie in ihrem langweiligen alten Job bleiben und sich noch mehr um Robert bemühen? Vielleicht wäre die Arbeit ja gar nicht mehr so langweilig, wenn es mit der Beziehung aufwärts ginge. Oder sollte sie die Ortsveränderung vornehmen und auf neue Entwicklungschancen setzen, vielleicht sogar auf eine neue Beziehung?

Sie entschied sich für den Umzug, hielt aber auch den Kontakt zu Robert. Sie sagte sich, dass sie ihn einfach weiter lieben und schätzen werde, ohne ihr Schicksal gänzlich auf die Hoffnung auf ein gemeinsames Leben zu gründen. Sie ließ los und

liebte einfach. Ein Jahr später machte Robert seinen Heirats-
antrag, den sie annahm.

Brigitta ließ sich den Raum, ihren eigenen Weg zu gehen,
die Dinge aufzuarbeiten, eine Verschnaufpause einzulegen und
sich in ihrem eigenen Leben einzurichten. Die Sorge, für den
Rest ihres Lebens allein zu bleiben, war zwar da, aber sie nutzte
trotzdem die Offenheit des durch ihre neue Arbeit geschaffenen
Bardo, um aus ihrem eigenen Leben das Beste zu machen und
sich Klarheit über ihre Wünsche und Bedürfnisse und deren
Gewicht zu verschaffen. Sie ließ die Möglichkeit zu, dass aus
ihrer Beziehung zu Robert nichts werden könnte, aber sie überließ sich nicht der Enttäuschung und möglichen unguten Gefühlen, sondern sah ihn einfach weiter als das, was er war, ein
wunderbarer Mensch. Sie fand den mittleren Weg in einer Situation, die für viele sehr schwierig und unangenehm wird, wenn
sie zwischen Sehnsucht, Ungewissheit und enttäuschter Hoffnung hin und her gerissen sind.

Tatsächlich sind wir jederzeit ganz und vollständig, auch in
einem Bardozustand. Das Leben wird uns weiterhin überraschen, wenn nicht schockieren, bis wir diese Wahrheit erkannt
und verinnerlicht haben. Die Weisen und Meister, aber auch
viele gewöhnliche Sterbliche scheint das Leid nicht aus der
Bahn zu werfen. In den meisten Fällen haben solche Menschen
jedoch eine dunkle Nacht der Seele durchlebt und sind in Frieden mit dem Leben – seinen Schmerzen, seiner Vergänglichkeit
und Schönheit. Die wahren Meister stehen nicht über den Leiden und Enttäuschungen, sondern sind eins mit ihnen.

NOTZEITEN

Im Frühjahr 2009 wurde Mittelitalien von einem furchtbaren Erdbeben erschüttert. Von Tag zu Tag wurde die Liste der Opfer länger, und wir sahen im Fernsehen die herrlichen alten Ortschaften in Trümmern liegen, während weiterhin fieberhaft nach Überlebenden gesucht wurde. Wie entsetzlich es sein musste, irgendwo unter den Trümmern eingeschlossen zu sein. Über dreißig Stunden nach der Katastrophe fand man die achtundneunzigjährige Maria d'Antuono in Tempera bei L'Aquila in ihrem stark beschädigten Haus gefangen, ein paar Kilometer vom Epizentrum des Bebens entfernt. Was hatte sie in der Zeit gemacht? Sie war ihrem Lieblingszeitvertreib nachgegangen: Häkeln.

Wie konnte sie so klar und ruhig bleiben, wenn es doch gar nicht sicher war, ob und wann man sie finden würde? Das Häkeln war ihre Art zu meditieren. Damit konnte sie in jeder Lage gelassen und wach bleiben und sich an das halten, was sie tun konnte, anstatt sich mit Sorgen über Dinge zu plagen, die nicht in ihrer Hand lagen.

Nach einem Erdbeben irgendwo eingeschlossen zu sein, das würde den meisten von uns sicher als ein grausamer Schicksalsschlag erscheinen. »Warum ausgerechnet ich? Was wird jetzt aus mir?« Kaum einer würde sich an die buddhistische Lehre halten, die besagt, dass dies der richtige Ort und die richtige Zeit ist – die richtige Unterweisung und eine Gelegenheit, sich zu ergeben und dem zu überlassen, was da kommen mag.

Unser Leben ist voller kleiner und großer Bardos, Bardos in Bardos. Langeweile ist ein Bardo. Ein Stelldichein ist ein Bardo. Das Warten auf den Bus ist ein Bardo. Die Wechseljahre (bei beiden Geschlechtern) sind ein Bardo. Das Leben insgesamt ist ein Bardo, ein Übergang zwischen Geburt und Tod. Galaxien in Universen in Multiversen (wie sie von manchen Kosmologen heute angenommen werden) sind Bardos. Jede Erfahrung von Lücke ist ein Bardo – und die Chance, wach und bewusst zu bleiben, anstatt nur so dahinzutrudeln. Lauschen Sie auf die Stille zwischen den Noten. Eine reiche Fülle tönt darin.

ACHTSAME AUGENBLICKE

EIN ATEM-BARDO

Es gibt zwischen Einatmen und Ausatmen einen Augenblicks-Bardo. Versuchen Sie ihm auf die Spur zu kommen:

- Atmen Sie langsam und tief ein, so weit, wie Sie können. Halten Sie dann den Atem kurz an.

- Halten Sie sich die ganze Fülle dieses Augenblicks bewusst, in dem der ganze Körper pausiert. Sie können in Ihrem Nabel-Chakra, im Bauch, im Hara (unterhalb des Nabels) etwas von Verdichtung, Harmonisierung und Anreicherung mit Energie spüren.

- Lassen Sie den Atem jetzt los und sanft ausströmen, bis Sie ganz von Luft entleert sind. Halten Sie ihn wieder für einen Moment an, um dieses Leersein zu erfahren.

- Atmen Sie jetzt so tief ein, wie Sie nur können.

- Halten Sie den Atem kurz an, um dann kraftvoll auszuatmen, stimmlos oder mit einem Aaaah.

- Lassen Sie Ihren Atem zu seinem natürlichen Rhythmus zurückfinden, während Sie vollkommen präsent bleiben.

Was haben Sie beobachtet? Konnten Sie ganz bei der Sache bleiben?
Spielen Sie diesen sehr bewusst gesteuerten Atemzyklus ein paar Mal durch. Achten Sie jedes Mal auf den kleinen Zwischenraum zwischen dem Ende des Ausatmens und dem Beginn des nächsten Einatmens. Vielleicht fällt Ihnen auf, dass die Zeit beinahe stehen bleibt und der Raum etwas von lebendiger Kraft und von Erwartung bekommt.

Ein weiterer Bardo liegt zwischen einem Gedanken und dem nächsten. Können Sie sich in diesen Raum einfühlen, sodass sich Ihr Bewusstsein darin ausdehnt und den Zwischenraum gleichsam weitet? Spüren Sie das ungeheure Potenzial dieses Raums? In höheren Formen der Meditation, etwa der tibetischen *Mahamudra*-Praxis, sucht der Schüler die Lücke zwischen den Gedanken auf, um diese schwangere Stille zu erfahren, die *Shunyata* genannt wird. Im Buddhismus wird diese Lücke »der strahlende Schoß der Leerheit« genannt. Es ist ein lebendiger Raum unendlicher Möglichkeiten, Anfang und Ende aller Erfahrung und allen Seins.

Auch Träume können Bardo-artige Einblicke eröffnen, zeigen sie doch die Durchsichtigkeit dessen auf, was wir sonst für fest und real halten. So unterstützen uns Träume in dem Bestreben, uns nicht in Vergangenheit, Gegenwart oder Zukunft zu verlieren. Sie lassen uns den Strom des ewigen Jetzt erkennen und zeigen auf, wie wir in ihn eintreten und in ihm sein können. Sie lockern unser allzu festes und sicheres Bild von uns selbst und von dem, was wir zu tun glauben.

Einen Film anzusehen, das ist eines meiner liebsten Bardos. Die Produkte der Traumfabrik sind eine Art Mittelding zwischen Realität und reiner Fantasie, und sie handeln von unserem immerwährenden Wunsch, die Dramatik, die Freuden, die Schönheit des Lebens zu verstehen, während sich zugleich alles ständig ändert und das Gespenst des Todes lauert. Ich genieße es, wenn das klare Licht auf die Leinwand fällt und verwickelte Geschichten von Liebe, Leidenschaft und Tod hervorzaubert. Funktioniert nicht unser Bewusstsein ganz so wie dieser Bilderbogen auf der Leinwand? Die Projektionsfläche selbst steht allen nur erdenklichen Möglichkeiten offen, sie ist die Leerheit, die wir im Buddhismus Shunyata nennen, das eigentlich Reale an der Wirklichkeit, das Cinéma vérité schlechthin.

Filmemacher zaubern jeder auf seine Weise durch Schnittführung, Vor- und Rückblenden und zahllose andere Arten, die Zeit zu zerschneiden und neu zusammenzufügen, unverwechselbare Folgen von Bildern, Geräuschen und Sequenzen der Stille. Ein Zelluloidfilm von zwei Stunden Länge projiziert 172 800 Bilder auf unseren inneren Bildschirm, aber wir erleben das Ganze als kontinuierlich – wie uns selbst und den Lauf unseres Lebens.

Alfred Hitchcock, anerkannter Meister des spannenden Thrillers, setzte die Zeit sehr bewusst in seinen Filmen ein und nutzte den symbolischen Gehalt von Uhren ähnlich wie Salvador Dalí. In *Cocktail für eine Leiche* beispielsweise, einem Film über einen spektakulären Mordfall in Chicago, hält Jimmy Stewart dem Mörder ein tickendes Metronom ins Gesicht, und in *Das*

Fenster zum Hof ist Hitchcock selbst in einer kleinen Nebenrolle beim Aufziehen einer Uhr zu sehen.

Ein Film ist wie ein Hologramm, wie ein Fraktal der Zeit. Filme spiegeln uns die Formbarkeit von Raum und Zeit. Die besten Filme zeigen uns die Dinge wie alle großen Kunstwerke in einem neuen und transzendenten Licht, und sie verändern unser Leben. Was ich Film-Meditation oder Kino-Samadhi nenne, ist ein ungeteilter Zustand, in dem wir mit dem, was wir wahrnehmen, eins werden. Einerseits wissen wir, dass alles nur »als ob« ist, während wir zugleich zu Tränen gerührt sind oder lauthals lachen. Und wie bei der Praxis des Traum-Yoga im tibetischen Buddhismus: Etwas bleibt uns, wenn wir das Kino verlassen, und dieses Etwas hilft uns, die Illusion des Alltags zu durchschauen.

Richard Gere ist Buddhist und bezeichnet den Dalai Lama als seinen Lehrer. Vor Jahren, bei einer ihrer seltenen Begegnungen, war die Rede von seinem Beruf, und Seine Heiligkeit fragte ihn, ob er beim Spielen einer Rolle wirklich traurig oder glücklich sei, wenn die Rolle solche Regungen vorsah. Gere bejahte und fügte hinzu, er müsse sich ganz in die Rolle hineinversetzen. Der Dalai Lama lachte und lachte. Er fragte Gere: »Wo liegt dann der Unterschied zwischen einer für eine Produktion gespielten Rolle und der, die Sie in Ihrem normalen Leben spielen?«

Gere antwortete, an dieser Frage zur Natur der Wirklichkeit, der persönlichen Identität und der inneren Erfahrung rätsele er schon seit fünfundzwanzig Jahren herum.

Angenommen, Sie befinden sich in einem besonders schwierigen Zwischenzustand. Was tun Sie? Sie können den Schwung der Situation nutzen, um eine Wahl zu treffen und so die haarigen Situationen des Lebens zu bewältigen. Zum Kern der Zen-Lehre gehört das »Nichtwissen«, denn darin sind wir nicht dem hemmenden und beherrschenden Einfluss unserer subjektiven Vorstellungen und egozentrischen Gefühle unterworfen. Der »Anfängergeist« oder »ursprüngliche« Geist, der unschuldige Geist oder eben »Weiß-nicht-Geist« befasst sich nicht mit müßigem Denken, sondern bleibt bei dem, was gerade vorgeht, denn das – ohne gedankliches Gerüst – ist das einzig Reale und Wahre.

In jedem Bardo, groß oder klein, besteht der nächste Schritt darin, dass Sie sich auf ein Ziel oder einen Traum ausrichten, ohne den Weiß-nicht-Geist preiszugeben. Das hält Ihr Leben in Bewegung und gibt Ihnen zugleich sicheren Stand. Sie setzen sich ein Ziel und bewegen sich in die Richtung, halten sich aber für die Möglichkeit offen, dass etwas ganz anderes eintreten könnte. So entdecken Sie schließlich das universale Bewusstsein jenseits von Raum und Zeit, in dem alle Geister, Herzen und Seelen vereint sind.

Das Geheimnis des Loslassens liegt darin, die Dinge kommen und gehen zu lassen, sie in Ruhe zu lassen. Man unterdrückt nichts, man lässt sich nicht mitreißen, man macht alles so gut, wie man eben kann, und überlässt es dann sich selbst. Was dann geschieht, ist gemäß den fünf Vollkommenheiten das Richtige für Sie. Oder wie es so schön im Alten Testament (Pre-

diger 3,1) heißt: »Ein jegliches hat seine Zeit, und alles Vornehmen unter dem Himmel hat seine Stunde.«

Halten wir es aus, nicht zu wissen und die Dinge nicht in der
Hand zu haben? Oder bilden wir uns ein, wir hätten alles zu re-
geln? Können wir beim Ergründen der Dinge trotzdem im
Staunen und Nichtwissen bleiben? Mein koreanischer Zen-
Meister Kusan Sunnim gab uns dieses Koan (oder Zen-Rätsel)
auf: *Was ist dies? Und was ist dies? Und dies?* Allzu oft verhakt
sich unser Verstand irgendwo, und wir vergessen, dass das
Leben ein stetig fließender Schöpfungsprozess ist.

IMMER WIEDER

Unlängst habe ich Seine Heiligkeit den zwölften Gyalwang
Drukpa Rinpoche nach New York begleitet, wo er für sein un-
ermüdliches humanitäres Engagement in den ärmsten Hima-
laja-Regionen einen Preis der Vereinten Nationen bekommen
sollte. Der Drugpa- (Drachen-) Lama schläft nicht viel und
spricht so gut wie nie über den Stand seiner spirituellen Verwirklichung oder gar über die Siddhis, für die er bekannt ist.
Eines Abend beim Lama-Tratsch bis spät in die Nacht erwähnte
er jedoch, dass er vor nicht langer Zeit einen tibetischen Jungen
in Boston als *Tulku* (das heißt als Reinkarnation) des Gyalwa
Lorepa erkannt und inthronisiert hatte. Gyalwa Lorepa, ein
hoch verehrter erleuchteter Meister der Drugpa-Kagyü-Line,
der auch Drugpa Rinpoche angehört, hatte seine letzte Inkarna-
tion vor 760 Jahren beendet.

Ich fragte Rinpoche, ob er den Jungen nach einem der spezifisch tibetischen Suchverfahren gefunden habe – durch Zeichen oder Träume oder mittels tibetischer Astrologie oder aufgrund von Weissagungen mittels Würfeln oder einer Gebetskette, wie sie von vielen Lamas gemacht werden. Er sagte nur: »Meditation.«

»Irgendeine bestimmte Meditation?«, fragte ich nach. Mir fielen außergewöhnliche Mittel ein, die vielen Lamas nachgesagt werden.

Diesmal bestand seine Antwort aus zwei Wörtern: »Leuchtende Klarheit.«

»Und haben Sie einen besonderen Ort dazu aufgesucht?« Ich dachte an heilige Orte in Tibet – Pilgerorte, heilige Höhlen, Seen oder Gipfel –, an die sich Lamas und Wahrsager traditionell begeben, wenn es die Reinkarnation des Dalai Lama oder anderer hoher Tulkus der tibetischen Tradition aufzufinden gilt.

Er lachte nur. Schließlich sagte er: »Nein, eigentlich nicht.«

Ich ließ mich nicht abhalten: »Wo ist Meister Lorepa all die Jahrhunderte seit seinem letzten Tod gewesen?«

»Irgendwo halt und immer mit seiner Dharma-Arbeit beschäftigt«, lautete Rinpoches rätselhafte Auskunft.

Ich nahm das als Zeichen, nicht weiter in diese Mysterien von Raum, Zeit und erleuchtetem Bewusstsein vorzudringen. Später erfuhr ich jedoch, dass der zwölfjährige Schüler aus Boston mit großer Begeisterung in Bhutan empfangen worden war, nachdem ihn der Gyalwang Drukpa erkannt und persönlich auf den indischen Subkontinent gebracht hatte, damit er dort seine Studien und seine spirituelle Praxis fortsetzen konnte. Er hat

sein amerikanisches Leben für ein Kloster in Darjeeling aufgegeben, um in die ihm bestimmte Führungsrolle als einer der
ganz hohen Gestalten des tibetischen Buddhismus hineinzu-
wachsen.

Seine Eltern erzählen, sie hätten seinen Worten über ein
»früheres Leben« anfangs keine Bedeutung beigemessen, aber
sie horchten dann doch auf, als er sich in Trance versetzte und
aus seinem früheren Leben als Gyalwa Lorepa berichtete, der
eine der Schulen des tibetischen Buddhismus gegründet hatte
und 1250 gestorben war. In dieser Trance beschrieb er auch ein
buddhistisches Kloster mit einem zehn Meter hohen Drachen
auf dem Dach. Dieses Kloster gibt es, aber natürlich war er nie
dort gewesen.

Auf die Frage, ob er nicht gern wieder in Boston sein möchte, antwortet der Junge, er würde lieber bleiben und seiner Aufgabe gerecht werden. Er sagte: »Sicher, die Schulzeit fehlt mir,
aber ich fühle mich sehr wohl in meiner neuen Rolle. Es gefällt
mir hier.«

Reinkarnation ist nach buddhistischer Auffassung die un-
aufhörliche Weiterentwicklung (mit gelegentlichen Rückschrit-
ten) von Leben zu Leben, das ständige Bemühen, unsere Lektionen in der Schule des Lebens zu lernen. Jedes Leben bietet die
Chance zum »Großreinemachen«, gefolgt von sinnvolleren Entscheidungen, die unser Bewusstsein weiten und reifen lassen.
Über Wiedergeburt und den karmischen Entwicklungsprozess
sagte der Buddha: »Wenn du etwas über deine früheren Leben
wissen möchtest, sieh dir an, wie du jetzt bist. Und wenn du
etwas über deine künftigen Leben wissen möchtest, sie dir an,
was du eben jetzt tust und bist.«

Reinkarnation ist also nach buddhistischer Auffassung ein Entwicklungs- und Lernprozess, der sich über unzählige Leben hinzieht. Selbst wenn wir nicht an Reinkarnation glauben, regt die Vorstellung doch zu interessanten Gedanken an und zeigt Entwicklungschancen auf. Der endlose Strom der Zeit kann ein Gesichtspunkt sein, unter dem wir die Muster unseres Lebens betrachten können, um vielleicht zu sehen, dass wir nicht festgelegt sind, auch nicht in unseren Wahlmöglichkeiten. Unsere Geschichte entfaltet sich, unser Leben evolviert. Wir machen Fehler, aber die Fehler müssen nicht das sein, was wir *sind*. Unser Leben hört nicht auf, wenn wir irgendein große Ziel erreichen. Das Leben fließt auf unzähligen Wegen und in unzähligen Formen weiter. Wir können in den Fluss und die Bewegtheit, in die unsere Augenblicke und Tage eingebettet sind, tiefer eintauchen. Dazu jetzt ein paar Anregungen:

- Wir können unsere Vergangenheit erforschen und unsere »Geschichte« neu fassen, indem wir herausfinden, was zutrifft und was nicht. So befreien wir uns von hinderlichen Geschichten und Mustern und bahnen den nach uns Kommenden einen Weg der Stärke, des Füreinanders und der Weisheit.

- Wir können erkennen, dass wir als Einzelne und als Kollektiv das Produkt unserer Vergangenheit sind.

- Wir können sehen, dass unser gegenwärtiges Handeln weiterwirkt und unsere Zukunft in diesem Leben und weiteren mitbestimmt.

- Wir können einsehen, dass unser Tun nicht nur für uns selbst Folgen hat, sondern auch für andere und deren Zukunft. Unser Handeln wirkt generell in die Umwelt hinein, und wir sind ein Teil dieser Umwelt.

- So gewinnen wir eine neue Aufmerksamkeit für die Wirkkraft jedes Gedankens, jeder Absicht, jedes Worts, jeder Tat und jeder Beziehung, die allesamt und in jedem Augenblick die Saat der Zukunft sind. Was wiederholt wird, kann ein Muster und dann eine eingefleischte Gewohnheit werden, die unseren Charakter, unser Karma, unser Schicksal bestimmt.

Wie der Buddhismus und andere große Traditionen lehren, ist zwischen dem Persönlichen und Universalen letztlich nicht zu trennen. Erkenntnis der großen Zyklen und Rhythmen verhilft und zu mehr Ausgeglichenheit und Erfüllung auch in unserem eigenen Leben. Wir alle spüren, dass die Zeit mit wachsendem Lebensalter schneller wird. Als wir zur Schule gingen, wie lang die Sommerferien da waren! In den mittleren Lebensjahren vergehen Sie im Nu. Vielleicht liegt es daran, dass ein Jahr mit zunehmendem Alter ein immer kleinerer Prozentsatz unseres gesamten Lebens wird und sich dadurch kürzer anfühlt. Aber auch im Blick auf die Weltgeschichte sagen manche, dass sich die Zeit beschleunigt.

Versuchen Sie sich einmal vorzustellen, wie es sein könnte, wenn Sie eines Tages das wirre Durcheinander und den Stress des Alltags einfach hinter sich lassen, sich abwenden, und Ihnen plötzlich etwas aufgeht, eine Vision: die Zeit als ein leuchtendes

Rad. Stellen Sie sich vor, dass sich Ihnen auf einmal alles offenbart, nicht nur die Geschichte, sondern der Ursprung des Kosmos, die Entstehung unseres Planeten und die Abläufe im Sonnensystem, in unserer Galaxie, im gesamten Universum – plötzlich steht Ihnen alles strahlend klar vor Augen. Nicht wie eine Wissenschaftssendung in HD-Qualität oder ein 3D-Film oder irgendeine noch so realistische Simulation, sondern als blendend klares Wissen vom Zusammenwirken aller Dinge und der Ihnen bestimmten bedeutsamen Rolle in diesem Ganzen. Plötzlich verstehen Sie das Strömen der Energie, im menschlichen Körper einschließlich der vorgeburtlichen Phase und der Geburt, aber auch auf den verschiedenen Ebenen des Bewusstseins. Stellen Sie sich vor, Sie erkennen den Geist plötzlich als Wesensbestandteil des universalen Buddha-Bewusstseins. Stellen Sie sich vor, es steht Ihnen für einen Moment das ganze fein abgestimmte kosmische Uhrwerk vor Augen.

Und jetzt stellen Sie sich vor, wie das Wissen um den Zusammenhang aller Dinge Sie verwandelt und Ihr bloßes Hiersein seinen vollkommen, göttlichen Sinn offenbart.

KALACHAKRA

Diese Sicht der Dinge ist Bestandteil einer der höchsten Lehren des tibetischen Buddhismus. Sie bildet das *Kalachakra* ab, das große Rad der Zeit, wie es dem Innersten des Geistes entspringt und unsere gesamte Erfahrung enthält und formt. Die geschilderte Erfahrung wird seit Jahrtausenden in einer esoterischen

Einweihungszeremonie der tantrischen Tradition immer wieder neu vollzogen. Dem Dalai Lama kommt das große Verdienst zu, der Welt die Kraft des Kalachakra zugänglich gemacht zu haben, die uns hilft, wieder ins Gleichgewicht zu kommen und den Frieden in der Welt zu fördern.

Zur Vorbereitung auf die Kalachakra-Einweihung fertigen Mönche, die in ihrer Schulung schon weit fortgeschritten sind, innerhalb von etwa drei Wochen auf ebenem Untergrund – Symbol für die grenzenlose Weite von Raum und Zeit – ein Mandala von ungefähr zwei Metern Durchmesser an. Als Material verwenden sie zu Pulver zerstoßene Steine und Pigmente. Die Gebete der Mönche bei dieser Arbeit, Ausdruck der lebendigen Energie ihrer Aufmerksamkeit, gehen mit jedem sorgfältig platzierten Sandkorn in die extrem komplexe Anlage des Mandalas ein. Es bildet 722 Gottheiten ab, die Ausdrucksformen der höchsten Meditationsgottheit Kalachakra sind, daneben aber auch Sanskritsilben, heilige Glückszeichen, Menschen, Tiere, Pflanzen und mehr.

Das fertige Mandala ist ein Energiewirbel von besonderer Kraft, geschaffen von den Gebeten, Gesängen, Visualisationen und Meditationen der Mönche. Es ist eine mikrokosmische Darstellung der heiligen Zeit und des heiligen Raums. Und diese Energie kommt nicht nur den beteiligten Mönchen zugute, nicht nur all denen, die sich zwölf Tage lang auf die Unterweisungen und die anschließende Zeremonie vorbereitet haben, sondern jedem, der irgendwie mit dieser Energie in Berührung kommt.

Dazu der Dalai Lama: »Auf diese Weise wird ein Same gelegt, und das hat seine karmischen Auswirkungen. Man muss nicht bei der Kalachakra-Einweihung zugegen sein, um den Segen zu empfangen.« Sie ist mit ihrer hohen energetischen Aufladung ein Geschenk an die ganze Welt. Seine Heiligkeit hat diese Einweihung auch selbst schon viele Male gegeben, immer zu besonderen Zeiten und an besonderen Orten, die nach den Methoden der tibetischen Astrologie und Divination bestimmt werden. Hier einige der Orte, an denen das Kalachakra-Mandala schon geschaffen wurde: New York (Madison Square Garden), Barcelona, Toronto, Sydney, Bloomington (Indiana) und Madison (Wisconsin); außerdem an etlichen Orten in Nepal und Indien. Ich selbst habe diese kosmische Kraftübertragung durch den Dalai Lama 1974 zusammen mit vielen Indern bei der Ortschaft Bodh Gaya erlebt, in der Nähe des Bodhi-Baums.

Am Ende der Zeit, in der das Mandala betrachtet werden kann (das können einige Wochen sein), wird es im Rahmen einer besonderen Zeremonie zerstört – eine eindrückliche Wiederholung der Lehre, dass alles vergänglich ist und wir an nichts haften dürfen. Der bunte Sand wird zusammengekehrt, in ein Gefäß gefüllt und dann in ein nahe gelegenes Gewässer gestreut, damit er seine Segenskraft über die ganze Welt verbreiten kann.

Mit jeder Neuerschaffung dieses großen Mysteriums geht vom großen Rad der Zeit ein mächtiger Strom von Gebetsenergie in die Welt. Mögen wir zum Wohl aller Frieden finden, Frieden schließen, Frieden sein.

Manch einer wird das Kalachakra-Mandala vielleicht als ein interessantes kulturspezifisches Kunstwerk sehen, aber eigentlich fordert es uns auf, die besten »Körnchen« unseres Lebens zusammenzukehren, unsere besten Intentionen aufzubieten und sie vermöge der höchsten Kraft des erleuchteten Geistes als Keime von heilender Energie in die jetzige und künftige Welt zu entsenden.

AUSZEIT

ZUKUNFT EINATMEN, VERGANGENHEIT AUSATMEN

Heben Sie die Arme.
Senken Sie sie.
Atmen Sie beim Heben ein,
beim Senken aus.
Noch einmal: Arme heben und einatmen,
Arme senken und ausatmen.
Einatmen und die Arme heben –
anregen, beleben, weiten;
ausatmen und senken –
entleeren, schwinden, auflösen.
Einatmen, füllen, heben:
Zukunft und Hoffnung einatmen.
Ausatmen und senken:
die Vergangenheit lassen, verschwinden lassen
und ganz in der Gegenwart sein.
Einatmen und das ganze Universum füllen,
eine allumfassende Sphäre;
im Ausatmen und Senken löst sich alles auf.
Einatmen und die Arme heben –
anregen, beleben, weiten;
ausatmen und senken –

entleeren, schwinden, auflösen.
Einatmen, füllen, heben,
künftige Leben und Hoffnung einatmen.
Frühere Leben ausatmen und alle alten Enttäuschungen, alles Be-
dauern und Grübeln loslassen – alles löst sich auf und verschwindet.
Einatmen, die Arme heben und das ganze Universum erfüllen,
dann ausatmen und die Arme senken –
entspannen, lösen, lassen.
Sich selbst verlierend,
Ihr wahres Ich finden.
Bleiben Sie in der leuchtenden, ortlosen Offenheit,
während Ihr Atem zu seinem normalen Rhythmus zurückfindet
und Sie diesen leuchtenden Augenblick
des Jetzt-Gewahrseins auskosten,
ganz bei sich,
nur seiend, nacktes Sein,
frei und ganz.

Unsere Zeit ist insgesamt ein Bardo, eine Phase großer Verunsicherung zwischen einer alles in allem mit der Ganzheit des Lebens vereinbarten Lebensweise in der Vergangenheit und einer
ungewissen Zukunft. Werden wir überleben? Sicher ist das ganz
und gar nicht. In dieser Zeit ständiger erschreckender und un-
vorhersehbarer Veränderungen stehen wir vor der Möglichkeit,
dass die Erde menschliches Leben nicht mehr viel länger tragen
kann. In dieser Lage können wir unsere individuellen Wege
weitergehen und sehen, dass wir persönlich auf unsere Kosten
kommen, oder wir bündeln unsere Kräfte und schaffen eine
»globale Zeitzone«. Dann steigen wir aus dem Wettrennen um
Besitz und Sicherheit aus und machen uns vielleicht doch noch
rechtzeitig klar, dass mit allem, was uns heute an Technik,

Kommunikationswegen, Transportmitteln und anderen Aktivposten zur Verfügung steht, mehr als genug für alle da ist. Wir haben die Wahl, die achtsamen Hüter des Planeten zu werden, die diese Erde für kommende Generationen brauchen wird.

RÜCKKEHR ZUR HARMONIE

Je deutlich uns die eigenen Energien und die Energien anderer Menschen bewusst werden, desto tiefer stimmen wir uns auch auf die Energien der Erde ein. Wenn wir uns als Menschen ganz verwirklichen möchten, kommt es darauf an, die Polaritäten des Lebens in Einklang zu bringen: oben und unten, heilig und profan, kosmisch und gewöhnlich, männlich und weiblich. Wer sich selbst ins Gleichgewicht bringt und heilt, der heilt die Welt.

Neueren Forschungen zufolge ändert sich die Grundfrequenz der Erde. Die Schumann-Resonanz (dabei handelt es sich um elektromagnetische Wellen, die als natürliche Frequenz der Erde angesehen werden) erleben eine Erhöhung ihrer Frequenz, die für die gesamte Biosphäre gefährlich werden könnte. Für diese Frequenzerhöhung scheint, ähnlich wie beim Klimawandel, vor allem das Tun des Menschen verantwortlich zu sein. Belastend für den stetigen Puls der Erde von 7,83 Hz sind offenbar der ungeheuer zunehmende Elektrosmog durch Satelliten, Handynetze, Stromnetze überhaupt, Computer, Fernsehen und viele andere elektronische Einrichtungen und Netze, insbesondere auch im militärischen Bereich. Elektrosmog belastet das Immunsystem, verstärkt Stress- und Erschöpfungssymptome und leistet vielen anderen körperlichen, geistigen und seelischen Störungen Vorschub. Wir sind immer weniger im Einklang mit der Natur und dem Kosmos.

Um das Gleichgewicht wiederherzustellen, ist es unter anderem wichtig, den Gebrauch von elektromagnetische Felder aussendenden Geräten möglichst zurückzufahren. Es gibt sogar käufliche Generatoren für Schumann-Resonanzen, die man zu Hause oder im Büro einsetzen kann. Aber der beste Weg zur Widerherstellung der Harmonie mit der Erde und zur Normalisierung unserer persönlichen zirkadianen Rhythmen ist regelmäßige Meditation. Schon mit wenigen kontemplativen Minuten pro Tag – angefangen mit der Grundübung »atmen, lächeln, entspannen«, gefolgt von einer kurzen Achtsamkeits- oder Präsenz-Meditation – stimmen Sie sich wieder auf die natürliche Frequenz der Erde ein, setzen Ihre innere Uhr zurück und erfrischen und beleben sich für einen ganzen Tag. Und wie der rhythmische Puls der Erde Sie wieder zu einem körperlich, geistig und seelisch geeinten Wesen macht, wird Ihre Schwingung unterstützend auf die Erde und die Vielfalt ihres Lebens zurückwirken.

Tatsächlich ist diese Erde unser gelobtes Land, wenn wir nur wach genug sind, das zu sehen. Die Erde ist ein Altar und wir sind die Gottheiten darauf. Von uns ist verlangt, dass wir um unserer selbst und der nachfolgenden Generationen willen entsprechend handeln. Haben wir eine andere Wahl?

Als Suzuki Roshi einmal gebeten wurde, das Wesen des Buddhismus in drei Worten auszudrücken, sagte er: »Alles wandelt sich.« Zeit und Wandel beschleunigen sich heute, wir stehen an einem entscheidenden Punkt der menschlichen Entwicklung. Wenn wir eine friedliche, harmonische und frohe gemeinsame Zukunft haben wollen, muss Mitgefühl nach buddhistischer Auffassung gelebte Herzensgüte werden. Die Weltgesellschaft und die globale Umwelt brauchen eine neue Herzenshaltung, die von der Verbundenheit aller Dinge ausgeht, die Selbstlosigkeit und Gegenseitigkeit an oberste Stelle setzt. Der Dalai Lama hat vor nicht langer Zeit gesagt: »Fördert den Weltfrieden, indem ihr inneren Frieden einübt, engagiert euch uneigennützig und handelt mitfühlend. Nehmt die Verantwortung für eine bessere und sichere Welt auf euch.«

Dies ist die Zeit für gezielte Veränderungen zum Besseren, und jeder Augenblick stellt uns vor die Wahl. Wenn nicht Sie, wer dann? Wenn nicht jetzt, wann?

AUSBLICK:
DIE UNENDLICHEN MÖGLICHKEITEN
DES JETZT

Dieses Buch haben Sie vielleicht in einem Moment zur Hand genommen, in dem Sie gar nicht gut mit der Zeit zurechtkamen. Sie fühlten sich gehetzt, es war Ihnen alles zu viel, Sie wussten nicht, wie Sie alles schaffen sollten, was jeden Tag zu tun war. Ich bin zuversichtlich, dass Sie jetzt die Zeit als solche besser verstehen und erkennen, dass wir sie zu einem Verbündeten machen können, sodass Harmonie und Optimismus möglich werden können. Mick Jagger hatte recht: Die Zeit *ist* auf unserer Seite. Wenn Sie mitfühlende Achtsamkeit und Meditation zu Bestandteilen Ihres Lebens machen und nach den buddhistischen Prinzipien des Jetzt-Gewahrseins, der Ausgewogenheit und der Herzensgüte leben, wird es Ihnen gelingen, aus jedem Augenblick das Beste zu machen. Dann sind Sie kein Opfer der Zeit mehr, sondern ihr Freund, Partner und Mitschöpfer. Es steht Ihnen frei, die Freuden eines Lebens in Buddha-Normalzeit selbst zu erleben.

Ich vergleiche dieses Leben in Buddha-Normalzeit mit dem Fahrradfahren. Es sieht erst einmal schwierig aus, aber dann geht es Ihnen in Fleisch und Blut über, sodass Sie die Balance auf Ihrer Fahrt über ständig wechselndes Gelände immer wieder unbewusst nachjustieren, anstatt steif und starr um Kontrolle zu ringen. Sie behalten dabei nicht nur Energien und Polaritäten im Auge, sondern achten auch auf alle Gedanken, Intentionen, Worte und Taten sowie ihren karmischen Gehalt. Je achtsamer Sie werden, desto besser gelingt es Ihnen, mit Klarheit und Zielstrebigkeit in die Pedale zu treten. Vertiefung und Verfeinerung Ihrer Bewusstheit erlauben Ihnen, immer vollständiger in Buddha-Normalzeit zu leben, und Sie experimentieren und spielen damit ein Leben lang. Und Sie werden großen Nutzen daraus ziehen. Denken Sie an Dorothy in der Verfilmung von *Der Zauberer von Oz*, als sie gerade in Oz ankommt und alles in zauberhaften Farben blüht. Durch Schulung des Geistes nehmen wir zunehmend die Fülle und pulsierende Lebendigkeit aller Dinge wahr. Es ist, als gelangten Sie aus einem zweidimensionalen Flachland in vieldimensionale Welten, in denen Beziehung, Sinn und Geist offenbaren, was sie wirklich sind.

Für ein Leben der Achtsamkeit, der Meditation, des Jetzt-Gewahrseins und des Mitgefühls, das sich voll und ganz in Buddha-Normalzeit abspielt, gebrauchen wir auch den Ausdruck *Erleuchtung*. Erleuchtung ist ein sehr hohes Ziel, aber durchaus erreichbar. Erleuchtung bedeutet für den Einzelnen und die Welt Glück und Wohlbefinden.

Manche fühlen sich gedrängt, Erleuchtung zu suchen, und das vielleicht über viele Leben. Andere sagen, die Suche nach Erleuchtung verhindere sie eher, weil allzu nachdrückliche Ausrichtung auf ein Ziel uns die hier und jetzt gegebene Realität nicht mehr sehen lässt. Ich selbst denke nicht in solchen Extremen, sondern bevorzuge den mittleren Weg des Ausgleichs: einerseits Bejahung unseres derzeitigen Standorts, andererseits rechtes Bemühen. Wir nehmen an, was ist, und bemühen uns andererseits um spirituelle Transformation. Ich nenne das »bei jedem Schritt hier sein und zugleich dorthin unterwegs sein«.

Erleuchtung ist nichts Starres und Abgeschlossenes – entweder bist du erleuchtet oder du bist es nicht. Es gibt Stufen der Bewusstheit und so auch Stufen der Erleuchtung, die wir auf unserem Weg eine nach der anderen erreichen, bis unser kosmisches Bewusstsein ganz verwirklicht und in sich gefestigt ist, sodass es keinen Rückfall mehr geben kann. Das wird unübertroffene vollkommene Erleuchtung genannt. Aber auch ein einziger kurzer Augenblick wahrer Bewusstheit ist ein Augenblick der Freiheit und Erleuchtung, wie ich aus eigener Erfahrung weiß, wie es auch in den Schriften heißt und wie auch Sie nach der Lektüre dieses Buchs hoffentlich wissen. Wir können in jedem Augenblick in die Buddha-Normalzeit eintreten. Wir brauchen auf keine grundstürzende Erleuchtungserfahrung zu warten, sondern können das Himmelreich des Nirwana hier und jetzt haben – durch erwachtes Bewusstsein. Es steht uns zu und kann unser Vermächtnis an künftige Generationen sein.

Wenn Sie mit der Zeit Frieden schließen und nicht mehr gestresst und gehetzt sind, werden Sie sehen, dass wie von selbst Raum für Neues entsteht. Jeder Augenblick ist ein Zugang zur göttlichen Gnade. Eine Facette des Diamanten Liebe ist Geduld: der Nähe Zeit lassen, sich zu bilden, anstatt Beziehungen als flüchtige Erfahrungen zu erleben, wie es nur sein kann, wenn man durchs Leben hastet. Innere Sammlung, Ruhe und Klarheit bilden die aufbauende, heilende Pause in der hektischen Betriebsamkeit unseres Lebens. Meher Baba, der bekannte indische Weise des vorigen Jahrhunderts, sagte gern (vielmehr, er zeigte die Worte, da er von einem bestimmten Augenblick seines Lebens an nicht mehr sprach, auf einer Buchstabentafel, die er blitzschnell zu handhaben verstand): »Ein zu schneller, sprunghafter Verstand ist krank. Ein langsamer, stetiger, gesetzter Verstand ist gesund. Ein stiller Verstand ist göttlich.«

Manche glauben an ein Jenseits mit Engeln und liebevollen Geistern. Aber es gibt auch unter uns und sogar in uns, hier und jetzt, Engel und Bodhisattvas. Wir können lernen, das Zeitlose in jedem Augenblick zu erfahren – Himmel auf Erden. Sie können alle, denen Sie begegnen, segnen und ihnen alles Gute wünschen. Sie können am Morgen die goldene Sonne begrüßen, die Beete gießen, den Eichhörnchen und Vögeln Nüsse und Samen hinstreuen, mit Freunden und Fremden fühlen, all denen verzeihen, von denen Sie sich schlecht behandelt fühlen, den Armen Geld und jedem auf Ihrem Weg ein Lächeln schenken, Zeit und Geld für eine gute Sache aufwenden, dem Gemeinwohl dienen und die Umwelt schützen und allen Unruheherden der Welt gute Gedanken senden. Das gibt Ihnen selbst Frieden und sendet Wellen der Herzensgüte in die Welt aus. Diese rückhaltlose Großzügigkeit ist etwas Wunderbares. Welches noch größere Geschenk könnten Sie sich und der Welt machen?

Dieser Augenblick, jetzt, ist vollkommen, die goldene Ewigkeit. Es liegt bei Ihnen, ihn zu ergreifen, in ihm heimisch zu werden und ihn klug zu nutzen. Genießen Sie die Augenblicke zwischen den Gedanken, die Übergangsphasen zwischen aufeinanderfolgenden Tätigkeiten, schaffen Sie kleine Oasen des Friedens überall da, wo Sie sich aufhalten, und unabhängig von den Umständen. Das ist spirituelle Freiheit und Selbstbestimmung, die »ehrwürdige Ruhe«, wie die Mystiker des Mittelalters gern sagen. Sie haben sie verdient.

Ich möchte Ihnen zehn Gedanken mit auf den Weg geben, nach denen Sie in allen Augenblicken, Wochen und Jahren Ihres Lebens in Buddha-Normalzeit leben können.

ZEHN ANREGUNGEN FÜR EIN LEBEN IN FRIEDEN MIT DER ZEIT

1. Vertiefen Sie sich in den Atem, während Sie zugleich alle Gedanken, Anliegen, Pläne und Sorgen loslassen, alles was Sie beschäftigt.

2. Achten Sie auf die gerade vorhandenen Körperempfindungen.

3. Spüren Sie die Erde unter den Füßen oder den Sitz, der Sie trägt.

4. Rezitieren Sie ein Mantra oder etwas anderes Erbauliches – immer wieder und mit reiner, ungeteilter Aufmerksamkeit.

5. Sehen Sie anderen in die Augen, begegnen Sie allen Wesen mitfühlend und gütig.

6. Lächeln Sie jemandem zu, nehmen Sie jemanden in die Arme, helfen Sie jemandem.

7. Suchen Sie im Freien die Verbundenheit mit der Natur – Himmel, Wolken, Bäume, eine Blume, ein Gewässer, die Erde zwischen Ihren Fingern, welches Wunder der Natur es auch sein mag.

8. Lesen Sie in den heiligen Schriften der Weisheitstraditionen dieser Erde.

9. Legen Sie mindestens einmal die Woche, am besten jeden Tag Pausen ein, heilige Unterbrechungen, »ehrwürdige Ruhe«, einen ganzen Tag lang oder für ein paar Stunden.

10. Hören Sie Musik, erschaffen Sie etwas mit den Händen, singen, tanzen, beten, spielen Sie.

Und jetzt: atmen, lächeln, entspannen … Sie haben Zeit.

DANK

Jetzt wird es Zeit, all denen zu danken, die bei der Entstehung dieses Buchs großzügig Hilfe anboten und erstklassige Arbeit leisteten. Zuerst danke ich dem großartigen Team, ohne das dieses Buch gar nicht hätte entstehen können, meinem Lektor Gideon Weil und meiner Agentin Susan Lee Cohen. Dank auch an Alex Jack, Rondi Lightmark, Linda Carbone und Alice Peck für geduldige Hilfsbereitschaft. Immer zur Stelle waren Maria Schulman, Carl Walesa, Carolyn Holland, Prof. Leslie McLain, Christopher und Daniela Coriat, Roz und Dan Stark sowie meine wundervolle Assistentin Kathleen Albanese.

Möge ihnen Gutes zuteil werden und Freude, mögen sie alle Zeit der Welt genießen.

ÜBER DAS DZOGCHEN CENTER

Lama Surya Das gründete das Dzogchen Center 1991 zusammen mit Nyoshul Khenpo Rinpoche in dem Bestreben, die kontemplativen Praktiken des Buddhismus zusammen mit der Kunst des achtsamen Lebens einem westlichen Publikum zu erschließen und diese Lehren in eine Form zu gießen, in der sie besonders wirksam werden als Mittel gegen das Leid in der Welt und für den Aufbau einer auf Weisheit und Mitgefühl gegründeten Zivilisation.

Auf der Website des Dzogchen Center, www.dzogchen.org, kann man sich über Retreats und sonstige Aktivitäten des Zentrums informieren, während die Website des Autors, www.surya.org, über ihn und seine weiteren Veröffentlichungen informiert; dort findet sich auch ein Blog und sogar ein Link, über den man Fragen an Lama Surya Das richten kann.